Neurodiversität in Unternehmen

Vera Soubiran

Neurodiversität in Unternehmen

Herausforderungen und Chancen für neurodiverse Teams

Springer Gabler

Vera Soubiran
Berlin, Deutschland

ISBN 978-3-662-72014-1 ISBN 978-3-662-72015-8 (eBook)
https://doi.org/10.1007/978-3-662-72015-8

Die Deutsche Nationalbibliothek verzeichnet diese Publikation in der Deutschen Nationalbibliografie; detaillierte bibliografische Daten sind im Internet über https://portal.dnb.de abrufbar.

Springer Gabler ist ein Imprint der eingetragenen Gesellschaft Springer-Verlag GmbH, DE und ist ein Teil von Springer Nature.
Die Anschrift der Gesellschaft ist: Heidelberger Platz 3, 14197 Berlin, Germany

Vorwort

Von Daniela Schubert

„Hier ist deine neue Mentee.“

Als wir uns im Februar 2023 das erste Mal kennenlernten, wussten wir noch nicht, wohin uns die gemeinsame Reise führen würde, doch eins war von vornherein klar: Uns verband mehr, als Mentor*in und Mentee zu sein.

Über die Plattform MentorMe trafen wir uns das erste Mal: Vera und ich wurden gematcht mit der Übereinstimmung für gemeinsame Themen und Lernziele. Im Fokus standen für uns die Themen Diversität, psychische Gesundheit und Neurodivergenz am Arbeitsplatz.

In zunächst monatlichen Sessions sprachen wir darüber, ob und wie ein sicheres Outing als neurodivergente Person im Bewerbungsprozess gelingen kann, warum Remote-Arbeit ein wichtiger Bestandteil von inklusiver Arbeitsplatzgestaltung für neurodivergente Menschen ist und warum auch eigene Ressourcen wie Zeit und Energie wichtige Bestandteile der eigenen Gesunderhaltung im Beruf sind.

Es war eine gemeinsame Lernreise, die auch aus Erfahrungsaustausch und unterschiedlicher Expertise und Perspektiven entstand: Während ich zu dem Zeitpunkt noch in der IT arbeitete und mich im Ehrenamt und kleineren Projekten parallel für Antidiskriminierungsarbeit einsetzte, brachte Vera Einblicke aus der HR-Arbeit und Personalentwicklung mit, die ich immer nur als Bewerber*in kannte.

Das Mentoring-Programm – zumeist ausgelegt für ein Jahr – endete. Unser Kontakt blieb. Wir trafen uns ab und zu wieder und aus Mentoring-Rollen wurde gemeinsames Sparring. Manchmal brauchte es für uns einfach eine Person, der wir uns nicht extra noch mal erklären mussten, um zu verstehen, dass zum Beispiel Konflikte am Arbeitsplatz auch dadurch entstehen können, dass neurodivergente und neurotypische Kommunikation anders funktioniert – nicht defizitär, sondern anders, wie zwei verschiedene Lautsprachen eben auch. Eine Person, die nur Englisch und eine, die nur Spanisch spricht, wird auch mit Übersetzungstools immer Missverständnisse und Unterschiede in ihrem Verständnis schaffen. Manchmal helfen Dolmetscher*innen oder Sparringpersonen, die zuhören und neue Übersetzungsideen haben.

Auch erlebten wir immer wieder Herausforderungen in Bewerbungsprozessen – sei es durch intransparente Abläufe, mangelnde Kommunikation oder generische Absagen, die in der Gesamtheit oft auf fehlende oder nicht zureichende Inklusionsmaßnahmen von Unternehmen zurückzuführen waren. Sich ständig verändernde Voraussetzungen, gefühlte Willkür, Ghosting, unklare Erwartungen und immer andere Ansprechpersonen sind oft die Basis, warum neurodivergente Menschen in ihrer Vielzahl öfter arbeitssuchend und arbeitslos sind, als in ihrem gelernten Job zu arbeiten – um nur einige Barrieren zu nennen. Ein Austausch half uns nicht nur bei der eigenen Bestärkung unserer Fähigkeiten, sondern auch dabei, dass wir wussten, wie Lösungen inklusiv gestaltet werden könnten.

Neben all dem fachlichen Wissen benötigt man hierbei auch das Wissen um Prozesse, Strukturen und Systeme. Dazu halfen uns beiden – getrennt voneinander – Weiterbildungen in systemischem Coaching und der Organisationsentwicklung. Denn gelebte Diversität und Inklusion sind genau das: Veränderungsarbeit und Change Management.

Bis heute bin ich Vera dankbar, dass sie mich in meiner praktischen Coachingprüfung als Coachee unterstützt hat. Ein Zeitpunkt, in dem wir noch genug Distanz hatten, um die Grundsätze des Coachings wie Neutralität und Allparteilichkeit zu wahren.

Im Laufe des Jahres wurde unser Kontakt dann privater und persönlicher. Ein klassisches „Wir können ja in Kontakt bleiben" haben wir wörtlich genommen.

Ende 2023 fragte mich Vera dann, ob ich Lust und Zeit hätte, mit ihr ein Kollektiv für neurodivergente Menschen zu gründen. Denn wir hatten in den inzwischen 1,5 Jahren eines festgestellt: Jede neurodivergente Person muss sich neues Wissen aneignen, durchläuft womöglich ähnliche Prozesse im Austausch – und sei es statt mit einer anderen Person auch in der Kommunikation mit ChatGPT für die Arbeit als Dolmetscher*in –, und wir alle können uns gegenseitig genau durch diese vielfältigen Perspektiven bereichern.

Es gab und gibt bis heute unterschiedlichste Angebote für neurodivergente Menschen, die vor allem in den Bereichen Therapie und Coaching bestehen. Doch was ist danach? Was dazwischen? Oder auch davor? Nicht immer haben neurodivergente Menschen entweder die Möglichkeiten, ärztliche oder coachende Unterstützung zu erhalten, oder ein Anliegen, das genau dieser Art der Begleitung bedarf.

Die Lücke des bilateralen Austauschs im beruflichen Kontext wollten wir schließen. Und zwar die, die über gleiche Systeme hinausging. Nicht immer wollen sich Kolleg*innen mit einer zum Beispiel neuen Diagnose outen. Nicht immer ist auch die Sicherheit gegeben, das zu tun.

Und genau das bringt uns an den Anfang unserer eigenen Reise zurück: Wir wollen das weitergeben, was wir für uns über Jahre bereits aufgebaut hatten: einen konstanten Peer-Austausch zu Beruflichem, und wenn es passt, auch Privatem.

Im März 2025 launchten wir das Mix + Thrive Collective – ein Kollektiv für neurodivergenten Peer-Austausch, Networking und Community Action. Wir treffen uns seitdem regelmäßig mit knapp 20 Personen zum Co-Working, zur Peer-Beratung, zur

Erstellung neuer Tools von und für neurodivergente Personen und schaffen den Raum, Inklusionsthemen besprechbar zu machen, die woanders noch keinen Platz finden.

Doch wir wissen auch: Ein Kollektiv ist nur ein Raum. Es braucht mehr davon, um Neurodivergenz am Arbeitsplatz erkennbar, besprechbar und als Neuroinklusion umsetzbar zu machen.

Genau deshalb ist Veras Buch *Neurodiversität in Unternehmen* ein so wichtiges Grundlagenwerk. Es schafft umfangreiches Vokabular und Klarheit zu Begriffen, enthält Lösungen für neue Maßnahmen und Strukturen – und das alles bei evidenzbasierter Genauigkeit und auf Basis aktuellster Studien zu Neurodivergenz am Arbeitsplatz.

Ein Handbuch, das geeignet ist für alle Personen, die in HR-Abteilungen, als Führungskräfte, im Bereich psychischer Gesundheit oder auch in DEIB-Positionen (Diversity, Equity, Inclusion, Belonging) arbeiten, sowie alle, die sich für das Thema Inklusion und Neurodivergenz interessieren. Es ist das Buch, das wir uns alle, die neurodivergent sind oder mit neurodivergenten Menschen arbeiten, schon früher gewünscht hätten und jetzt endlich da ist.

Danke Vera, für deine Expertise, für dein Wissen, das du hier teilst – als Führungskraft, als Fachexpertin, als Erfahrungsexpertin und als die Person, deren Wege uns gekreuzt haben für ein gemeinsames starkes Miteinander und mehr Inklusion im Arbeitsleben.

* * *

Daniela Schubert (they/them) arbeitet freiberuflich als DEIB-Consultant, begleitet Organisationen, Teams und Führungskräfte systemisch und strategisch bei entsprechenden Veränderungsvorhaben und hält Workshops und Keynotes zu intersektionalen Themen mit den Schwerpunkten Queerness und Neurodivergenz am Arbeitsplatz.

Daniela publiziert darüber hinaus regelmäßig zu DEIB-Themen, zum Beispiel in den Magazinen: *Neue Narrative, Personalmagazin, t3n, Gehirngerecht Digital* oder Podcasts wie: „The Social Design Podcast", „Empathieschenker Podcast".

Daniela ist außerdem Autor*in des *Workbook zum Alphabet der DEIB-Arbeit*, Co-Autor*in des englischsprachigen IT-Handbuchs *The Inclusive Innovation Playbook* und Übersetzer*in des IT-Fachbuchs *Antipatterns in Retrospektiven* (Originaltitel: *Retrospective Antipatterns*).

Hamburg
im April 2025

Daniela Schubert

Interessenkonflikt Der/die Autor*in hat keine für den Inhalt dieses Manuskripts relevanten Interessenkonflikte.

Einführung

Dieses Buch richtet sich an alle, die im Alltag mit anderen Menschen zusammenarbeiten. Entstanden ist es nach Jahren der Beobachtung, Kompetenzerweiterung, Weiterbildung und Recherche, um Organisationen und allen Menschen in ihnen ein Framework zu geben, die Zusammenarbeit zu verbessern.

Das Ziel ist ausdrücklich nicht, dass neurodivergenten Menschen aus reiner Güte eine Chance gegeben wird, sondern der Schritt zu einem neuen Verständnis: Neurodiversität ist längst in unseren Unternehmen und global präsent. Einige der heute erfolgreichsten Organisationen entstammen der Feder neurodivergenter Menschen: Bill Gates, Gründer von Microsoft, ist autistisch. Steven Spielberg ist dyslexisch und nicht nur einer der bedeutendsten Regisseure unserer Zeit, sondern auch Gründer von Dream Works. IKEAs Gründer Ingvar Kamprad schreibt seinen Erfolg seiner ADHS zu. Auch statistisch schlägt sich die Wichtigkeit von Neuroinklusion nieder: Ohne Berücksichtigung von Dunkelziffern sind mindestens 20 % aller Menschen neurodivergent. Der Anteil steigt mit unserem wachsenden Verständnis und Wissen über Neurodivergenz und es ist klar: In jeder Organisation sind bereits heute Menschen, die anders denken, fühlen, verarbeiten und kommunizieren als andere. Sie werden lediglich (und in der Regel aus Unwissenheit) nicht berücksichtigt.

Die Folgen für die jeweiligen Personen und auch die Organisationen sind allerdings so weitreichend, dass sie sich kaum in ihrem vollen Umfang nachverfolgen lassen:

Erhöhte krankheitsbedingte Ausfallzahlen, finanzielle Mehraufwände wegen unklarer oder ineffizienter Kommunikation, Reputationsschäden wegen fehlendem Diversitätsmanagement und verlorene Innovationschancen sind nur einige Beispiele, die eine mangelhafte Berücksichtigung von unserer natürlichen Neurodiversität nach sich zieht.

In jedem Fall bieten die Kapitel eine Grundlage für alle, die sich ein Basiswissen oder eine neue Perspektive auf Neurodivergenz aneignen möchten. Und selbstverständlich bezieht sich das auch auf diejenigen, die sich vielleicht selbst als neurodivergent verstehen oder vielleicht auch noch unsicher sind, ob und wie sie dieses Label für sich nutzen können bzw. wollen.

Die Kapitel folgen zum großen Teil einer ähnlichen Struktur: In jedem Kapitel soll thematisch zur Relevanz von Neurodivergenz im jeweiligen Bereich hingeführt werden. Es folgen jeweils Unterkapitel, in denen einzelne Kernthemen behandelt werden. Die Kernpunkte jedes Kapitels werden abschließend in den *Key Takeaways* zusammengefasst.

Grundsätzlich sind die Inhalte der Kapitel auf ihre Relevanz für neurodivergente Personen hin ausgearbeitet. Das heißt: Grundlagen und Hinweise zu den Themen werden nicht von Grund auf erklärt, insofern das nicht für das Nachvollziehen empfohlener Maßnahmen notwendig ist. Es wird davon ausgegangen, dass mindestens ein grundlegendes Verständnis für die jeweiligen Themenfelder bereits besteht oder andernfalls selbstständig eine erweiterte Recherche zu den fachspezifischen Themen stattfinden wird.

Gleichzeitig kann in diesem Buch auf etwas mehr als 200 Seiten nicht jede einzelne Art von Neurodivergenz in jeder Konstellation in Unternehmen, Teams und weiteren Organisationsformen im Detail behandelt werden – auch schlicht deshalb, weil jeder Mensch unterschiedlich ist, neurodivergent oder neurotypisch, und nur zu wenigen Ausprägungen von Neurodivergenz Forschung vorliegt. Auch aus den Beispielen, die für bestimmte Situationen und mit bestimmten Arten der Neurodivergenz gegeben werden, sollten keine kategorischen Umgangsregeln für Menschen mit gleicher Diagnose gezogen werden: Innerhalb jeder Art der Neurodivergenz sind es immer noch individuelle Menschen, mit denen wir zu tun haben und die trotz einer „allgemeingültigen" Diagnose ihre eigenen Bedürfnisse, Stärken und Schwächen haben. Das Wissen um eine bestimmte Art der Neurodivergenz also sollte stets als Impuls dienen, als erster Startpunkt für mögliche Lösungen, nicht aber als Argument für hierarchisch oder fremdbestimmt auferlegte Regeln.

Damit soll dieses Handbuch erste Herangehensweisen liefern, um neurodivergente Talente endlich zielführend einsetzen, involvieren und in Entscheidungspositionen bringen zu können. Für tiefgehende Behandlungen von Einzelfällen sollte im Idealfall eine Person mit Beratungsexpertise im Bereich Neuroinklusion hinzugezogen werden, die den individuellen Prozess idealerweise mit Erfahrungsexpertise begleiten kann.

Die Lektüre eignet sich außerdem explizit nicht für Personen, die erst davon überzeugt werden wollen, dass sich die Inklusion und damit das Respektieren anderer Menschen für die Organisation lohnt. Die Auswirkungen dieser Haltung sind real und fatal für Unternehmen, sowohl finanziell, organisatorisch als auch kulturell – es wird aber bewusst darauf verzichtet, Menschen selbst hier zu einem Business Case zu machen. Das Wissen, das in diesem Werk zusammengetragen wurde, soll also eine Unterstützung sein, die auf wissenschaftlichen Erkenntnissen, gelebter Erfahrung und systemischer Expertise aus Human-Resources- und Management-Perspektive basiert. In der Vielzahl von Klischees, Begriffsverwechselungen und unzureichenden Metaphern sollen die Inhalte dieser Kapitel eine validierte Quelle herstellen, um nicht von Zweifeln oder widersprüchlichen Informationen aus den Weiten des Internets von einem eigentlich löblichen und zukunftskritischen Vorhaben abgehalten zu werden: Neuroinklusion.

Zwei Kapitel aber genießen eine Sonderrolle: Das Kap. 6 zum „Selbstmanagement" richtet sich direkt an selbst neurodivergente Menschen, allerdings lohnt sich die Lektüre für einen Perspektivwechsel auch für alle anderen Interessierten. Das Kap. 7 „Kompass für Neuroinklusion" spiegelt eine kritische Perspektive wider, die sich nicht endgültig von den restlichen Inhalten trennen lässt, vielleicht aber für die eine oder andere Person auch Irritationen auslösen könnte.

Am Ende jedes Kapitels finden sich außerdem abschließend Referenzen und wissenschaftliche Lektüre zu den jeweiligen Themen. In den meisten Fällen handelt es sich hier um Studien, die zum Teil auch in den jeweiligen Textteilen der Kapitel erwähnt oder referenziert werden.

Sollten beim Lesen einmal Begriffe verwendet werden, die vielleicht nicht auf Anhieb geläufig sind, werden sich diese mit hoher Wahrscheinlichkeit im alphabetisch sortierten Glossar mit einer Erläuterung wiederfinden.

Welche Kapitel nun besonders relevant sind, hängt von der eigenen Rolle ab:

Wer selbst neurodivergent ist und Wege sucht, sich besser zu strukturieren, abzugrenzen oder offener zu kommunizieren, wird insbesondere in Kap. 6 fündig, oder aber in Kap. 5 Inspiration für die eigene Praxis als Führungskraft finden.

Wer sich in einer HR-, Führungs- oder Beratungsfunktion verortet, wird in jedem Kapitel Handlungsansätze finden und erhält die Chance, Organisationsentwicklung und Führung anhand Wissenschaft und meiner eigenen neurodivergenten Fachexpertise neu zu bewerten. Die Kapitel bauen aufeinander auf, sind aber auch einzeln lesbar. Sie sollen alle, die diesen Text nun sehen oder hören, dabei unterstützen, aus der Unsicherheit ins Tun zu kommen, konkrete Ideen umzusetzen, Prozesse weiterzudenken oder Gespräche anders zu führen als bisher.

Nichts in diesem Buch soll eine perfekte Sprache, Haltung oder Lösung festsetzen oder Charakterurteile über Menschen fällen, die sich unsicher fühlen oder Fehler machen. Die Verantwortung für das eigene Lernen (und Vermeiden der gleichen Fehler in der Zukunft) liegt bei jeder Person selbst und bereits verursachte Verletzungen bei anderen Menschen bleiben auch ohne jede Absicht weiter bestehen – das heißt aber nicht, dass Veränderung und Umdenken für zukünftige Situationen vergebens sind.

Denn jedes einzelne Urteil, das wir in Zukunft nicht annehmen und als Wahrheit behandeln, sondern stattdessen reflektieren und in Offenheit oder Neugier wandeln, trägt zur systematischen, echten Verbesserung unzähliger Menschenleben bei.

Inhaltsverzeichnis

Über die Autorin

Foto: Sapna Richter

Vera Soubiran (she/her) arbeitet als Beraterin und Coach mit Organisationen jeder Art und Größe, um sie auf dem Weg zur erfolgreichen Zusammenarbeit rund um Neurodiversität zu unterstützen. Sie bringt nicht nur persönliche Erfahrung aus Angestelltensicht mit, sondern auch unternehmerisches Verständnis aus Management-Perspektive.

Sie durchlief in ihrem Leben eine Vielzahl verschiedener Sektoren und Positionen und erfuhr nach lebenslanger Kompensation erst mit fast 30 Jahren, dass sie selbst neurodivergent ist. Ihre beruflichen Schwerpunkte liegen heute in den Bereichen Psychologie, Kommunikation, Kognition und Neuroinklusion.

Nach ihrem Abitur und Zwischenstationen im sozialen Sektor, in der Selbstständigkeit und den Kulturwissenschaften absolvierte sie eine Ausbildung zur Tiermedizinischen Fachangestellten. Sie schloss schließlich ein Bachelorstudium in Kommunikations- und Medienwissenschaften an der Universität Leipzig ab und ist durch die Quadriga Hochschule zertifiziert als Systemischer Business-Coach.

Im Frühjahr 2025 gründete sie das Mix + Thrive Collective, in dem neurodivergente Berufstätige gemeinsam auf nachhaltige Strategien für neuroinklusive Arbeitsgestaltung hinwirken.

Vera Soubiran steht als Beraterin, Coach und Speakerin zur Verfügung und arbeitet vornehmlich remote.

1 Recruiting & Interviews

Der klassische Weg in eine Organisation ist und bleibt das Recruiting. Ob nun Talent Acquisition, Talent Management oder Recruiting genannt: Es geht um Stellenausschreibungen, Screening von Bewerbungen, Kontakt mit den sich bewerbenden Menschen.

Je nach Organisation fallen weitere Aufgaben auf die Talent Acquisition – in manchen Unternehmen wird wirklich nur die operative Durchführung des Bewerbungsprozesses betrachtet, in anderen wird Recruiting ganzheitlich und beratend verstanden. Es geht deshalb zunächst darum, ein einheitliches Grundverständnis für die relevanten Prozesse zu erhalten, sodass die Hinweise in diesem Kapitel passend in die eigene Organisation implementiert werden können.

Stellenbesetzungen früher und heute

Ein Blick in die Geschichte des Recruitings macht deutlich, wie weit wir gekommen sind, wenn es um die ganzheitliche Passung von Menschen auf Positionen geht.

Gleichzeitig liegt genau darin auch die Krux, die so viele Menschen benachteiligt, wenn auch in aller Regel unbeabsichtigt. Während es früher ausreichte, persönlich bei verschiedenen Unternehmen vorbeizugehen, den Lebenslauf oder die Bewerbungsmappe abzugeben und in der Branche gearbeitet zu haben, sind die Prozesse inzwischen um ein Vielfaches angewachsen. Es geht nicht mehr nur darum, dass jemand sich überhaupt bemüht, eine Bewerbung einzureichen. Vielmehr entsteht in mancherlei Bewerbungsprozess der Eindruck, die Person soll sich schon vor dem Arbeitsvertrag mit dem Unternehmen und seiner Mission identifizieren, selbstverständlich die beste Person in ihrem Fach sein, persönliche Schwachen kennen und soweit ausgemerzt haben, dass sie sich auf das Business nicht mehr auswirken. Sie soll konfliktfähig sein, empathisch, emotional und grundsätzlich intelligent, lösungsorientiert,

V. Soubiran, *Neurodiversität in Unternehmen*,
https://doi.org/10.1007/978-3-662-72015-8_1

loyal, fleißig und am besten für den Job umziehen oder auch in der Freizeit in ihre Arbeit investieren.

Historisch wuchs mit dem Fokus auf persönliche Eigenschaften auch die Homogenität der Gruppen, aus denen sich die „geeigneten Personen" zusammensetzten, und auch heute noch wird in der Forschung versucht, möglichst klare Charaktereigenschaften zu finden, die eine spätere Job-Performance vorhersagen. Noch in der Nachkriegszeit wurden viele Stellenbesetzungen eher über „Vitamin B" bzw. über persönliche Netzwerke geregelt. Das heißt, eine im Beruf angesehene Person kannte eine andere, und beide gehörten häufig zur selben sozialen Klasse, hatten eine ähnliche Denkweise und ähnliche Ideale. Erst mit dem Aufkommen von Verfahren der Eignungsdiagnostik in den 1970er-Jahren gewann die Idee von strukturierten Verfahren und persönlichkeitsbasierten Auswahlkriterien an Bedeutung.

Das Problem bei all diesen Kriterien und Bestrebungen ist, dass sie sich nur selbst validieren. Organisationen belohnen bestimmte Verhaltensweisen, andere Menschen belohnen bestimmte Verhaltensweisen und bestrafen andere direkt oder indirekt. Wir wissen, dass neurodivergente Menschen auch bei ansonsten „richtigem" Verhalten negativer eingestuft werden als neurotypische Menschen. Auch grundsätzlich gibt es gesellschaftsweit gewisse Bias hin zu bestimmten Charaktereigenschaften wie beispielsweise Extraversion. Introversion sei nicht erwünscht, weil sie nicht die gleichen Stärken bedient. Das ist vorhersehbar, denn Introversion funktioniert über völlig andere Hebel und kann in extraversionsgetriebenen Systemen damit nicht in gleicher Weise erfolgreich sein.

Seit einigen Jahren kommt nun hinzu, dass Employer Branding als strategisches Tool zur Personalakquise genutzt wird. Employer Branding wiederum bedient sich der gleichen Netzwerke wie andere soziale Medien und der gleichen Mechanismen wie Marketing allgemein. Das wiederum bedient abermals Klischees, die sich auf erwünschte Eigenschaften auswirken: Organisationen präsentieren sich und ihre Teams als aufregend, lebendig, transparent, ambitioniert, inspirierend … Werte wie Stabilität und Verlässlichkeit dagegen finden sich eher im produzierenden Gewerbe. Wir finden uns wieder in einem System der Selbstbestätigung, in der Menschen sehen, was Organisationen wollen, und Organisation annehmen zu wissen, welche Menschen für sie die besten Mehrwerte schaffen. Und wer möchte schon gezielt nach Menschen suchen, die für Konflikte und Unsicherheit sorgen – selbst wenn genau das die Aspekte sind, die in tiefgreifenden Veränderungsprozessen zwangsläufig gegeben sind?

Das Spannungsfeld verschärft sich aber weiter: Spätestens seit Beginn der COVID-Pandemie im Jahr 2019/2020 verstehen mehr und mehr Organisationen, dass sie sich nicht auf Menschen mit einem Wohnsitz vor Ort beschränken müssen. Der Zugriff auf Talente ist theoretisch global möglich, auch wenn nicht alle Organisationen den Mehrwert dessen verstehen.

Denn mit der Globalisierung kommt gleichzeitig die Diversifizierung sämtlicher Aspekte, die den Arbeitsalltag ausmachen: Verschiedene Sprachen sind offensichtliche Unterschiede, aber auch kulturelle Unterschiede in sozialen Normen kommen hinzu. Verhaltensweisen werden kulturell unterschiedlich gewertet und erzeugen Reibung im Unternehmen, die

Mitarbeitenden scheinen nicht zu performen (oder aber sehr viel besser zu performen). Tatsächlich aber sind viele Recruitingprozesse noch immer sehr lokal fokussiert, fordern einen Umzug der interessierten Personen und bleiben bei alten Bewertungsmaßstäben. Wir sprechen über Fachkräftemangel, befinden uns in politisch angespannten Zeiten, die Wirtschaft ist volatil. All das führt eher dazu, an alten Prozessen festzuhalten oder zu ihnen zurückzukehren, auch wenn sie überholt sind.

Annahmen und Voraussetzungen im Recruiting
In der Praxis zeigt sich: Die meisten Bewerbungsprozesse sind auf eine bestimmte Art von „Normalverhalten" ausgelegt. Es wird zum Beispiel vorausgesetzt, dass Menschen von alleine das Ziel eines Bewerbungsgesprächs verstehen, sich passend vorbereiten, das Gespräch mit lockerem Small Talk beginnen (aber nicht zu viel davon anregen) und für jede Frage eine Antwort mit perfekter Länge und Detaillierung parat haben, die gleichzeitig genau das beantwortet, was aufseiten der Talent Acquisition wirklich abgefragt werden soll. All das ist nicht per se problematisch – aber tatsächlich wird damit nur eine bestimmte Gruppe von Menschen passend und realistisch eingeschätzt.

Die wichtigste Frage nach dem Bewerbungsgespräch dann ist für die Teams in der Talent Acquisition in der Regel, ob die interviewte Person „gepasst" hat. Die Kriterien, die dieser Einschätzung zugrunde liegen, werden jedoch selten explizit benannt. Oft geht es um den Eindruck, ob jemand im Gespräch „sofort sympathisch war", „selbstbewusst gewirkt hat" oder „gut kommunizieren konnte". Auf Nachfrage zeigt sich, dass diese Einschätzungen meist auf nicht reflektierten Eindrücken beruhen, etwa Körpersprache, Sprachtempo, Tonfall, Augenkontakt oder der Art, wie sich jemand durch ein Gespräch bewegt. Gerade diese intuitiven Eindrücke sind jedoch hoch anfällig für Verzerrungen und stark kulturell und kognitiv geprägt und fallen – es sei denn, die interviewende Person ist selbst neurodivergent und sich möglicher Masking-Strategien bewusst – bei neurodivergenten Bewerbenden eher negativ aus.

Im Recruiting wird diese intuitive Passung regelmäßig zum unbewussten Auswahlkriterium. Wie jemand spricht, wie oft jemand lächelt, ob der Blickkontakt angenehm ist, ob die Mimik mit dem Gesagten übereinstimmt… All das fließt in die Bewertung mit ein. Dabei gibt es kaum etwas, das stärker von kulturellem und neurotypischem Verhalten geprägt ist. Wer sich anders verhält, wirkt schnell „unnatürlich", „uninteressiert" oder „schwierig einzuschätzen". Für neurodivergente Menschen, die oft ganz andere Kommunikationsstile, Prioritäten oder Ausdrücke von Interesse haben, wird das Vorstellungsgespräch so eher zu einer Art sozialem Experiment, wie gut sie eine neurotypische Rolle wiedergeben können.

Das Idealbild der Authentizität im Bewerbungsgespräch ist dabei paradox: Bewerbende sollen „sie selbst" sein, aber bitte auf eine Weise, die die Erwartungen des Gegenübers erfüllt. Das bedeutet für viele neurodivergente Menschen eine zusätzliche Belastung. Sie wissen, dass sie oft missverstanden werden, dass ihre Mimik anders wirkt, dass sie nonverbale Signale anders senden oder empfangen. Und sie wissen auch, dass das – unabhängig von ihrer Qualifikation – darüber entscheidet, ob sie im Prozess weiterkommen oder nicht.

Gleichzeitig ist vielen Menschen in Recruiting-Rollen gar nicht bewusst, wie stark ihre unterbewussten Bewertungen von Bewerbenden in ihr Urteil eingehen. Das liegt zum einen daran, dass diese Einschätzungen schnell und intuitiv erfolgen, zum anderen daran, dass sie kulturell erlernt und über lange Zeiträume hinweg nicht hinterfragt wurden. Viele Interviewende glauben sogar, ihre Entscheidungen seien besonders fundiert, weil sie auf jahrelanger Erfahrung basieren („Ich habe da ein sehr gutes Bauchgefühl entwickelt") und ignorieren dabei völlig, wie fehler- und biasanfällig ihre Beurteilungen damit sind.

Ein besonders wichtiges Kriterium für Gesprächsbewertung ist dabei die wahrgenommene Authentizität des Gegenübers. Im Zusammenhang mit Recruiting gibt es sogenannte Authentizitätsmarker („Cues") – also Merkmale, an denen Interviewende Authentizität festmachen. Solche Cues umfassen Mimik, Gestik, Stimme, Blickkontakt und genau die Aspekte, die bei neurodivergenten Personen häufig anders oder inkonsistent auftreten. Und: Diese Cues beeinflussen nachweislich die Interviewbewertungen, auch wenn sie mit der tatsächlichen Leistung am Arbeitsplatz nichts zu tun haben (Heimann & Schmitz-Wilhelmy, 2024).

Was im Recruiting oft für Objektivität gehalten wird, ist in Wahrheit leider meist immer noch vermengt mit Erwartungen und Normen. Für Unternehmen bedeutet das eine gefährliche Verzerrung: Sie riskieren, eigentlich sehr gut geeignete Talente auszuschließen, nur weil deren Ausdrucksweise oder Auftreten nicht zur eigenen Interpretation von Verhalten passt. Dabei betrifft das nicht nur einzelne Einstellungsentscheidungen, sondern das gesamte Fundament, auf dem Teams aufgebaut sind (vgl. dazu Abschn. *„1.2 Prozesse zur Minimierung von Biases"*). Die Rede in Organisationen ist eher vom Cultural Fit, aber nicht dem Cultural Add, und auch der „Fit" ist selten mit messbaren Kriterien definiert. Wer ähnliche Personen als Team zusammenstellt, erreicht natürlich zunächst Harmonie, riskiert aber in der Folge eine Monokultur, Innovationsmangel und Gruppendenken, obwohl genau die neuen Blickwinkel diejenigen wären, die bestehende Muster produktiv hinterfragen könnten. Hinzu kommt, dass psychologische Sicherheit so keinesfalls resilient aufgebaut werden kann, denn auch Neurodivergenz kann erworben und muss nicht angeboren sein.

Ein weiterer Aspekt, der im Recruiting selten kritisch beleuchtet wird, ist die inhärente Erwartungshaltung an Performance im Bewerbungskontext. Während Organisationen in ihrer Außendarstellung häufig Wert auf Vielfalt, Chancengleichheit und Inklusion legen, ist der Bewerbungsprozess in der Praxis eher bereits ein erster Leistungstest, der geübt werden muss und je nach Charakter der Person von vornherein meist zum Scheitern verurteil ist.

Nur wer selbstbewusst auftritt, pointiert formuliert, humorvoll agiert und dabei sympathisch wirkt, gilt als „gut vorbereitet". Was jedoch, wenn jemand inhaltlich hervorragend ist, aber in der Live-Situation Schwierigkeiten hat, komplexe Informationen spontan in ansprechender Form zu präsentieren?

Dazu kommt, dass Recruitingprozesse (insbesondere in schnell wachsenden Organisationen) oft unter enormem Zeitdruck stehen. Die Entscheidung, ob jemand weiterkommt oder nicht, muss oft sogar in wenigen Minuten getroffen werden, beim Blick auf einen Lebenslauf innerhalb von Sekunden. In so kleinen Zeitfenstern wird es fast unmöglich, die eigenen Bias zu bemerken, die in die Entscheidung einfließen. Viel wahrscheinlicher ist, dass die Entscheidung tatsächlich eher rein auf Bias basiert.

Beispiel

Eine hochqualifizierte Bewerberin, die sich auf eine analytische Position in einem Tech-Unternehmen beworben hatte, wurde trotz exzellenter Qualifikationen nach dem Erstgespräch abgelehnt. In der internen Rückmeldung hieß es: „Wir waren uns nicht sicher, ob sie wirklich mit uns arbeiten will. Sie hat kaum gelächelt." Niemand hatte geprüft, ob das Fehlen der gewünschten Mimik vielleicht mit Nervosität, Reizüberflutung oder schlicht einem anderen Ausdrucksverhalten zusammenhing. Auch war „Im Gespräch lächeln" nie als Bewertungskriterium für diese Position festgelegt worden. Die Stelle wurde letztlich mit einem deutlich weniger qualifizierten Kandidaten besetzt, der dafür als „offen und motiviert" wahrgenommen wurde und im Gespräch von allein viel von sich erzählt hat.◂

Solche Beispiele sind keine Einzelfälle. In aller Regel werden im Bewerbungsgespräch zusätzliche Maßstäbe angelegt, die kaum etwas mit der eigentlichen Rolle zu tun haben. Dabei wäre es durchaus möglich, hier gegenzusteuern, sodass entweder Erwartungen an das Gespräch auch für die andere Person klar formuliert werden oder aber die Bewertung sich tatsächlich nur auf die relevanten bzw. formulierten Anforderungen fokussiert.

Es braucht ein klares Erwartungsmanagement gegenüber internen Stakeholdern und Verantwortlichen, den Bewerbenden und dem Prozess: Soll in einem Gespräch wirklich eine Entscheidung über die berufliche Eignung getroffen werden oder geht es in Wahrheit um die Frage, ob jemand sympathisch oder umgänglich wirkt? Wenn Letzteres dominiert, ist es wahrscheinlich, dass neurodivergente Personen benachteiligt werden, auch wenn sie überdurchschnittlicher Qualifikationen mitbringen.

1.1 Stellenausschreibungen

Jedes Unternehmen ist anders und hat andere Zielgruppen. Deshalb soll hier kein allgemeingültiges Schema für Stellenausschreibungen geteilt werden – hierzu gibt es außerdem genügend andere Lektüre.

Es gibt aber durchaus gewisse Elemente, die eine inklusivere Gestaltung von Stellenausschreibungen ermöglichen. Dazu gehört auch, dass die Position im Voraus geplant und durchdacht wird. Selbst wenn es sich „nur" um die Nachbesetzung einer Position handelt, ist eine erneute Auswertung mit kritischem Blick auf Neuroinklusion wertvoll.

Bestimmte Bausteine werden meist unabhängig von der individuellen Position als Templates wiederverwendet, zum Beispiel das Intro bzw. eine Kurzvorstellung des Unternehmens, die Auflistung der gebotenen Benefits des Arbeitgebers oder Hinweise zu

Chancengleichheit, Ansprechpersonen und Ähnlichem. Die Hinweise zu Neuroinklusion werden deshalb an dieser Stelle auf solche Aspekte begrenzt sein, die unabhängig von der individuellen Unternehmenskultur oder der Verwendung bestimmter Bausteine implementiert werden können.

Zunächst sollte Klarheit über die Gestaltung der Position bestehen, das heißt welche Verantwortung trägt eine Person in dieser Rolle, welchen Entscheidungsfreiraum hat sie ganz konkret (zum Beispiel Höhe von Budgets, Einstellungen, Kündigungen, strategische Entscheidungen), woran wird Erfolg in der Position festgemacht? Diese Angaben müssen nicht alle in der Ausschreibung untergebracht werden, sollten aber darin einfließen.

Auch wenn der Umfang einer Ausschreibung scheinbar stets entweder zu groß oder zu gering ist, gilt es bei der Formulierung, Prioritäten zu setzen.

Hier können folgende Denkanstöße gegebenenfalls unterstützen:

▶ **Frage 1** Wie wichtig ist der Hintergrund zum Unternehmen für diese Position? Geht es hier um selbstgesetzte Normen oder Glaubenssätze, dass Personen nur dann erfolgreich in dieser Position sein können, wenn sie auch das Unternehmen an sich bereits vor Zugehörigkeit genau kennen, oder sind die Hintergründe zum Unternehmen tatsächlich relevant für genau diese Position?

▶ **Frage 2** Wenn die Aufgaben- und Verantwortungsbereiche gelistet werden, folgt die Sortierung einer bestimmten Logik? Steht beispielsweise der bedeutendste Aufgabenbereich an erster Stelle, weniger bedeutende Aufgaben am Ende? Wenn ja, sollte die Struktur benannt werden, sodass auch die Bewerbenden sofort wissen, dass eine (und welche) Gewichtung vorgenommen wird. So kann auch eine zögernde Person motiviert werden, sich auch bei eher oberflächlichen Kenntnissen in einem weniger relevanten Bereich dennoch zu bewerben, weil sie beispielsweise tiefgehende, einzigartige Kompetenzen in einem sehr relevanten Bereich hat.

▶ **Frage 3** Wird nach durchsetzungsfähigen Personen gesucht, die sich behaupten? Oder ist das Ziel vielleicht eher eine Person, die konsequent ihre fachliche Meinung vertritt? Häufig wird unterschätzt, welche Auswirkungen die Wortwahl und Formulierungen wie diese auf die Wahrnehmung bei Bewerbenden haben. Wir wissen zum Beispiel, dass bestimmte Formulierungen viele Personen von einer Bewerbung abschrecken, die nicht männlich sind oder männlich sozialisiert wurden. Es gibt inzwischen aber glücklicherweise hilfreiche, kostenfreie Tools, anhand derer die Sprache der Stellenausschreibung auf eine solche gender-biased Schreibweise geprüft werden kann.

▶ **Frage 4** Welche Anforderungen sind unbedingt zu erfüllen, welche optional? Geht es tatsächlich darum, dass eine Person einen Bachelor- oder Master-Abschluss hat, oder soll anhand dessen eine fachliche Qualifikation nachgewiesen werden? Die Frage ist berechtigt, denn in einigen Organisationen kann es aufgrund von Freigaben, Tarifgruppen und Entgeltstufen tatsächlich nötig sein, dass ein bestimmter Abschluss nachgewiesen wird. In anderen wiederum soll diese Angabe lediglich eine bestimmte grundlegende Kompetenz nachweisen, die aber einerseits nur aufgrund eines Studiums nicht garantiert ist, andererseits auch durch anderweitig (sogar autodidaktisch) erworbene Fachexpertise vorliegen kann.

Diese Reflexionsfragen zeigen, dass grundsätzlich eine Vielzahl unausgesprochener Annahmen für Missverständnisse zwischen Organisation und potenziellen Bewerbenden sorgen kann. Eine Person, die in ihrem Fachbereich gut ist und vielleicht sogar die nächste Koryphäe werden könnte, ist deshalb nicht automatisch auch vertraut mit der Sprache, den Prozessen oder den Formalitäten, die im Recruiting angewendet werden – und darum sollte es auch nicht gehen, insofern die gesuchte Position nicht gerade in diesem Bereich angesiedelt ist.

Hinzu kommt, dass neurodivergente Menschen die Angaben in einer Stellenausschreibung tendenziell eher wörtlich nehmen. Auch wenn allmählich immer häufiger auch in Stellenausschreibungen ergänzt wird, dass sich gern auch bei nicht vollständiger Passung beworben werden soll, ist das nicht immer der Fall oder reicht das nicht zwingend aus. Mit der meist lebenslang gemachten Erfahrung, immer wieder „falsch" aufgetreten zu sein oder Dinge falsch angegangen zu haben, brauchen neurodivergente Menschen im Bewerbungsprozess meist deutliche Klarheit, die bestehende Verunsicherung abschwächen kann.

Welche Elemente also können in der Stellenausschreibung hilfreich sein?
Es sollen nachfolgend einige Inhalte aufgezeigt werden, die eben jene Klarheit herstellen können. Selbstverständlich können diese Informationen aber auch auf verschiedene Stellen verteilt sein, je nachdem, welche Herangehensweise die Organisation verfolgt.

Wie eingangs erwähnt kann es sein, dass einem Unternehmen tatsächlich eine sehr hohe Identifikation mit dem Unternehmen selbst wichtig ist, auch bevor ein Beschäftigungsverhältnis besteht. In diesem Fall wäre beispielsweise denkbar, dass in der Stellenausschreibung nur bestimmte Dinge enthalten sind, für andere wiederum auf die Unternehmenswebsite verwiesen wird und nur solche Personen im Bewerbungsprozess gesucht werden, die diesen zusätzlichen Schritt allein aufgrund beispielsweise des Prestiges des Unternehmens machen und sich informieren. Andere Unternehmen wiederum legen vielleicht mehr Wert auf effiziente Prozesse und Inhalt vor Wirkung, würden daher eher ihre Ausschreibungen so klar und transparent wie möglich gestalten.

1. Ziel der Position. Welches Problem wird gelöst? Welches Ergebnis wird bei erfolgreicher Tätigkeit erreicht?
2. Gehalt für die Position
3. Geplante Schritte im Bewerbungsprozess
4. Zeitliche Abfolge im Bewerbungsprozess
5. Was wird pro Schritt geprüft?
6. Wie kann sich die Person auf die Schritte vorbereiten?
7. Angaben zu Kommunikationswegen
8. Informationen zur Teamgröße des direkt angrenzenden Teams bzw. organisationale Einbettung der Position
9. Arbeitsplatzgestaltung. Wenn remote angegeben wird, bedeutet das keinerlei Anwesenheit. Hier sollten auch „freiwillige" Teamveranstaltungen berücksichtigt werden. Wenn für soziale und fachliche Integration eine Anwesenheit vor Ort notwendig ist, ist die Position hybrid.
10. Angaben zu Barrierefreiheit und individuellen Anpassungsmöglichkeiten. Dies umfasst z. B. Informationen zur räumlichen Zugänglichkeit, zur Möglichkeit von Arbeitsplatzanpassungen, flexiblen Arbeitszeiten oder technischen Hilfsmitteln. Wenn solche Dinge nicht standardmäßig gegeben sind, sollte zumindest erwähnt werden, ob Anpassungen bei Bedarf geprüft werden können.
11. Umgang mit Neurodivergenz im Bewerbungsprozess. Gibt es z. B. die Möglichkeit, bestimmte Bedarfe oder Kommunikationspräferenzen vorab mitzuteilen? Wird die Bewerbung durch Personen geprüft, die für neurodiverse Perspektiven sensibilisiert sind? Auch ein Hinweis, dass Bewerbungen ohne Anschreiben oder mit alternativen Darstellungsformen (z. B. Projektportfolio, Audio, Video) möglich sind, kann hier sinnvoll sein.
12. Erwartete Kommunikationsformen im späteren Arbeitsalltag. Muss z. B. sehr viel spontan kommuniziert oder gepitcht werden? Gibt es viele Meetings? Wird mit Kollaborationstools gearbeitet? Eine realistische Einschätzung hilft Bewerbenden, sich das Arbeitsumfeld vorzustellen – gerade für neurodivergente Menschen, die oft auf bestimmte Kommunikationsmuster angewiesen oder von ihnen überfordert sind.
13. Option auf Rückfragen im Vorfeld. Ein offenes Angebot, dass Interessierte vor der Bewerbung Fragen stellen dürfen – z. B. per Mail oder in einem anonymisierten Call – kann für Menschen, die nicht mit informellen Netzwerken vertraut sind, ein Türöffner sein. Dies kann Unsicherheiten abbauen und auch das Vertrauen in das Unternehmen stärken.
14. Transparenz zur Entscheidungsfindung. Wird ausschließlich nach formalen Qualifikationen entschieden oder zählen auch informelle Kriterien wie Teamfit oder Auftreten? Eine transparente Kommunikation dieser Maßstäbe hilft besonders jenen Bewerbenden, die nicht wissen können, welche ungeschriebenen Regeln gelten – und beugt Frustration und Missverständnissen vor.

Insgesamt gilt: Je klarer, transparenter und kontextualisierter eine Stellenausschreibung formuliert ist, desto wahrscheinlicher ist es, dass sich auch neurodivergente Personen davon angesprochen fühlen – und sich überhaupt trauen, sich zu bewerben. Inklusion beginnt nicht erst im Vorstellungsgespräch, sondern mit dem Text, der überhaupt die Tür öffnet.

Übersicht

In Kürze: Stellenausschreibungen.

1. Klar strukturierte, sprachlich objektive Stellenausschreibungen senken kognitive Einstiegshürden. Wichtig sind kurze Absätze, konkrete Informationen und ein Verzicht auf überladene Sprache oder implizite Anforderungen.

   *Beispiel: Statt „Wir suchen kommunikative Allrounder mit Macher*innengeist" lieber: „Die Rolle umfasst regelmäßige Abstimmungen im Team und eigenverantwortliches Projektmanagement."*
2. Anforderungen sollten beschreiben, was konkret gebraucht wird. Wie jemand wirken soll, ist kein Anforderungskriterium. Formulierungen wie „charismatisch", „durchsetzungsstark" oder „leistungsorientiert" werten andere Arbeitsweisen ab und erschweren eine selbstsichere Bewerbung.

   Beispiel: Statt „Du überzeugst durch deine Ausstrahlung" lieber: „Du präsentierst deine Arbeitsergebnisse faktenbasiert und beantwortest Rückfragen detailliert".
3. Transparente Informationen zum Bewerbungsprozess (z. B. Anzahl der Gespräche, Format, etwaige Aufgaben) schaffen Sicherheit und helfen, sich besser vorzubereiten.

   Beispiel: „Nach einer ersten Videokonferenz mit Person A und Person B folgen zwei weitere Gespräche. Eins davon fachlich mit deiner potenziellen Führungskraft, eins mit 2 bis 3 Personen aus dem Team."
4. Ein kurzer Hinweis auf mögliche Anpassungsbedarfe im Prozess signalisiert Offenheit, ohne dass eine Diagnose genannt werden muss.

   Beispiel: „Wenn du Barrieren im Bewerbungsprozess erwartest oder Unterstützung brauchst, melde dich gern bei [Kontaktperson], damit wir dich unterstützen können."
5. Auch ein Satz zu einer möglicherweise gelebten Neuroinklusion kann sichtbar machen, dass Unterschiede tatsächlich gefördert und nicht abgestraft werden.

   Beispiel: „In unserem Team arbeiten Menschen mit unterschiedlichen Denk und Arbeitsweisen. Wir gestalten unsere Prozesse gemeinsam und partizipativ."

1.2 Prozesse zur Minimierung von Bias

Eine alltägliche und gleichzeitig äußerst einflussreiche Barriere für neurodivergente Menschen sind Bias. Dabei sind Bias uns häufig gar nicht selbst bewusst und per se eigentlich vor allem energiesparende Abkürzungen in unseren Denkprozessen. Nur, weil wir uns unserer Bias nicht bewusst sind oder unser Gehirn sich diese Abkürzungen angeeignet hat, sind sie aber nicht automatisch richtig oder zielführend.

Ebenso schaden Bias anderen Menschen unter Umständen direkt und indirekt, ganz egal, ob es so von uns selbst beabsichtigt war oder nicht. Das heißt: Wir selbst sind dafür verantwortlich, uns unserer Bias bewusst zu sein, denn auch für bei anderen entstehende Benachteiligungen oder Schäden sind wir selbst verantwortlich.

Dabei ist tatsächlich ganz normal, dass es uns schwerfällt, unsere eigenen Privilegien und unbewussten Machtdynamiken zu bemerken, die wir allein aufgrund unserer kulturellen und soziologischen Zugehörigkeit innehaben (Webster et al., 2022).

Es macht uns nicht zu schlechten Menschen, dass wir Privilegien haben, die andere nicht haben; es ist aber an uns, diese Privilegien zu bemerken und ihre Abwesenheit für andere Gruppierungen anzuerkennen, wenn wir Inklusion betreiben möchten.

Auch wenn argumentiert werden könnte, dass dieses Thema vor allem von Personen in Human Resources, People & Culture oder anderen „menschlichen“ Unternehmensfunktionen aufgearbeitet werden sollte, betrifft es tatsächlich jede Person, die entweder mit anderen Menschen zusammenarbeitet oder etwas leistet, was am Ende andere Menschen erreicht. Dabei ist gleichgültig, in welcher Branche wir uns aufhalten. Geht es um digitale Produkte oder Dienstleistungen, werden auch diese am Ende von einem Menschen mit ganz eigenen Vorstellungen und Bias empfangen – das heißt, das Resultat muss anwendbar sein, bestenfalls anderen Unternehmen im Wettbewerb vorgezogen werden. Aber auch in produzierenden Sektoren sind sowohl die Produktionskette als auch das Endergebnis abermals darauf angewiesen, dass sie von Menschen gekauft werden (weil sie zum Beispiel genau das eigene Bedürfnis erfüllen, Vertrauen erzeugen). Dazu kommt in den meisten Fällen eine Vermarktung oder anderweitige Aufbereitung des rohen Produkts für die Person, die am Ende das Ergebnis nutzen soll. Marketing, User Experience und User Interface arbeiten ihrerseits im kognitiven Dialog mit ihren Zielgruppen und sind damit unmittelbar mit verantwortlich dafür, welche Bias im letzten Schritt gegebenenfalls bedient, vermieden oder sogar ausgenutzt werden.

Während es eine Vielzahl an Bias gibt, die auch neurotypischen Menschen geläufig sind und zu denen inzwischen immer mehr Aufklärung stattfindet, werden neurodivergente Menschen darüber hinaus mit der Verbindung aus Bias und sozialen Normen konfrontiert, die häufig Nachteile für sie bewirkt.

Ich möchte dazu ein alltägliches Beispiel geben: Schon an der Annahme, dass Dankbarkeit und Höflichkeit ein „Bitte“ und „Danke“ von Gesprächsteilnehmenden erfordern, kann jede einzelne Person ihre eigenen konstruierten Normen und Bias überprüfen. Es ist nicht für sich allein höflich, Bitte oder Danke zu sagen, sondern diese Worte sind lediglich Ausdruck der Absicht von Höflichkeit oder Dankbarkeit. Währenddessen gibt es zum Beispiel eine Vielzahl nonverbaler Verhaltensweisen, die solche Absichten ausdrücken könnten. Ebenso kann jeder Mensch für sich reflektieren: Was ist, wenn mein Gegenüber Dankbarkeit mit einer Geste statt mit Worten ausdrückt?

Einen Schritt weiter gedacht könnte auch gefragt werden, weshalb der Ausdruck von Höflichkeit überhaupt den Stellenwert in beispielsweise einer Kauftransaktion einnimmt, den Menschen ihr heute im direkten Kontakt zuschreiben. Wie viele von uns bewerten zum Beispiel das Angebot eines Online-Shops nach dargestellter Höflichkeit der digitalen Oberfläche? Bemerken wir es überhaupt, wenn nach dem Abschluss eines Kaufs ein „Vielen Dank für den Einkauf" folgt, oder interessiert uns nur der Link zur Sendungsverfolgung? Und wer nun daran denkt, dass online ja keine Gelegenheit für Höflichkeit sei: Was hindert uns daran, eine E-Mail nach dem Kauf zu verschicken und unsere Dankbarkeit für die Transaktion auszudrücken?

All das soll eigentlich nur sagen: Welche Verhaltensweisen wir als angemessen betrachten, sei es bei einem Kauf oder einem sozialer Austausch, sind gewachsene Normen, die sich entlang von Aspekten wie verfügbarer Technologie, den teilnehmenden Parteien, gesellschaftlich mehrheitlichem Konsens und der wahrgenommenen Zielerreichung bei Einsatz der Verhaltensweisen bzw. Befolgung der Normen entwickelt. Dessen müssen wir uns bewusst sein, wenn wir bias-kritisch vorgehen möchten.

1.2.1 Bias im Überblick

Nachfolgend werden einige Bias beleuchtet, die gerade in der Personalarbeit oder in Personalverantwortung besonders relevant im Kontext von Neurodiversität und Neuroinklusion sind. Dazu sei gesagt, dass es bisher keine eindeutige, vollständige Liste aller existierenden Bias gibt, und auch die Grenze zwischen psychologischem Phänomen, Vorurteil, Klischee, Stereotyp oder Bias nicht immer ganz klar abgrenzbar ist. Während der Arbeit an diesem Buch wurde eine Annäherung und Kategorisierung genutzt, die 2016 von Buster Benson[1] erarbeitet wurde und auch ohne genaues Nachvollziehen aller Bias einen sehr guten (gegebenenfalls ersten) Eindruck gibt, wie umfassend Bias unser tägliches Denken und Handeln beeinflussen.

Für die Arbeit auf bestimmte Ziele hin bzw. die Vermeidung von bestimmten Dynamiken wurden die gewählten Bias folgend in drei Kategorien umsortiert und jeweils mögliche Beispiele aus dem Alltag ergänzt, auch wenn die Übergänge zwischen den Kategorien meist fließend sind.

[1] Autor von „Why Are We Yelling? – The Art of Productive Disagreement" und ehemaliger Product Leader bei Twitter, Slack, Patreon, Medium

1.2.1.1 Kategorie »Erhalt von Machtstrukturen und Benachteiligung«

Group Attribution Error

Es wird angenommen, dass eine einzelne Person aus einer bestimmten Gruppe repräsentativ für die gesamte Gruppe ist, oder aber die Ziele der gesamten Gruppe gleichzeitig die jeder einzelnen Person repräsentieren. Eine Person wird also auf ihre Zugehörigkeit zu einer Gruppe reduziert und nicht mehr vollständig als Individuum gesehen.

Beispiele:

- Es werden Personen mit einem Abschluss einer bestimmten Universität bevorzugt.
- Eine Bewerberin gibt im Lebenslauf an, sie sei introvertiert, und wird deshalb nicht für die Position als Sales-Managerin in Betracht gezogen.

Stereotyping

Stereotypen sind Zuschreibungen von Eigenschaften oder Gruppenzugehörigkeiten basierend auf anderen Merkmalen bzw. Gruppenzugehörigkeit einer Person.

Beispiele:

- Ein Bewerber mit Migrationshintergrund wird für eine Rolle im Kundenkontakt nicht berücksichtigt, weil angenommen wird, dass seine Deutschkenntnisse oder kulturelle Kompetenz nicht ausreichen, obwohl er im Prozess bisher einwandfreies Deutsch gesprochen hat.
- Eine junge studentische Bewerberin hat einen Vorschlag zur Verkürzung des Bewerbungsprozesses, wird aber als faul abgetan, da sie zu „Gen Z" gehört und die wertende Person Gen Z für faul hält.

Similarity Bias

Bereits Bekanntes und Vertrautes wird dem Unbekannten vorgezogen und resultiert darin, dass Menschen sich unbewusst eher zu anderen Personen hingezogen oder sicher mit ihnen fühlen, wenn sie ihnen selbst ähnlich sind.

Beispiele:

- Ein Bewerber löst die ihm gegebene Testaufgabe genau so, wie es der CEO immer macht. Ein anderer Bewerber löst die Testaufgabe anders, bringt aber noch zusätzliche Vorschläge für eine höhere Erfolgschance im imaginären Szenario ein. Der CEO ist trotzdem vom ersten Bewerber mehr überzeugt, weil er ihn im Gespräch sympathischer fand.
- Im Bewerbungsgespräch zeigt sich, dass die Bewerberin einen sehr fundierten, aber anderen Führungsstil bevorzugt als die Person der Talent Acquisition. Obwohl die beiden Personen nie direkt miteinander arbeiten werden, entscheidet sich das Recruiting-Team gegen die Bewerberin, weil es sich „irgendwie nicht passend angefühlt" hat.

System Justification Theory
Sind Menschen selbst Teil eines Systems, verteidigen sie das System und wie es funktioniert. Genau genommen handelt es sich hier um das Ergebnis von mehreren Bias, allerdings ist die Betrachtung als Gesamtkomplex an dieser Stelle hilfreicher.

Beispiele:

- Bisher wurden alle Positionen besetzt, deshalb wird der Hinweis der diversitätsbeauftragten Person im Unternehmen ignoriert, dass der Prozess bisher nicht inklusiv gestaltet ist. Es funktioniere ja alles.
- Die Hinweise einer Beratungsagentur in einem Strategie-Workshop zur Reduzierung der Fluktuation werden heftig kritisiert und dementiert, da sich im Unternehmen bisher nie beschwert worden sei, und dass die Prioritäten eben im eigenen Unternehmen nur an anderer Stelle lägen. Die Dinge würden im Unternehmen eben so laufen.

Naive Realism
Die Annahme, dass die eigene Wahrnehmung der Welt und Geschehnisse objektiv wahr oder richtig ist. Wenn andere Menschen etwas anders wahrnehmen oder bewerten, dann wird das damit abgetan, dass diese Personen nicht das ganze Bild kennen, nicht klar denken oder voreingenommen sein müssen.

Beispiele:

- Ein Bewerber stellt bei seinem Probearbeitstag keine Fragen zur Geschichte des Unternehmens. Die betreuende Person hält die Geschichte des Unternehmens für sehr spannend und wertet das Ausbleiben der Fragen als Desinteresse oder mangelnde Intelligenz, und stellt nun sogar die Expertise der Talent Acquisition infrage, weil diese den Bewerber trotzdem in die engere Auswahl nimmt – wie könne man nur ein so „desinteressiertes“ Verhalten beim Probearbeiten belohnen?
- Im ersten Kennenlernen mit der Talent Acquisition zeigt die Bewerberin einen größtenteils neutralen Gesichtsausdruck und beantwortet die gestellten Fragen nur sehr direkt und knapp. Die Person im Gespräch wertet das als Desinteresse und Genervtheit, und fragt sich am Ende des Gesprächs, ob die Bewerberin überhaupt wirklich an der Stelle interessiert ist.

1.2.1.2 Kategorie »Unsere Erwartungen geben Ergebnisse vor«

Confirmation Bias
Es wird danach gestrebt, eigene existierende Annahmen zu bestätigen, nicht zu widerlegen.

Beispiele:

- Ein Bewerber wird nur knapp ins Interview eingeladen, weil das CV nicht strukturiert genug wirkte. Im Gespräch wird das Regal im Hintergrund des Bewerbers bemerkt, dass er sich selbst im Satz zweimal unterbrochen und neu formuliert hat, und dass sein Hemd eine Knitterfalte hat.

- Es bewerben sich immer mehr Personen der Gen Z für eine Position. Im Unternehmen wird die Meinung vertreten, Gen Z wolle einfach nicht arbeiten und nur Geld kassieren. Bei der Recherche zu Generationenunterschieden lautet die Suchphrase „Ist Gen Z faul?"

Expectancy Effect
Wenn das gewünschte Ziel eines Szenarios bekannt ist, kann sowohl das Verhalten von den Personen auf dem Prüfstand als auch das der beobachtenden oder betreuenden Personen das Ergebnis beeinflussen und den Verlauf auf das gewünschte Ergebnis hin verändern.

Beispiele:

- Eine Bewerberin wurde vom Fachbereich schon nach Prüfung des Lebenslaufs als „High Potential" eingestuft und als Wunschkandidatin festgelegt. Im Interview mit der Bewerberin handelt der Leiter des Fachbereichs proaktiv, lächelt viel und fragt bei eigentlich ungenügenden Antworten eher noch mal mit Hilfsbereitschaft nach, bis die Antworten bessere Ergebnisse liefern.
- Einer der Bewerber ist der Talent Acquisition aus einer früheren Bewerbung bekannt, bei der er abgelehnt wurde. Nach dem Gespräch damals hatte ein Kollege im Team geäußert, der Bewerber habe arrogant gewirkt. Im erneuten Interview agiert die Person aus der Talent Acquisition sehr neutral und formuliert die Fragen sehr förmlich, der Bewerber antwortet deshalb mit sehr klaren Sätzen und verwendet viele Fachbegriffe. Er wird intern abermals als arrogant bezeichnet.

Fundamentaler Attributionsfehler
Die Tendenz, zuerst persönliche Absichten oder den Charakter statt äußere Einflüsse als Begründung für das Verhalten von Personen anzunehmen.

Beispiele:

- Ein Bewerber kommt zu spät zum Gespräch. Die Verspätung wird in seiner Akte notiert und seine Zuverlässigkeit infrage gestellt, obwohl er an diesem Tag lediglich deshalb zu spät kam, weil er einer älteren Nachbarin im Haus bei einem kleinen Feuer an ihrem Herd geholfen hat.
- Ein Bewerber erzählt stolz von seinem Unternehmen, das er gegründet und verkauft hat, und schreibt seinen Erfolg vor allem seinem Fleiß, seiner selbstbezeichnet hohen Intelligenz und Ambition zu. Tatsächlich hatten die Rahmenbedingungen einen größeren Anteil an seinem Erfolg, da seine wohlhabende Familie ihm viel Geld und Berater zur Seite gestellt hat.

1.2.1.3 Kategorie »Beeinflussung unserer Wahrnehmung und Urteilsfähigkeit«

Negativity Bias

Wir merken uns Fehler und negative Einzelheiten mehr als positive Erfahrungen. Das kann sinnvoll sein, um Risiken in zukünftigen ähnlichen Situationen zu vermeiden, führt aber außerdem dazu, dass negative Charaktereigenschaften stärker und als relevanter bewertet werden als positive Eigenschaften.

Beispiele:

- Eine Bewerberin mit zahlreichen passenden Qualifikationen und Erfüllung sämtlicher Nice-to-have-Kriterien wird abgelehnt, weil in ihrem Lebenslauf ein Schreibfehler enthalten war.
- Ein Bewerber braucht am Anfang des Interviews länger, bis sein Ton funktioniert. Das restliche Interview verläuft sehr gut und er beweist eine hohe technologische Kompetenz in den relevanten Bereichen – allerdings wird seine Kompetenz nach dem Interview aufgrund der Startschwierigkeiten angezweifelt.

Halo Effect

Im Gegensatz zur Negativity Bias beschreibt der Halo-Effekt die Tendenz, unser zuvor positives Bild von einer Person beizubehalten, selbst wenn sie etwas Negatives tut. Ist der bisherige Eindruck von der Person gut gewesen, wird nun selbst unmoralisches Verhalten entschuldigt.

Beispiele:

- Ein Bewerber hat auf LinkedIn den Top-Voice-Status. Im Gespräch sind seine Antworten oberflächlich, er wird aber dennoch in die engere Auswahl genommen.
- Ein Kollege im Talent-Acquisition-Team ist im Team für seine fachliche Kompetenz und schnelle Lösungen bekannt. In der Diskussion zu einer auszuschreibenden Stelle äußert er, dass Menschen über 40 für die Stelle von vornherein ausgeschlossen werden sollten, weil sie nicht so viel leisten und wahrscheinlich Familie haben würden. Die Aussage wird von allen anderen als sinnvoll betrachtet.

Illusion of Validity

Wenn die vorliegenden Informationen ein scheinbar schlüssiges Bild ergeben, wird die Richtigkeit der eigenen Interpretation überschätzt und selbst gegenteilige Aspekte werden ignoriert. Es erscheint wichtiger, dass die eigene Annahme zu den Ergebnissen passt, als wirklich zu überprüfen, ob die Ergebnisse wirklich richtig und gültig (statt nur zufällig oder durch fehlerhafte Datenerhebung entstanden) sind.

Beispiele:

- Ein Bewerber kommt über die Empfehlung eines Kollegen aus dem Management-Team in den Prozess. Der Prozess wird von der Talent Acquisition wie immer durchgeführt, der Bewerber scheint in jedem Prozessschritt perfekt zu leisten und genau zu wissen, was gefordert wird – er wird als „hoher Culture Fit" bewertet. Es ist bekannt, dass der empfehlende Kollege dem Bewerber vorher bereits einiges über das Unternehmen und die Position erzählt hat.
- Im Interview erzählt eine Bewerberin für eine Führungsposition, wie sie die Performance eines Teammitglieds innerhalb weniger Monate komplett transformieren und verbessern konnte. Die Talent Acquisition vermerkt sich eine hohe Führungskompetenz für diese Bewerberin, ohne zu überprüfen, wie diese Transformation zustande kam und ob auch äußere Einflüsse dazu beigetragen haben könnten. (Hier außerdem sehr deutlich: fundamentaler Attributionsfehler!)

Overconfidence Effect
Die Richtigkeit eigener Beurteilungen wird stark überschätzt. Dies bezieht sich auf die Bewertung der eigenen Fähigkeiten und Performance, sowohl in Bezug auf sich selbst und im Vergleich zu anderen als auch auf den festen Glauben daran, dass die eigene Einschätzung bzw. Erfassung einer Situation richtig ist.

Beispiele:

- Es herrscht hoher Druck, eine Position mit hohem Bewerbungsaufkommen zeitnah zu besetzen. Es soll deshalb nur noch maximal eine Minute Zeit pro Lebenslauf aufgewendet werden, da das Recruiting-Team damit ja schon sicher genug entscheiden könne, ob jemand passend sein könnte oder nicht.
- Um Ressourcen zu sparen, sollen im Bewerbungsprozess nur ein Mitglied der Talent Acquisition und nur in späten Prozessschritten einmal eine Führungsperson aus dem Fachbereich mit den potenziellen neuen Angestellten sprechen. Man ist sich sicher, den Culture Fit so klar genug erkennen zu können, und die Passung mit den übrigen Teammitglieder gut genug einschätzen zu können.

Framing Effect
Selbst wenn zwei Optionen faktisch gleich sind, werden sie je nach der Art der Einleitung (bzw. dem Framing) unterschiedlich bewertet. Wird eine Option eher im Zusammenhang mit Gewinn und Erfolg präsentiert, wird sie positiver wahrgenommen, als wenn sie als Verlust dargestellt wird – selbst wenn das Ergebnis exakt das gleiche ist und die gleichen Ressourcen gewonnen oder verloren werden.

Beispiel:

- Eine Führungskraft erzählt im Gespräch, sie habe bei vorigen Arbeitgebern schon so manches Mal im letzten Moment ein Teammitglied vor größeren Fehlern in Pitches schützen können und so den Weg zu einem regelmäßigen Dialog mit dem Teammitglied geschafft.

- Eine Führungskraft erzählt im Gespräch, sie habe bei vorigen Arbeitgebern schon so manches Mal im letzten Moment ein Teammitglied vor Präsentation der eigenen Ergebnisse in einem Pitch zurückgehalten, was das Teammitglied so verunsichert hat, dass die Person von diesem Zeitpunkt an fast nichts mehr selbstständig entscheiden wollte und sich nun immer wieder rückversichert.

Illusion of Transparency
Menschen überschätzen, wie gut andere erkennen können, wie es ihnen geht. Dabei geht es sowohl darum, dass eine Person davon ausgeht, ihr emotionaler Zustand sei anderen sicherlich klar – ebenso aber, dass eine Person überschätzt, wie gut sie den emotionalen Zustand anderer Personen einschätzen kann.

Beispiele:

- Ein Kollege beginnt Bewerbungsgespräche gern mit einem Einstieg, man könne das „Verhör" dann ja nun beginnen lassen. Er lacht dabei immer, sein Gegenüber ebenfalls. Er ist überzeugt, dass die Personen das schon richtig einschätzen können, weil er ja generell im Gespräch ein witziger Typ sei und die andere Person das stets zu mögen scheint.
- Eine Bewerberin im Gespräch zu ihrer ersten Führungsposition nimmt sich fest vor, sachlich, wertschätzend und professionell aufzutreten. Sie hat das Gefühl, zu viel zu lächeln, und möchte sich deshalb damit zurücknehmen. Im Gespräch wird ihr Auftreten stattdessen als arrogant und kühl interpretiert, auch wenn sie in ihren Antworten inhaltlich wertschätzend und warm war.

1.2.2 Bias und Neurodivergenz

Im Zusammenhang mit Neurodivergenz ist besonders spannend, dass in der Forschung zu allgemein gängigen Bias bisher nicht auf Neurodivergenz hin kontrolliert wurde, oder aber Menschen mit einer bestehenden Diagnose sogar gerade deshalb von Studien ausgeschlossen werden. Das heißt, dass Bias – wenn überhaupt! – lediglich in Interaktionen von unwissentlich neurodivergenten Menschen erforscht wurden, oder aber mit solchen, die ihrerseits stark an neurotypische Erwartungen angepasst leben.

Erst in den vergangenen Jahren fand eine allmähliche Veränderung in der Beurteilung neurodivergenter Kognition statt, vorangetrieben von aktivistisch agierenden Menschen der neurodivergenten Community selbst. So gibt es inzwischen einige Studien, die auch die Interaktion von neurotypischen Menschen mit beispielsweise autistischen Menschen erforschen und hier auch auf unbewusst stattfindende Prozesse eingehen.

Ein Pionier in der Entkräftigung von gängigen Vorurteilen ist Damien Milton, der in seiner Studienreihe das „Double Empathy Problem“ – auf Deutsch „doppeltes Empathie-Problem“ – vorstellt (vgl. Milton et al., 2022; Milton, 2012).

Das Double Empathy Problem bedeutet im Kern, dass soziale Missverständnisse zwischen autistischen und nicht-autistischen Menschen nicht primär auf einem Defizit von Autist*innen beruhen, sondern auf wechselseitigen Unterschieden in Wahrnehmung, Ausdruck und Interpretation sozialer Signale. Milton stellt fest, dass es sich um ein beidseitiges Verständigungsproblem handelt, das ganz natürlich dann entsteht, wenn Personen mit stark unterschiedlichen sozialen Erfahrungswelten aufeinandertreffen. Umgekehrt funktionieren Interaktionen zwischen zwei autistischen Personen oft deutlich reibungsloser als in neurotypisch-neurodivergent gemischten Gruppen (vgl. Crompton et al., 2025). Probleme in der sozialen Kommunikation sind also nicht einseitig, wie bisher vor allem durch die stark pathologisierte Perspektive auf Neurodivergenz suggeriert wird, sondern beruhen auf einer mangelnden Passung zwischen verschiedenen neurokognitiven und kommunikativen Stilen (vgl. hierzu Kap. 3).

Für die Arbeit mit Menschen bedeutet das, dass es vielmehr um das Zusammenspiel und erfolgreiche Interagieren beider Seiten gehen muss, als nur die Anpassung einer von mehreren Personen. Diese Erkenntnis sollte fest und in sämtliche der bestehenden Recruitingprozesse (und idealerweise alle weiteren Prozesse) eingearbeitet werden.

Allerdings kommt erschwerend hinzu, dass zum Beispiel autistische Menschen schon basierend auf einem ersten Eindruck verlässlich als weniger sympathisch eingestuft werden als nicht-autistische (sog. „allistische“) Menschen. Auch bei der wiederholten kurzen Gegenüberstellung verändert sich diese Einschätzung nicht und dieser zusätzliche negative Effekt wird erst dann ausgeglichen, wenn lediglich Textinhalte über beispielsweise ein Gesprächstranskript ausgewertet werden – ohne die Person gehört oder gesehen zu haben (vgl. Sasson et al., 2017). Auch die gelebten Erfahrungen autistischer Menschen spiegeln durchgängig, wie gerade ein Gespräch zu plötzlichen und auch unerwartet gegenteiligen Bewertungen führt, auch wenn beispielsweise in einem vorangehenden Assessment sehr gute Ergebnisse erzielt und zurückgemeldet wurden.

Es gibt verschiedene Theorien, wie dieser Effekt zustande kommt: Eine davon ist, dass die Unterschiede in der nonverbalen und paraverbalen Kommunikation dem Gegenüber selbst bei scheinbar „korrekter“ Anwendung auf einer gegebenenfalls unterbewussten Ebene auffallen. Das wird umso wahrscheinlicher, wenn man berücksichtigt, dass gerade para- und nonverbale Verhaltensweisen von anderen Personen den größten Einfluss auf die wahrgenommene Authentizität haben. So haben autistische Menschen eine weniger stark ausgeprägte Mimik, auch wenn dies meist über das Maskieren und Überspitzen des eigenen intuitiven Ausdrucks kompensiert wird (Torres et al., 2025). Andere Eigenschaften aber, zum Beispiel Rhythmus und Intonation der Sprache, das Gestikulieren mit den Händen oder eine lebendige Erzählweise sind besonders starke Faktoren, die in die Bewertung von Authentizität einfließen – und gleichzeitig genau solche Faktoren, die bei autistischen Menschen deutlich weniger wahrscheinlich Bestandteil des eigenen Wesens sind und nur schwierig oder gar nicht auf authentische Weise nachahmbar sind.

Die Folge ist also meist lediglich ein bewusst oder unbewusst „seltsames Gefühl", mit dem eine Person aus der Talent Acquisition aus dem Gespräch geht, da die Mikro-Ausdrücke des Gegenübers im Falle von sog. Masking bzw. Camouflaging nicht tatsächlich authentisch sein konnten. Dabei sind es vielmehr die Gesprächsinhalte, die für die Performance im Job erfolgsversprechend sind (vgl. Heimann & Schmitz-Wilhelmy, 2024), und nicht die eingesetzten kommunikativen Stilmittel.

Reflexion

Nachfolgend werden einige Reflexionsfragen und typische Szenarien geteilt, um dieses Umdenken zu vereinfachen und die besonders bias-anfälligen Bereiche in den eigenen Prozessen aufzuspüren und robuster gegen die oben genannten Bias zu gestalten:

Organisationsweite Reflexion

- Welche Vorgehensweisen in unserem Unternehmen halte ich für fair oder richtig? Worauf begründet sich diese Einschätzung?
- Welche Abläufe würde ich in unserem Unternehmen anderen gegenüber verteidigen, die sich nicht in ein beliebiges anderes Unternehmen mit anderer Unternehmenskultur übertragen lassen würden?
- Was ist von den initiierenden Personen erforderlich, damit von ihnen geäußerte Verbesserungsvorschläge im Unternehmen angenommen und durchgesetzt werden?
- Welche meiner Teammitglieder mag ich besonders? Warum?
- Wie unterscheiden sich Entscheidungsprozesse, wenn sie von unterschiedlichen Personen angestoßen werden?
- Welche nicht-arbeitsbezogene Kommunikation findet im Unternehmen statt, und wie bewerte ich es, wenn jemand sich dem entzieht?
- Wo in meinem Alltag treffe ich Entscheidungen darüber, welche Informationen ich mit anderen teile, wie sie agieren sollen/dürfen, oder welche Aufgaben wir erledigen?
- Wonach richten sich die Arbeitszeiten und Arbeitsorte in unserem Unternehmen?
- Wann finden in unserem Unternehmen Meetings statt?
- Wie wird Professionalität bei uns beschrieben? Wie würde sich diese Definition unterscheiden, wenn sie von a) der Geschäftsführung, b) einer Führungskraft und c) einer Person im Praktikum in unserem Unternehmen allein basierend auf ihren Beobachtungen bei uns beschrieben wird?

Reflexion im Recruiting

- Was ist das Ziel jedes einzelnen Prozess-Schritts? Wie erfahren das die Personen, die den Prozess durchlaufen?
- Wie würden sich meine Bewertungen von Bewerbenden unterscheiden, wenn wir nur über eine anonyme Chatfunktion kommunizieren würden?

- Wie gehe ich damit um, wenn ich eine Bewerbung nicht eindeutig beurteilen kann?
- Welche Rolle spielt Sympathie in den Entscheidungen?
- In welchen Fällen der letzten Wochen hatte ich bei einer Bewerbung kein gutes Gefühl, ohne die Gründe genau benennen zu können?
- Was verstehe ich unter „optimaler Kommunikation" von Bewerbenden-Seite? Welchen Anteil haben dabei sachliche Gründe, welchen persönliche Gründe?
- Wessen Feedback beziehe ich regelmäßig in meine Entscheidungen ein – wessen eher selten?
- Welche eigenen Gedanken schiebe ich bei der Entscheidung für/gegen Bewerbende zur Seite?
- Woran mache ich im Gespräch Authentizität, Vertrauenswürdigkeit oder Kompetenz fest?
- Wie würden unsere Stellenanzeigen, Interviewfragen oder Feedbacks auf eine Person wirken, die a) von einer völlig anderen Kultur kommt, b) selbst aktuell erfolgreich in der Geschäftsführung ist, c) noch nie vorher gearbeitet hat, aber sämtliche Fähigkeiten und Kompetenzen mitbringt?
- Was denke ich über Bewerbende, die im Prozess Klarheit einfordern oder eigene Bedürfnisse formulieren?
- Wann habe ich den Eindruck, eine Person antwortet zu oberflächlich, ausführlich, kurz angebunden? Woran mache ich den Eindruck fest, und welchen Maßstab nutze ich?

Persönliche Reflexionsfragen

- In welchen Situationen bewerte ich Personen vor allem über nonverbale Signale wie Blickkontakt, Intonation oder Auftreten, und welche Annahmen über Professionalität oder Glaubwürdigkeit könnten dahinterstecken?
- Welche Ausdrucksweisen lösen bei mir spontan Vertrauen aus und welche irritieren mich? Woran mache ich das jeweils fest?
- Wie bewerte ich Gesprächsbeiträge, wenn sie eher ruhig, stockend oder ohne erkennbare Betonung vorgetragen werden?
- Was denke ich, wenn jemand sehr sachlich oder detailorientiert antwortet, ohne emotionalen Bezug herzustellen?
- Wie verändert sich meine Einschätzung von Personen, wenn ich sie mehrfach und in verschiedenen Kontexten erlebe, z. B. schriftlich vs. mündlich, in Einzelgesprächen vs. in Gruppen?
- Welche Kontexte und Informationen brauche ich, um eine Person als kompetent und vertrauenswürdig oder für mich sympathisch einzuschätzen?
- In welchen Situationen fällt es mir (auch privat) schwer, zwischen tatsächlichen Angriffen und ungewohntem Kommunikationsstil zu unterscheiden?
- Welche Gesprächsmuster oder Verhaltensweisen gibt es, die ich als unhöflich, fordernd oder unklar wahrnehme?
- Wie gehe ich damit um, wenn meine Wahrnehmung von einer Person sich nicht mit ihrer Aussage über ihre eigenen Intentionen deckt?

1.2.3 Optimierungen für Neuroinklusion

Wenn nicht schon bisher ein sehr deutlicher Fokus auf bias-kritische Prozesse gelegt wurde (und auch selbst dann), sollte spätestens aus den Erklärungen der Bias und der eigenen Reflexion deutlich werden, dass die Bias-Anfälligkeit in der Talent Acquisition einer der kritischsten Faktoren für Neuroinklusion ist. Auch wenn Bias in anderen Bereichen ebenso auftreten, so entscheidet der Prozess der Talent Acquisition letztlich darüber, welche Personen Zugang zum Arbeitsmarkt erhalten und welche nicht. Selbst bei Unternehmen, die Inklusion als deutliches Ziel haben, wird dies ohne kritische Reflexion eigener Bias nicht funktionieren.

Da Bias im direkten sozialen Austausch am schwierigsten zu bemerken sind, liegt ein großer Fokus dieses Kapitels darauf. Nichtsdestotrotz sind auch andere Schritte im Prozess zu berücksichtigen: Schon im Gedanken daran, wie eine Position genannt wird, wie die Ausschreibung formuliert wird und auf welchen Kanälen sie veröffentlicht wird, treten Bias auf. Der Gender Decoder der Technischen Universität München (Projekt FührMINT) für gendersensible Sprache mag inzwischen einigen Menschen in Personalkreisen bekannt sein, allerdings deckt dies nur einen der Bereiche ab, in denen Bias im Recruiting unmittelbar strukturell Menschen benachteiligen. Studien internationaler Quellen und auch die praktischen Erfahrungen vieler neurodivergenter Menschen zeigen, dass Neurodivergenz ebenfalls strukturell in Bewerbungsprozessen zur Benachteiligung wird.

Diese Benachteiligung tritt selbst in den Sektoren auf, die klischeehaft als besonders passende Arbeitsbereiche für neurodivergente Menschen betrachtet werden (McDermott et al., 2024). Da in allen Sektoren Menschen miteinander interagieren, die ihrerseits in einer mehrheitsorientierten Gesellschaft sozialisiert wurden, ist dies nicht weiter verwunderlich.

Schritte zur Reduzierung von Bias-Anfälligkeit

Für die Personalarbeit heißt das, die als „wichtig" erachteten persönlichen Eigenschaften und auch alles andere, was wir als selbsterklärend oder selbstverständlich sehen, auf den Prüfstand zu stellen. Die Reflexionsfragen helfen dabei, ersetzen aber nicht das Wissen, das wir aus Forschung und gelebter Erfahrung marginalisierter Menschen haben.

Zur Reduzierung von Bias können nachfolgende Schritte gegangen werden.

1. **Überprüfung der eigenen Unternehmenskultur anhand der oben genannten Reflexionsfragen**
   Anhand dieses ersten Schritts kann verständlich werden, wie weitgreifend Prozesse aktuell durch Bias gesteuert werden.
2. **Fokus auf die tatsächlichen Ziele im Recruiting**
   Viele der Aspekte, die im Recruiting Bias zum Opfer werden, sind faktisch nicht relevant für die Durchführung der erforderten Tätigkeit. Das Ziel sollte zur Vermeidung von Bias sein, die fachliche Qualifikation einer Person einzuschätzen. Rückschlüsse auf

Persönlichkeit und Charakter werden immer wieder und durch unterschiedliche, auch unterschiedlich valide Tests versucht, allerdings ist auch die Persönlichkeitstestung nicht mit neurodivergenten Menschen entwickelt worden, die ihrerseits wiederum nach meist jahrelanger struktureller Ausgrenzung in einem inklusiven Umfeld völlig anders agieren könnten.

3. **Herstellung von Objektivität**

   Die Wichtigkeit des „Culture Fit" wird zugunsten psychologischer Sicherheit betont, allerdings sollte auch hier eine objektive Bewertung möglich sein. Sowohl fachlich als auch persönlich sollten die gewünschten Kriterien objektiv überprüfbar und frei von eigener Interpretation sein. Selbst wenn verschiedene Personen im Bewerbungsprozess urteilen und darüber eine vermeintliche Präzision hergestellt werden soll, bedeutet ein Konsens nicht automatisch die Richtigkeit des getroffenen Urteils (Heimann & Schmitz-Wilhelmy, 2024).

   Der Culture Fit ist per se bereits ein problematisches Framework, da sich hier aktiv Bias zunutze gemacht werden. Dabei sind persönliche Eigenschaften oder Handlungsmuster wie Introversion vs. Extraversion, Proaktivität vs. Reaktivität, Lösungsorientierung vs. Defizitorientierung stets der Wahrnehmung ihres Umfelds unterworfen und werden in der Interaktion mit neurodivergenten Menschen häufig falsch interpretiert und bewertet.

   Auch Gestik und Mimik als Bewertungskriterien sind äußerst schwerwiegende Fehlerquellen; so ist zum Beispiel die wahrgenommene „Authentizität" einer Person in der Interaktion ein großer Faktor dessen, wie positiv sie während eines Bewerbungsgesprächs eingestuft wird (Heimann & Schmitz-Wilhelmy, 2024). Gleichzeitig wird Authentizität von Beobachtenden aber an bias-anfällige Beobachtungen festgemacht, zum großen Teil basierend auf der Wahrnehmung para- oder nonverbaler Signale, die nachweislich bei beispielsweise autistischen Menschen so anders sind, dass sie von neurotypischen Menschen intuitiv als weniger sympathisch eingeschätzt werden (Sasson et al., 2017).Tatsächlich werden autistische Menschen sogar dann negativer eingeschätzt, wenn es auch nur jegliche Audio- oder Video-Signale gibt, die zu der Person parallel zum Inhalt wahrgenommen werden. Allein in der rein textbasierten Kommunikation fällt diese zusätzliche negative Bewertung weg (Sasson et al., 2017).

4. **Vorbereiten der eigenen Organisation**

   Deshalb ist wichtig, im Unternehmen selbst erst aktiv Verständnis für Unterschiede zu schaffen und Teams von Widerstand und Einheitlichkeit weg, stattdessen hin zu Neugierde und Toleranz zu bringen, bevor neurodivergente Menschen aktiv gesucht oder zur stärkeren Partizipation aufgefordert werden. Das Kap. 2 kann bei diesem Prozess unterstützen.

5. **Einholen von diversifiziertem Feedback**

   Wenn es bisher nur bestimmte Gruppen gab, die Entscheidungen treffen durften, ist nun Feedback besonders wichtig – und dass dieses ernst genommen wird. Auch wenn Personen in anderen Fachbereichen nicht das Fachwissen rund um Recruiting haben mögen, so haben sie alle maximale Expertise in ihrem eigenen Erleben. Bestehende Mitarbeitende können zum Beispiel zu ihrem durchlaufenen Bewerbungsprozess befragt werden, oder sie können im Bewerbungsprozess enger eingebunden werden, um die fachliche Qualifikation beurteilen zu können. Wenn Feedback zu den Bewerbenden eingeht, sollte dies kritisch diskutiert werden – im Idealfall von Personen, die tatsächlich keine weitere Expertise im Recruiting haben. Jede Wahrnehmung, die durch eine Person mit Expertise als vielsagend eingeschätzt wird, ist potenziell nichts als ein Bias in Aktion, das bei anderen Menschen (aufgrund der noch nicht entstandenen mentalen Generalisierungen) noch nicht existiert.

Übersicht

In Kürze: Prozesse zur Minimierung von Bias.

1. Implizite Erwartungen bewusst reflektieren

Erwartungen an Auftreten, Körpersprache oder Sprechweise sollen regelmäßig im Team überprüft und nicht unbewusst als Auswahlkriterium genutzt werden.

2. Subjektive Ausschlusskriterien hinterfragen

Aussagen wie „passt irgendwie nicht ins Team" sind kein belastbares Kriterium für Auswahlentscheidungen. Sie sollten als Warnsignal gewertet werden, da sie auf unbewussten Bias oder sozialen Ähnlichkeitsannahmen beruhen können.

3. Interpretationen und Normen als Option, kein Muss betrachten

Gesprächsverhalten wie Small Talk, Blickkontakt oder schnelle Reaktionsfähigkeit spiegeln neurotypische Kommunikationsnormen wider. Diese als Grundlage für Leistungs- oder Teamfähigkeit zu nutzen, benachteiligt Menschen mit abweichenden Interaktionsprofilen strukturell.

1.3 Gesprächsführung und Fragetechniken

In aller Regel wird in frühen Prozessschritten der Bewerbung ein Gespräch oder Interview eingeplant. Das mag vor oder nach anderen Tests, Assessments oder Case Studies erfolgen, aber ist (zumindest bisher) nicht aus Bewerbungsprozessen wegzudenken.

Komplexer als gedacht: das Bewerbungsgespräch

Für die meisten Menschen ist ein Bewerbungsgespräch mit Nervosität und Unsicherheit verbunden. Zahlreiche Ratgeber und Beratungsangebote zeigen die hohe Nachfrage aufseiten von Bewerbenden, sich auf Bewerbungsprozesse und insbesondere Gespräche gut vorzubereiten.

Gleichzeitig existieren auch für Organisationen zahlreiche Angebote und Beratungsleistungen rund um den Bewerbungsprozess, strukturierte Interviews und andere Maßnahmen zur Steigerung der Erfolgschance auf ein langfristig erfolgreiches Hiring. Für diesen beidseitig hohen Bedarf an zusätzlicher Kompetenzbeschaffung mag es viele Erklärungen geben, systemisch und individuell, doch zeigt dieses Phänomen auf jeden Fall eins: Marktweit betrachtet herrscht bei allen Beteiligten Unsicherheit und das Bestreben, den Prozess zu optimieren. Diesen Gedanken müssen Unternehmen im Hinterkopf behalten, auch wenn der eigene Prozess entgegen aller Wahrscheinlichkeit bereits rundum perfekt sein sollte. Denn die Menschen, die sich bewerben, kennen bisher nur die Vielzahl an unterschiedlichen Erwartungen, die von anderen Unternehmen gestellt werden. Im eigenen Prozess muss deshalb damit gerechnet werden, dass Menschen sich gegebenenfalls zunächst nicht intuitiv verhalten, sondern so, wie sie es in Trainings, Ratgebern oder Prozessen anderer Unternehmen als erwünscht gelernt haben.

Als nächste Annahme folgt dann manchmal, es könnte ja den Bewerbenden gegenüber kommuniziert werden, sie sollten ganz wie sie selbst auftreten – Fehler gebe es nicht und es ginge nur um eine echte Passung. Der Gedanke wäre richtig und langfristig hilfreich, wenn die Ausgangslage Biasfreiheit, Chancengleichheit und objektive Bewertung wäre. Allerdings ist das in der Praxis aktuell noch nicht so zu erreichen, dass neurodivergente Menschen wirklich eine gleichwertige Erfolgsaussicht hätten.

Camouflage („Masking") als Anpassungsstrategie

Aufgrund der grundlegend anderen (nicht aber weniger respektvollen) Denk- und Kommunikationsweise stoßen neurodivergente Menschen ihr Leben lang auf Widerstand und erfahren negative soziale Interaktionen, mehr als neurotypische Menschen. Sie lernen aktiv, ihre intuitive Kommunikationsweise einzuschränken und anzupassen, sich anders zu verhalten und soziale Vorlieben neurotypischer Menschen über den eigenen Bedürfnissen zu priorisieren.

Aus dem Mental-Health-Bereich ist der Begriff „People Pleasing" vielleicht bereits geläufig; die Anpassungsstrategien neurodivergenter Menschen gehen aber deutlich darüber hinaus. Aufgrund der relativen Neuheit des Konzepts von Neurodivergenz gibt es bisher vor allem Forschung zu diesem Phänomen bei autistischen Menschen, nur teilweise auch anderen neurodivergenten Personengruppen. Weitere Neurodivergenz ist selten abgedeckt oder wird mit erfasst, doch sind die Muster sich sehr ähnlich und unterscheiden sich nur in den Eigenschaften oder Verhaltensweisen, die von der Person unterdrückt werden.

Die Kombination aus sozialer Kompensation und dem Maskieren („Camouflaging") der eigenen Gestik, Mimik, Tonalität, Wortwahl und anderen persönlichen Eigenschaften kostet aber viel Energie. Insbesondere in Situationen hoher Anspannung oder Erschöpfung wird es umso kraftaufwendiger, diese Rolle einer neurotypischen Person aufrechtzuerhalten (Livingston et al., 2019). Auch wenn im Gespräch für die Person unerwartete Wendungen aufkommen, wird eine Kompensation deutlich schwieriger oder gar unmöglich über die bisher bewährten Masking-Strategien. Zwar gibt es noch nicht viel Forschung zu diesem Thema, unter anderem auch aufgrund der bisher stets defizitären Auffassung von Neurodivergenz, doch gibt es bereits erste interessante Beobachtungen rund um Masking.

Während nicht-autistische Menschen dieses Ausmaß an Masking besonders dann einsetzen, wenn sie nur eine geringe Ausprägung von Gewissenhaftigkeit verkörpern, so gibt es bei autistischen Menschen keinen Zusammenhang zwischen solchen (negativen) Charaktereigenschaften und dem Maskieren des eigenen Verhaltens. In beiden Fällen soll das Masking die Person anders darstellen als sie ist – nur dass dies bei autistischen Menschen mit keiner bösen Absicht oder im manipulativen Sinne passiert. Im Gegenteil: Ziel für autistische Menschen ist lediglich die soziale Akzeptanz beim Gegenüber, die nicht aufgrund tatsächlicher Charaktereigenschaften oder Absichten der autistischen Person fehlt, sondern allein aufgrund des unterschiedlichen Auftretens, Bias und unterschiedlichen Kommunikationsstilen.

Masking zeigt auch bereits in sich, dass das Klischee von fehlender Empathie oder „Theory of Mind" bei autistischen Menschen nicht richtig sein kann – tatsächlich ist eine hohe emotionale Intelligenz ein verlässlicher Faktor, der die Anpassungsbestrebungen von autistischen Personen voraussagt (Robinson et al., 2020).

Fokus auf messbare Ziele und Transparenz

All das soll klar machen: Eine neurodivergente Person, die in einem Gespräch „nicht authentisch" wirkt oder nicht „ganz sie selbst" ist, zeigt damit kein täuschendes Verhalten, sondern eine Überlebensstrategie für soziale Zugehörigkeit, die auch einer neurotypischen Person mit bester Intention entgegenkommt. Eine Täuschung besteht nur im gleichen Maße, wie wenn eine Person mit englischer Muttersprache für das allein deutschsprachige Gegenüber ihre Deutschkenntnisse einsetzen würde, um ein gemeinsames Verständnis zu erreichen – selbst wenn dabei Nuancen des eigenen Ausdrucks und des eigenen Wesens aufgrund des Fremdspracheneinsatzes verloren gingen. Wichtiger muss deshalb der Inhalt sein, der kommuniziert wird.

Wenn Gespräche neuroinklusiv gestaltet werden sollen, muss diese Grundlage verinnerlicht werden – und dann so gut wie möglich entgegen eigener Bias als Fakt hingenommen werden.

In Zeiten von Cultural Fit, Teamevents und einem wachsenden Fokus auf Mental Health darf es nicht zum Anspruch werden, dass Menschen tatsächlich authentisch oder „wie sie selbst" auftreten, schon allein weil es im Unternehmenskontext in der Regel um eine Fremdzuschreibung und keine Selbstbekenntnis geht. Das heißt: Andere Menschen bewerten, ob eine Person gerade authentisch ist. Die Frage an die Person selbst, ob sie sich so zeigen kann, wie sie es sich für den Arbeitskontext wünscht (nicht „wie sie ist!"), wird aber nicht gestellt oder kann gegebenenfalls nicht angstfrei wahrheitsgemäß beantwortet werden.

Es stimmt natürlich, dass es für Mitarbeitende von großem Vorteil ist, wenn sie sich bei der Arbeit nicht verstellen müssen. Die negativen Effekte vom Unterdrücken eigener Gefühle oder gar ganzer Charakterzüge werden in der Psychologie ausführlich beschrieben. Gleichzeitig kann ein Wechsel des bisher bekannten Modus mit großem Stress verbunden sein, der die Person sowohl kurz- als auch langfristig äußerst negativ beeinträchtigen kann – insbesondere wenn das Umfeld keine entsprechende Ausbildung und Kompetenz im Herstellen fundierter psychologischer Sicherheit hat. Therapeutische Maßnahmen sind bereits kein automatisches Erfolgsversprechen, noch weniger kann das daher ein Unternehmensumfeld bieten.

Das Ziel im Gespräch sollte also ein reflektierter, flexibler Umgang mit der eigenen Gesprächsführung sein. Dabei gibt es je nach sich bewerbender Person unterschiedliche Verhalten, die von der Talent Acquisition beobachtet und (falsch) bewertet werden können. Die Sensibilisierung in diesem Abschnitt und das Wissen über Bias im vorhergehenden Abschnitt sollen dabei unterstützen, die „bewährten" konversationellen, verbalen und paraverbalen Marker und Bewertungskriterien im Gespräch nicht zum Kriterium zu machen, wenn nicht genau diese Eigenschaften auch als Kriterien für die Position benannt wurden. Als Ablehnungsgrund einer neuroinklusiven, zukunftsorientierten Organisation reicht nicht aus, dass das Team die Person dann vielleicht „seltsam" finden könnte. In diesem Fall sollte eine tiefgreifende Sensibilisierung des bisherigen Teams erfolgen, denn wenn ein solches Szenario tatsächlich ein realistisches Risiko sein sollte, sind die zugrunde liegenden Bias auch ohne neurodivergente Teammitglieder ein kategorischer Innovations- und Performance-Hemmer für die Organisation.

▶ **Wichtig** Während Menschen mit einem eher relationalen/abhängigen Selbstbild prosozialer agieren, wenn sie zum Beispiel durch Achtsamkeitsübungen einen guten Umgang mit Gefühlen und Herausforderungen gelernt haben, zeigen Menschen mit einem unabhängigen Selbstbild die gegenteiligen Effekte (vgl. Guo et al., 2023). Eine eher unabhängige Person sieht sich möglicherweise nicht in der gleichen Verpflichtung, im Gespräch viel beizutragen, da sie ggf. mit „unangenehmer" Stille oder Projektionen anderer Personen besser umgehen kann.

Das Bewerbungsgespräch ist, und das sollten sich alle Beteiligten stets klarmachen, in aller Regel nicht das Fachgebiet der Person, die sich beworben hat. Vielmehr liegt die Gestaltung des Gesprächs vollumfänglich im Verantwortungsbereich der Talent Acquisition, die ihre Expertise hier zum Einsatz bringt. Es geht nicht um das bloße Abarbeiten einer Frageliste, sondern um eine didaktisch durchdachte, zielorientierte Gesprächsführung. Fallen Antworten nicht wie erwartet oder gewünscht aus, war die Frage nicht passend gestellt.

Kurz: wenn das Gespräch nicht ergiebig war, liegt das in den allerseltensten Fällen an der Person, die sich für die Position beworben hat. Als außenstehende Person ist nicht klar, welches Ziel jeder Prozessschritt verfolgt und welche Absichten hinter einer Frage liegen.

1.3.1 Gesprächsablauf

Der Ablauf des Bewerbungsgesprächs sollte erklärt oder im Voraus kommuniziert werden. Ideal ist, wenn für Bewerbende auch klar ist, an welchen Stellen von ihnen Input erwartet wird und welchem Ziel die jeweilige Phase des Gesprächs dient.

> **Wichtig** In meiner persönlichen Erfahrung war es für Bewerbende im Gespräch schon unerwartet rücksichtsvoll, wenn ich im Gespräch erst mal mit einer Selbstvorstellung und der Beschreibung des heutigen Vorgehens begonnen habe. Sowohl später eingestellte als auch nicht eingestellte Personen gaben mir regelmäßig das Feedback, dass sie das Gespräch tatsächlich auf Augenhöhe und „ungewohnt offen" empfunden hätten – allein deshalb, weil ich volle Verantwortung für den Verlauf des Gesprächs übernommen habe, statt das Gespräch zu einer Testsituation zu machen.

Es gibt einige Elemente, die im Gesprächsverlauf hilfreich sind und je nach Möglichkeit und Gestaltung der eigenen Organisation untergebracht werden können:

1. Selbstvorstellung: Wer bin ich, was ist meine Position im Unternehmen? In welchem Team bin ich angesiedelt? Wird die Person mit mir weiter Kontakt haben? Was ist mein Ziel oder meine Aufgabe für das heutige Gespräch, was entscheide ich bzw. was entscheide ich nicht (allein)?
2. Beschreibung des Ablaufs: Welche Schritte werden im Gespräch durchgegangen? Wann bekommt die andere Person Gelegenheit zur Vorstellung oder für ihre Fragen? Wie lange wird das Gespräch mindestens dauern, wie lange maximal? Wann wird über die Gehaltsvorstellung gesprochen, bzw. wird sie jetzt erst abgefragt oder nur noch einmal validiert? Wann wird erklärt, wie es nach dem Gespräch weitergeht?
3. Vorstellung des Unternehmens. Es kann einmal kurz gefragt werden, ob die Person sich schon informiert hat zum Unternehmen – dann aber bitte mit dem Hinweis, dass die Frage nur gestellt wird, weil sonst noch mal etwas dazu erzählt wird und ein Nein darauf auch nicht schlimm ist (insofern das der Wahrheit entspricht!). Das Unternehmen kann dann in angepasster Ausführlichkeit vorgestellt werden.
4. Vorstellung der Position und des zukünftigen Teams: Erneute kurze Kontexterklärung dazu, weshalb die Position nun besetzt werden soll und wie sie in das zukünftige Team eingebunden sein wird. Außerdem ist sinnvoll, das zukünftige Team kurz zu beschreiben, da die Frage danach andernfalls meist ohnehin kommt und die Organisation mit diesem Vorgehen Voraussicht zeigen kann.
5. Aktive Moderation zwischen Gesprächsphasen: Wenn es an der anderen Person ist, sich selbst vorzustellen, sollte das aktiv anmoderiert werden. Das kann über eine Frage passieren, oder auch über die Erklärung, dass die andere Person sich nun bitte vorstellt und welche Dinge sie zum Beispiel erwähnen könnte. Soll der Lebenslauf noch mal

beschrieben werden oder nicht? Soll die Motivation zur Bewerbung gegebenenfalls noch mal genannt werden oder nicht? Hier sollten nicht mehr als 2 bis 3 Aspekte eingefordert werden, um die Person nicht zu überfordern. Auch, wenn es in die nächste Gesprächsphase geht, zum Beispiel um Rahmenbedingungen zu klären oder aber in fachliche Themen einzusteigen, sollte das explizit erklärt werden.

6. Notieren der Fragen im Chat: Auf Organisationsseite liegen die Fragen in der Regel schriftlich vor. Bewerbende wiederum müssen sich oft allein auf die Audiospur konzentrieren, sich ihre Antworten überlegen, zwischen zu viel oder zu wenig Ausführlichkeit entscheiden … und vergessen dann manchmal vor Nervosität, was die Frage war. Hier hilft es, proaktiv die gestellten Fragen für die andere Person in den Chat zu schreiben. Wenn das gemacht wird, sollte auch das zu Beginn des Gesprächs bereits angekündigt werden und gegebenenfalls der Weg zum Chatfenster erklärt werden.

1.3.2 Formulierungsmöglichkeiten

Falls Begriffe wie „offene Fragen" und „Suggestivfragen" nicht bereits klar sind, sollte hier dringend Wissen aufgeholt werden. Tatsächlich kann die Art, wie gefragt wird, und der dazu gegebene Kontext den Gesprächsverlauf und die Vertrauensbasis im Gespräch stark verändern. Ist der Person durchgehend nicht klar, ob sie Fragen zufriedenstellend beantwortet hat, wird sie sich emotional mit hoher Wahrscheinlichkeit auch durchgängig in einer Vorsichtshaltung befinden. Das wiederum macht es kognitiv schwierig, sachliche Inhalte gut zu erfassen oder wiederzugeben, was wiederum die Qualität der Antworten negativ beeinträchtigt. Aus diesem Grund ist es eben nicht ausreichend, Fragen einfach zusammenzustellen in der Hoffnung, die gewünschten Antworten zu bekommen.

Vielmehr muss sowohl die Vorbereitung auch das Gespräch so fundiert sein, dass das Ziel jeder Frage klar ist, und die Frage auch tatsächlich auf dieses Ziel hin Inhalte abfragt. Wird die Frage nicht so verstanden, dass die passenden Inhalte zurückgegeben werden, ist das Bewusstsein für das Ziel der Frage auf Seiten der Talent Acquisition unbedingt nötig. Nur so ist es möglich, im Gespräch durch eventuelle Umformulierungen oder weiteren Kontext die passenden Zusatzinformationen zu geben, sodass die Person die Frage auf das gewünschte Ziel hin beantworten kann.

Im Folgenden soll anhand einer Beispielfrage gezeigt werden, welche Auswirkungen eine Formulierung oder auch unterschiedlich gegebener Kontext haben kann. Auch in Abschn. 1.2 wird klar, inwiefern auch die Fragestellung selbst Einfluss auf die Antwort und unsere Beurteilung der Antwort nimmt.

Ziel der Frage: Qualitatives Erfassen der Fachkompetenz und Vorgehensweise im Bereich Influencer-Marketing

1. ***Ausgangsfrage der Fachabteilung: „Hast du Erfahrungen mit Influencer-Marketing?"***

Mögliche Antworten zum Beispiel:

- „Nein."
- „Ja, ein bisschen."
- „Ja."

Problematik: geschlossene Frage, die mit Ja oder Nein beantwortet werden kann.
Ziel der Frage erreicht: Nein

2. ***Anpassung in Richtung einer qualitativen Erfassung: „Welche Erfahrungen hast du im Bereich Influencer-Marketing?"***

Mögliche Antworten zum Beispiel:

- „Hab ich schon mal bei einer Kampagne gemacht."
- „In der Vergangenheit habe ich eher mit Print-Marketing gearbeitet. Influencer-Marketing habe ich bisher nur sporadisch recherchiert, aber nie eingesetzt."
- „Ah, da hab ich viel Erfahrung. Das ist so mein Tagesgeschäft jeden Tag, kann ich!"
- „Oh, das mache ich täglich! Letzte Woche erst habe ich eine Kooperation geplant für einen Auftrag, da sollen vier Personen das Produkt mit in ihren nächsten Urlaub nehmen. Ich habe da zuerst gesammelt, welche Influencer generell infrage kommen, zum Beispiel aufgrund ihrer Reichweite, und dann nach und nach gefiltert, zum Beispiel ob sie in unserem Land sitzen, wie regelmäßig sie reisen, wie gut sie zu unserer Marke passen, und das dann in einer Shortlist mit einer Matrix priorisiert. Danach habe ich …"

Problematik: Besser als zuvor, da offene Frage. Je nach Typ, Vertrauensverhältnis, Kontext und Zeitpunkt der Frage kann es sein, die Frage wird bereits passend beantwortet – oder nicht. Zufall ist für Recruiting eine schlechte Prozessgrundlage.
Ziel der Frage erreicht: Möglicherweise zufällig ja.

3. ***Anpassung in Richtung verlässliche qualitative Erfassung***
„Im Rahmen unserer Kampagnen möchten wir mit Influencer*innen zusammenarbeiten. Für diese Position ist geplant, dass die Person eigenverantwortlich alle Kooperationen plant und betreut. Deshalb würde uns interessieren, wie du dabei vorgehst und wie viele

Personen du in der Regel gleichzeitig betreut hast. Kannst du mir das bitte schildern, wenn du so an Zeiten denkst, in denen du dich gut ausgelastet gefühlt hast?"

1.4 Key Takeaways

Der Fokus muss auf fachlicher Qualifikation liegen

Wie im Kapitel mehrfach deutlich wurde, sind viele gängige Bewertungskriterien im Recruiting – wie Sympathie, Auftreten oder vermeintliche Authentizität – stark von normativen Erwartungen geprägt und sagen nichts über die tatsächliche Arbeitsleistung aus. Das Risiko besteht darin, hochqualifizierte Talente auszuschließen, weil sie soziale Signale anders senden oder interpretieren. Stattdessen muss der Fokus auf überprüfbaren fachlichen Fähigkeiten und relevanter Erfahrung liegen, nicht auf Performance in künstlich geschaffenen Gesprächssituationen.

Cultural Fit sollte nicht nach Ähnlichkeit gehen, sondern Wertekongruenz

Wenn Menschen ausgewählt werden, weil sie ähnlich wirken wie bestehende Teammitglieder, entsteht eine gefährliche Homogenität. Neurodivergente Personen, die oft andere Kommunikations- und Arbeitsstile mitbringen, werden so strukturell benachteiligt. Eine wertorientierte Passung, die auf grundlegenden Überzeugungen und Zielen basiert – statt auf Auftreten oder Humor – ermöglicht Diversität ohne kulturelle Zersplitterung.

Erwartungen an die ideale Person sollten im Voraus kommuniziert werden, da das den Prozess für alle effizienter macht und Ängste verringert

Das Kapitel hat gezeigt, dass besonders neurodivergente Menschen stark darunter leiden, wenn Erwartungen unklar bleiben. Klare Informationen über Aufgaben, Bewertungskriterien und Prozessschritte reduzieren Unsicherheit, fördern Vertrauen und verbessern die Qualität der Bewerbung.

Neurodivergente und andere marginalisierte Menschen bewerben sich oft nur, wenn sie alle Kriterien erfüllen. Muss- und Kann-Anforderungen müssen klar unterschieden werden

Eine präzise Sprache in Stellenausschreibungen kann darüber entscheiden, ob sich hochqualifizierte, aber durch Ausschlusserfahrungen geprägte Menschen überhaupt bewerben. Neurodivergente Menschen orientieren sich oft an der Wortwahl – auch, weil sie aus Erfahrung gelernt haben, dass Interpretation zu Nachteilen führen kann.

Neurodivergente Menschen machen deutlich mehr negative soziale Erfahrungen, deshalb sind nonverbale und eigene Interpretationen nicht hilfreich zur Bewertung

Viele neurodivergente Menschen wirken „anders" in Bewerbungssituationen – nicht, weil sie ungeeignet sind, sondern weil sie anders sozialisiert oder neurologisch gebaut sind.

Bewertungen auf Basis von Körpersprache, Mimik oder Small Talk reproduzieren soziale Ausschlüsse.

Unbewusste Bias in Formulierungen beeinflussen den Talentpool und sollten durch Tools oder Feedbackprozesse erkannt werden

Ob es um gender-biased Sprache, normative Begrifflichkeiten oder subtile Andeutungen geht, die Sprache in Ausschreibungen und Interviews wirkt selektiv. Stellenausschreibungen sollten genau geprüft und auf Buzzwords verzichtet werden.

Objektive Bewertungskriterien sind absolut essenziell!

Subjektive Einschätzungen sind nicht neutral, auch wenn sie als „Erfahrung" oder „Intuition" bezeichnet werden. Um fair und chancengleich zu rekrutieren – besonders im Hinblick auf neurodivergente Talente –, braucht es nachvollziehbare Kriterien, strukturierte Interviews und die Bereitschaft, Schemata zu hinterfragen.

Feedback zum Prozess einholen – bei allen Angestellten und idealerweise auch bei allen Bewerbenden. Feedback ernst nehmen!

Prozesse sollen nicht nur aufgesetzt werden, sondern müssen auch kontinuierlich reflektiert werden. Neurodivergente Perspektiven helfen, bisher unbeachtete Schwachstellen, wenn sie aktiv eingeladen und berücksichtigt werden.

Literatur

Amodio, D. M. (2014). The neuroscience of prejudice and stereotyping. *Nature Reviews Neuroscience, 15*(10), 670–682. https://doi.org/10.1038/nrn3800.

Bargiela, S., Steward, R., & Mandy, W. (2016). The experiences of late-diagnosed women with autism spectrum conditions: An investigation of the female autism phenotype. *Journal of Autism and Developmental Disorders, 46*(10), 3281–3294. https://doi.org/10.1007/s10803-016-2872-8.

Bicchieri, C. (2005). *The grammar of society: The nature and dynamics of social norms* (1. Aufl.). Cambridge University Press. https://doi.org/10.1017/CBO9780511616037.

Cage, E., & Troxell-Whitman, Z. (2019). Understanding the reasons, contexts and costs of camouflaging for autistic adults. *Journal of Autism and Developmental Disorders, 49*(5), 1899–1911. https://doi.org/10.1007/s10803-018-03878-x.

Crompton, C.J., Foster, S.J., Wilks, C.E., Dodd, M., Efthimiou, T.N., Ropar, D., Sasson, N.J., Lages, M. & Fletcher-Watson, S. (2025) Information transfer within and between autistic and non autistic people. *Abstract Nature Human Behaviour* 9(7) 1488-–500. https://doi.org/10.1038/s41562-025-02163-z

Davis, J. I., Gross, J. J., & Ochsner, K. N. (2011). Psychological distance and emotional experience: What you see is what you get. *Emotion, 11*(2), 438–444. https://doi.org/10.1037/a0021783.

Dwyer, P., Mineo, E., Mifsud, K., Lindholm, C., Gurba, A., & Waisman, T. C. (2022). Building neurodiversity-inclusive postsecondary campuses: Recommendations for leaders in higher education. *Autism in Adulthood*, aut.2021.0042. https://doi.org/10.1089/aut.2021.0042.

Guéguen, N., Jacob, C., & Martin, A. (2009). Mimicry in Social Interaction: Its Effect on Human Judgment and Behavior. *European Journal of Social Sciences, 8.*

Heimann, A. L., & Schmitz-Wilhelmy, A. (2024). Observing interviewees' inner self: How authenticity cues in job interviews relate to interview and job performance. *Journal of Business and Psychology.* https://doi.org/10.1007/s10869-024-09949-4.

Hull, L., Petrides, K. V., & Mandy, W. (2020). The female autism phenotype and camouflaging: A narrative review. *Review Journal of Autism and Developmental Disorders, 7*(4), 306–317. https://doi.org/10.1007/s40489-020-00197-9.

Levesque, M. J., & Kenny, D. A. (1993). Accuracy of behavioral predictions at zero acquaintance: A social relations analysis. *Journal of Personality and Social Psychology, 65*(6), 1178–1187. https://doi.org/10.1037/0022-3514.65.6.1178.

Li, W., Zinbarg, R. E., Boehm, S. G., & Paller, K. A. (2008). Neural and behavioral evidence for affective priming from unconsciously perceived emotional facial expressions and the influence of trait anxiety. *Journal of Cognitive Neuroscience, 20,* 95–107.

Livingston, L. A., Shah, P., & Happé, F. (2019). Compensatory strategies below the behavioural surface in autism: A qualitative study. *The Lancet Psychiatry, 6*(9), 766–777. https://doi.org/10.1016/S2215-0366(19)30224-X.

McDermott, L. G., Mosley, N. A., & Cochran, G. L. (2024). Diverging nonlocal fields: Operationalizing critical disability physics identity with neurodivergent physicists outside academia. *Physical Review Physics Education Research, 20*(1), Article 010111. https://doi.org/10.1103/PhysRevPhysEducRes.20.010111.

Milton, D., Gurbuz, E., & López, B. (2022). The 'double empathy problem': *Ten years on Autism 26*(8) 1901–1903. https://doi.org/10.1177/13623613221129123

Milton, D. E. M. (2012). On the ontological status of autism: the 'double empathy problem.' *Disability & Society, 27*(6), 883–887. https://doi.org/10.1080/09687599.2012.710008

Naumann, L. P., Vazire, S., Rentfrow, P. J., & Gosling, S. D. (2009). Personality judgments based on physical appearance. *Personality and Social Psychology Bulletin, 35*(12), 1661–1671. https://doi.org/10.1177/0146167209346309.

Robinson, E., Hull, L., & Petrides, K. V. (2020). Big Five model and trait emotional intelligence in camouflaging behaviours in autism. *Personality and Individual Differences, 152,* Article 109565. https://doi.org/10.1016/j.paid.2019.109565.

Sasson, N. J., Faso, D. J., Nugent, J., Lovell, S., Kennedy, D. P., & Grossman, R. B. (2017). Neurotypical peers are less willing to interact with those with autism based on thin slice judgments. *Scientific Reports, 7*(1), 40700. https://doi.org/10.1038/srep40700.

Tomlinson, M., Vincent, J., Reedy, F., Mason, L., Coney, K., Fitzpatrick, J., et al. (2024). Enhancing neurodivergent graduates' access to graduate employment (engage).

Torres, E. B., Vero, J., Drain, N., Rai, R., & Bermperidis, T. (2025). Hidden social and emotional competencies in autism spectrum disorders captured through the digital lens. *Frontiers in Psychiatry, 16,* 1559202. https://doi.org/10.3389/fpsyt.2025.1559202.

Webster, C. S., Taylor, S., Thomas, C., & Weller, J. M. (2022). Social bias, discrimination and inequity in healthcare: Mechanisms, implications and recommendations. *BJA Education, 22*(4), 131–137. https://doi.org/10.1016/j.bjae.2021.11.011.

2 Onboarding & Zusammenarbeit

Es ist kein Zufall, dass Onboarding und Zusammenarbeit in diesem Buch gemeinsam betrachtet werden. Zwar nimmt das Onboarding insofern eine Sonderrolle ein, als dass zu diesem Zeitpunkt noch kein gefestigtes Vertrauensverhältnis herrscht und die Ansprechpersonen in der Regel andere sind als zukünftig, allerdings begründet es schlicht den Beginn der zukünftigen Zusammenarbeit und ist ein Teil von ihr. Betrachtet man Onboarding-Prozesse in unterschiedlichen Unternehmen, zeigt sich aber ein unterschiedliches Verständnis darüber, was „Onboarding" überhaupt bedeutet. Geht es allein um Informationen? Gefühle? Sicherheit und Compliance? Und was ist wirklich nötig, damit das Teammitglied die gewünschten Aufgaben zufriedenstellend erfüllt?

Onboarding als Beginn der Zusammenarbeit

Allzu häufig wird das Onboarding unternehmensintern gesondert von der alltäglichen Zusammenarbeit betrachtet und lässt sich mit einem fehlgeleiteten Beginn von romantischen Beziehungen vergleichen: Ein möglichst perfektes Bild der Organisation soll präsentiert werden, um die Beziehung zum zukünftigen Mitglied aufzubauen und zu stärken. Allzu häufig berichten Menschen in Anstellung, wie sie nach „Übergabe" der Personalabteilung an das restliche Team plötzlich eine ganz andere Atmosphäre vorfanden. Dabei ist das aus Organisationssicht kein bewusster Versuch, Personen in falscher Sicherheit zu wiegen, sondern rührt in den meisten Fällen eher aus den unterschiedlich ausgeprägten Kompetenzen und Prioritäten von Personalabteilung und Fachabteilung. Das Fehlen von böser Absicht aber lässt die Verunsicherung nicht verschwinden, die dadurch in einer schon so frühen Phase der Beziehungsbildung bei neuen Personen entstehen kann und sich im schlimmsten Fall langfristig so massiv auf Performance und Proaktivität auswirkt, dass die Zusammenarbeit nicht funktioniert.

V. Soubiran, *Neurodiversität in Unternehmen*,
https://doi.org/10.1007/978-3-662-72015-8_2

Auch ohne einen so deutlichen Unterschied zwischen den Erfahrungen im Bewerbungsprozess und dem Einstieg ins Unternehmen besteht nach Signatur des Arbeitsvertrags ganz natürlich und logisch Unsicherheit – auf beiden Seiten. Noch ist nicht sicher, dass die Entscheidung für beide Seiten richtig war.

Grundsätzlich sollte das Onboarding dafür sorgen, dass der Übergang in die neue Rolle für die Person so einfach wie möglich wird: Seien es Technik, Prozesse, Ansprechpersonen, Ziele oder Erwartungen oder sämtliche übrigen impliziten und expliziten Bestandteile, die der Person Erfolg in der neuen Rolle überhaupt erst ermöglichen. In diesem Kapitel werden daher verschiedene Aspekte beleuchtet, die für eine erfolgreiche Zusammenarbeit im und nach dem Onboarding relevant sind.

Für neurodivergente Menschen gibt es sowohl im Bewerbungsprozess als auch im gesamten folgenden Employee Lifecycle eine zusätzliche Belastung: den inneren Konflikt zwischen der „Variante" der eigenen Persönlichkeit, die gezeigt werden soll. In einer Zeit, in der sogar Bewertungsportale Aspekte wie „ganz man selbst sein können" als Kriterium für Unternehmenskultur nutzen, steigt der Druck dadurch für diejenigen Menschen, die ohnehin ihr Leben lang genau damit schlechte Erfahrungen gemacht haben. Die Möglichkeit besteht, dass die Person „ich selbst sein" überhaupt nicht als echte Option sieht, diese Option ihr realistisch sogar Nachteile einbringt. Deshalb ist es empfehlenswert, den Prozess des Onboardings von dem der „Sozialisierung" in das Unternehmen zu trennen (Klein et al., 2015). Insbesondere angesichts dessen, dass das Auftreten und der soziale Austausch bei neurodivergenten Menschen häufig fehlinterpretiert werden, wird diese Unterscheidung umso wichtiger und kann die Annäherung an Neuroinklusion in der Praxis vereinfachen.

Die Arbeitsbeziehung als soziales Geben und Nehmen

Auch grundsätzlich lohnt sich die Betrachtungsweise des Arbeitsverhältnisses als eine soziale Beziehung, zusätzlich zum konservativen Verständnis als einem reinen Austausch von Ressourcen wie Kompetenz, Zeit und Geld. Der Antritt einer neuen Position ist für Menschen von starken Emotionen begleitet. Auch die fortlaufende, idealerweise positive Beziehung von Angestellten zum Unternehmen gleicht für unser Gehirn einer sozialen Beziehung. So gibt es tatsächlich Indizien dafür, dass der Start im neuen Beruf als sogenannter „Anker" in unserem Gedächtnis gespeichert wird.

Die Forschung zeigt, dass Vertrauen und Verbindlichkeit in den ersten Phasen dieser neuen sozio-ökonomischen Beziehung ein stabiles Fundament legen können, welches das Arbeitsverhältnis auch während später gegebenenfalls weniger positiven Phasen resilienter macht (Smith et al., 2022). Darüber hinaus aber haben auch spätere, als besonders zentral wahrgenommene soziale Interaktionen das Potenzial, die Bewertung dieser Beziehung nachhaltig zu verändern – zum Guten oder Schlechten für Commitment und Motivation von Mitarbeitenden (Shore et al., 2006). Auch hier geht es in erster Linie um die Wahrnehmung beider Seiten, sodass es von Unternehmen zu Unternehmen (und Person zu Person) sehr unterschiedlich sein kann, welches Handeln als beispielsweise schwerwiegender Vertrauensbruch oder lediglich eine kleine Störung wahrgenommen wird. Umgekehrt erhöht eine gute Beziehung die Wahrscheinlichkeit, dass die Person im Beruf zufrieden ist und folglich proaktiver und lösungsorientierter agiert (vgl. Maan et al., 2020).

Es sollte außerdem mit besonderem Problembewusstsein vorgegangen werden, wenn die Organisation bisher keine tiefgehenden Erfahrungen mit Neurodivergenz gemacht hat. Wie auch bei allen anderen Diversitätsdimensionen ist ein gängiger Fehler von Organisationen, dass sie sich erst an die Rekrutierung und das Onboarding neuer Teammitglieder betreffender Gruppen machen, aber ihre Organisation nicht ausreichend intern vorbereitet haben. Schon vor Eintritt eines eventuell neurodivergenten Teammitglieds sollten deshalb Kompetenzen entwickelt worden sein, die den produktiven Umgang mit Menschen jeder neurologischer Ausprägung erlauben. Auch ohne größere Unterschiede in Meinungen und Werten verändert dennoch jede neue Person die Gruppen- und Arbeitsdynamiken, in denen sie wirksam wird. Allein diese Veränderung kann die Entstehung eines Feindbildes begünstigen – umso gravierender ist dann, wenn die Person auch noch als „anders als wir" kommuniziert wird, was im Übrigen grundsätzlich nicht geschehen sollte.

Es ist ein zugegeben schmaler Grat, Neurodivergenz zwar in der Organisation zu thematisieren, gleichzeitig aber betreffenden Personen nicht zusätzlich durch gut gemeint „besondere" Behandlung zu belasten. Der Gedanke sollte deshalb sein, dass individuelle Unterschiede von Anfang an für jedes Teammitglied bestehen dürfen und das Team weiß, damit umzugehen. Dazu gehört auch die Aufklärung darüber, dass eine theoretisch exakt gleiche Behandlung nur selten auch eine Chancengleichheit bedeutet. Wenn Neurodivergenz hier zu komplex wirkt, kann das Beispiel einer Sehhilfe genutzt werden: Eine Gleichbehandlung wäre, wenn alle Personen im Unternehmen unabhängig der eigenen Möglichkeiten die gleichen Bildschirme, gleich hohe Stühle und gleiche Lichtquellen bekämen. Wenn nun eine Person eine Brille braucht und erhält, um die Inhalte auf dem Bildschirm zu sehen, besteht dadurch keine Ungleichbehandlung, sondern es entsteht eine Chancengleichheit, die anvisierten Ziele erreichen zu können.

Ein weiterer grundlegender Gedanke, der berücksichtigt werden sollte, ist das Verständnis des Onboardings als bilateraler Prozess. Ähnlich wie in einem universitären Setting, in dem Lernende zum Beispiel in wöchentlichen Sprechstunden ihre Fragen zum Lernprozess selbst stellen können, sollte auch das Onboarding sowohl als Heranführung an das Unternehmen und die neue Aufgabe als auch als eigener Prozess mit eigenen Lücken und Optimierungspotenzialen verstanden werden. Angesichts dessen, dass (anders als in der Universität) die Überprüfung der Kompetenzen nicht nur einmal im Halbjahr, sondern eher sogar täglich erfolgt, sollte der Dialog entsprechend eng gestaltet und die Anpassungsmöglichkeiten sollten entsprechend umfassend sein. Organisationsseitig sollte klar sein, welche Ziele erreicht werden sollen, um die eigenen Bedarfe zu erfüllen; der Weg dorthin soll mit den einzelnen Personen im Dialog oder durch die Personen selbst bestimmt sein. Denn letztendlich sind wir im Arbeitskontext in aller Regel Erwachsene, die wir selbst wissen, was wir leisten können und für bestimmte Ziele brauchen.

2.1 Erwartungsmanagement

Während bei manchen Unternehmen das Onboarding erst mit dem ersten Arbeitstag startet, nutzen andere wiederum die Zeit bis dahin, um die Entscheidung des zukünftigen Teammitglieds schon jetzt erneut zu bestärken, ein Vertrauensverhältnis aufzubauen und der Person eine klare Vorstellung über die nächsten Schritte und kommende Erwartungen zu geben.

Eine Notiz, die während dem Verfassen dieses Buchs als Platzhalter abgelegt war, soll an dieser Stelle im Zitat ihren Platz finden: *Erwartungsmanagement ist einer der Super-Hacks für neuroinklusive Arbeit.* Dem Thema des Erwartungsmanagements kommt deshalb auch ein bedeutender Teil dieses Kapitels zu, eben weil es so zentral für Onboarding und Zusammenarbeit mit (nicht nur) neurodivergenten Menschen ist. Die Wichtigkeit von klaren Erwartungen und Zielen wird aufmerksamen Personen im Verlauf dieses Buchs aber auch außerhalb dieses Kapitels wieder und wieder bewusst werden.

Erwartungen als kognitive Verarbeitungsbasis

In unserem Alltag verarbeitet unser Gehirn ständig eigene Erwartungen und stellt Annahmen an, was andere von uns erwarten. Wir differenzieren zwischen erwünschtem und unerwünschtem Verhalten, malen uns vor schwierigen Gesprächen verschiedene Reaktionen anderer aus, und erfahren selbst ständig große und kleine Enttäuschungen oder Überraschungen.

Wenn wir unsere persönlichen Erwartungen nicht explizit äußern oder Erwartungen anderer anhand von Wissen aus ähnlichen Kontexten kennen, ist es äußerst unwahrscheinlich, dass die Kommunikation zwischen zwei Menschen gut funktioniert. Ebenso verhält es sich mit impliziten Erwartungen auf einer breiteren gesellschaftlichen Ebene, die sich je nach Herkunft, Kultur, und anderen Eigenschaften unterscheiden können. Und ebenso verhält es sich innerhalb eines einzigen sozialen oder Kulturkreises zwischen neurotypischen und neurodivergenten Menschen.

Beispiel

Wer sich an der Kasse im Supermarkt an der Schlange vorbei direkt an die Spitze der Kasse stellt, um den eigenen Einkauf direkt und ohne Warten zu bezahlen, handelt wider den Erwartungen der anderen Menschen, die sich geduldig hintereinander eingereiht haben.◀

Es könnte der Impuls aufkommen, dass es in diesem Beispiel ja nicht um Erwartungen, sondern Regeln geht – allerdings gibt es keinen Ort und kein Handbuch, in dem diese Regeln stehen. Sie sind implizit, d. h. nicht klar und nicht zwingend rational vereinbart, sondern basieren auf der Erwartung, dass andere Menschen ähnliches Verhalten zeigen wie wir (Bicchieri, 2005).

Im Kontext von Neurodiversität sind Erwartungen und Normen deshalb ein so spannendes Feld, weil soziale Normen als Mehrheitskonstrukte entstehen – und veränderbar sind. Während es vor einigen Jahren noch völlig normal und akzeptabel war, in Restaurants zu rauchen, wird heute selbst das Rauchen direkt am Esstisch im Außenbereich als unhöflich gesehen. Ebenso basieren viele der sozialen Normen, die am Arbeitsplatz befolgt werden sollen, auf Annahmen und Bedürfnissen von neurotypischen Menschen. Diese Normen und Erwartungen haben sich deshalb gehalten, weil neurodivergente Menschen nach aktuellem Wissensstand mit ca. 20 % in der Unterzahl gegenüber neurotypischen Menschen sind. Aus diesem Grund ist es aber wichtig, sich der eigenen bisher unangefochtenen Erwartungen und Normen bewusst zu werden – sowohl als Einzelperson als auch Organisation.

Pre-Boarding

Der Zeitraum zwischen Vertragssignatur und Start im Unternehmen ist aufseiten von Arbeitssuchenden häufig von viel Aufregung und gemischten Gefühlen begleitet: Vorfreude auf die neue Beschäftigung, auf vorhergehenden Erfahrungen basierende Ängste oder Zweifel, Stress rund um die Organisation des Austritts aus dem vorigen Unternehmen, Umzug …

Allzu häufig findet gleichzeitig ein Bruch in der bisherigen Kommunikation zwischen Unternehmen und zukünftigem Teammitglied statt. Selten passt das Timing des Unternehmens zu dem der bald startenden Person, und es entsteht ein Informationsvakuum. In diesem Vakuum kann besonders für neurodivergente Menschen eine höhere mentale Belastung auftreten, die zwar nicht bewusst, durchaus aber unbewusst bereits die Beziehung zum zukünftigen Arbeitgeber beeinträchtigen und darüber hinaus die soziale Handlungsfähigkeit – auch dem neuen Arbeitgeber gegenüber – beeinträchtigen kann (Livingston et al., 2019). Selbst wenn in dieser Phase nicht viel kommuniziert werden soll, sorgt ein klares und detailliertes Erwartungsmanagement dafür, dass die veränderte Kommunikationsfrequenz richtig interpretiert werden kann und die zukünftige Arbeitsbeziehung nicht schon vor Antritt negativ beeinträchtigt.

Zwar gibt es gewisse rechtliche Rahmenbedingungen zu beachten, doch kann zum Beispiel die Sozialisierung (vgl. Klein et al., 2015) bereits jetzt eingeleitet werden. Es empfiehlt sich, auch diesen Prozess von Unternehmensseite strukturiert zu gestalten, sodass neue Mitarbeitende schnell an Sicherheit gewinnen. Je besser solche Sozialisierungstaktiken durchgeführt werden, desto höher ist die Wahrscheinlichkeit, dass das neue Teammitglied im weiteren Onboarding die gesetzten Ziele versteht und weiß, was vonseiten der Organisation erwartet wird (Grabmair & Kovacs, 2023).

Alle Beteiligten innerhalb der Organisation und alle Involvierten sollten sich jederzeit immer wieder bewusst machen, dass ein inhärentes Machtgefälle gegenüber dem neuen Teammitglied besteht – ganz gleich, ob das beabsichtigt oder berechtigt ist oder eben nicht. Als Teil der Organisation weiß ich mehr über die sozialen Erwartungen und Freiheiten in der Organisation, ich habe meine Rolle tendenziell bereits gefunden und ein soziales Standing im Unternehmen, und jegliche Involvierung im Bewerbungsprozess hat mir bereits einen

Wissensvorsprung verschafft, sodass ich mehr über das zukünftige Teammitglied weiß, als diese Person über mich. Je nachdem, in welcher Position ich arbeite, kommen zusätzliche Machtdynamiken hinzu, beispielsweise aufgrund einer langen Unternehmenszugehörigkeit, einer Führungsposition oder auch schlicht einer bestimmten Funktion im Unternehmen.

Integration ins Team

Ein häufiges Element des Pre-Boardings ist zum Beispiel die Vorstellung des Teams, mit dem die Person zukünftig zusammenarbeiten wird. Im Sinne rechtlicher Rahmenbedingungen und Neuroinklusion kommt es bereits hier häufig zu ersten Diskrepanzen: Bei einem gemeinsamen Termin soll sich schon einmal kennengelernt werden, gemeinsam Essen gegangen werden oder das zukünftige Teammitglied wird bereits zu einem Teamevent eingeladen. Diese Zeit soll und darf auch rechtlich keine Arbeitszeit sein, wenn der Vertrag noch nicht verfrüht beginnen soll. Genau das birgt aber bereits großes Potenzial für Druck und unbewusste Machtausübung auf das neue Teammitglied.

Ganz gleich, ob die Person im Moment noch in einer vorigen Anstellung beschäftigt ist oder nicht: Wird dieses Kennenlernen primär vom Unternehmen vorgegeben bzw. geplant, um das Onboarding erfolgreich zu gestalten, entstehen der Person meist unvermeidliche indirekte Nachteile, wenn sie dieses Angebot nicht nutzt. Sei es, dass für die so wichtige Sozialisierung dann nach Vertragsbeginn weniger Zeit wäre oder dass das zukünftige Team diese Ablehnung als Affront versteht.

Um den Aspekt des Machtgefälles schon früh zu berücksichtigen, sollte deshalb auch das Onboarding partizipativ mit dem neuen Teammitglied gestaltet werden. Das bedeutet nicht unbedingt, dass jedes einzelne Teammitglied ein völlig individuelles Onboarding erhält, was je nach Unternehmensgröße und verfügbaren Ressourcen nicht realistisch wäre – vielmehr sollten verschiedene Vorlieben und persönliche Gegebenheiten berücksichtigt und eingeplant werden. Einige Beispiele hierfür sind in Tab. 2.1 aufgeführt.

Praktisch bedeutet das, dass für Prozessschritte mehrere Optionen der Umsetzung zur Auswahl gegeben werden, die jede für sich gleichwertig sind. Zu jedem Prozessschritt sollte außerdem klar sein, ob und wie das Ziel des Schritts auch ohne Nachteile erst zu einem späteren Zeitpunkt erreicht werden kann. Die Phase des Pre-Boardings eignet sich für dieses partizipative Vorgehen daher und stärkt gleichzeitig sowohl die Arbeitsbeziehung, als auch die wahrgenommene Selbstbestimmung des neuen Teammitglieds. Letzteres ist ein wichtiger Grundstein für spätere Proaktivität, die ihrerseits eine große Bedeutung für die Performance in der Position hat (Edmondson, 1999; Maan et al., 2020; Spitzmuller et al., 2015).

Unabhängig von den eigenen Praktiken und möglichen individuellen Vorlieben von neuen Teammitgliedern kann die Automatisierung und Standardisierung von Prozessen in diesem Bereich einen großen Teil der Aufwände so verringern, dass die verbleibende Zeit tatsächlich für individuelle Absprachen genutzt werden kann.

Tab. 2.1 Maßnahmenbeispiele für psychologische Sicherheit von Anfang an

Beispielhafte Maßnahme	Dilemma der Person	Ziel der Maßnahme	Alternative oder Ergänzung
Gemeinsames Mittagessen mit dem Team	„Muss ich teilnehmen, um integriert zu sein?" „Was, wenn ich mich unwohl fühle beim Essen in Gruppen?"	Soziale Integration, Kennenlernen	Option auf spätere 1:1-Treffen, Einladung zur Selbstentscheidung („Kein Muss – nur, wenn es dir passt")
Vorstellungsrunde mit Icebreaker-Spielen	„Was passiert, wenn ich bei Spielen nicht mitmachen kann oder will?"	Auflockerung, Atmosphäre schaffen	Vorab-Info zum Ablauf; Icebreaker optional; alternativ schriftliche Vorstellung oder vorbereitete Moderationskarte
Einladung zum After-Work-Drink	„Gilt es als Desinteresse, wenn ich nicht teilnehme?"	Informelle Beziehungspflege	Späteres freiwilliges Gespräch bei Kaffee, digitale Vorstellungsrunde, explizite Einladung zu anderer Form
Teilnahme an offenem Meeting ohne klare Rolle	„Wird erwartet, dass ich mich aktiv beteilige?"	Einblick ins Unternehmen, informelle Orientierung	Klare Rollenbeschreibung vorab („nur zuhören", „Fragen willkommen, aber nicht erwartet")
Erste Woche mit voller Meetingauslastung	„Darf ich sagen, dass mir das zu viel ist?"	Schneller Überblick, Anschluss ans Team	Wahlmöglichkeit: reduzierte Variante mit Pausen oder asynchrone Inhalte per Video/Notiz
Frage „Wie geht es dir mit allem?" im Gruppenrahmen	„Bin ich verpflichtet, ehrlich zu antworten?" „Wird erwartet, dass ich Probleme teile?"	Wohlbefinden abfragen, Kontakt aufnehmen	Alternative: persönlicher 1:1-Check-In mit klarer Einordnung; ggf. schriftliches Feedbacktool

(Fortsetzung)

Tab. 2.1 (Fortsetzung)

Beispielhafte Maßnahme	Dilemma der Person	Ziel der Maßnahme	Alternative oder Ergänzung
„Bring dich einfach ein, wenn du etwas sagen willst“	„Was ist, wenn ich nicht einschätzen kann, wann das erwartet wird?“	Selbstwirksamkeit fördern, offene Kultur signalisieren	Strukturierte Gesprächsphasen: „Wer möchte, darf jetzt ein Feedback geben“ – inkl. Option, sich später schriftlich zu äußern
Einladung zum „Lunch & Learn“ oder Offsite	„Ist das verpflichtend? Werden dort wichtige Dinge besprochen?“	Weiterbildung, Teamentwicklung	Klare Info: freiwillig/nicht verpflichtend; Nachbereitungsunterlagen für alle verfügbar

Automatisierung für mehr Individualität
Verträge, Vereinbarungen, das IT-Setup können automatisiert erstellt und vervollständigt werden. Der erste Tag kann ebenfalls automatisiert mit Kalenderterminen geplant und dem neuen Teammitglied frühzeitig geschildert werden, inklusive der erneuten Betonung davon, welche Elemente organisatorisch-obligatorisch sind und welche vielleicht eher der Sozialisierung dienen, für die jede Person unterschiedliche Kapazitäten in einer so aufregenden Phase hat. Abermals bedeutet ein nicht durchgeführtes Mittagessen an Tag Eins aber nicht, dass die Sozialisierung scheitert oder nicht funktionieren kann – vielmehr können genau solche Pufferzeiten und individuell abgestimmte Zeitpläne dabei unterstützen, dass eine Person sich dafür drei Tage später mit voller Energie und nach vorigen niedrigschwelligen Begegnungen dem formellen Kennenlernen des Teams widmen kann (vgl. Livingston et al., 2019).

▶ **Wichtig** Auch ein erster Überblick über das Team, die verschiedenen Menschen darin, ihre Arbeitsfelder und Verantwortungsgebiete, die geografische Verteilung und vieles mehr können laufend vom Unternehmen gepflegt und mit neuen Teammitgliedern geteilt werden. Hier ist zu berücksichtigen, dass viele Angaben dem Datenschutz unterliegen und erst eine Einverständnis eingeholt werden sollte, bevor solche Informationen erfasst oder gar geteilt werden. Auch dieser Vorgang sollte im gleichen Zug einer neuen Person transparent gemacht werden, sodass beispielsweise fehlende Informationen zu einem Teammitglied richtig eingeordnet werden können und auch die Person selbst weiß, dass sie zukünftig Hoheit über ihre Daten hat.

2.2 Onboarding & Sozialisierung

Auch wenn Onboarding und Sozialisierung an und für sich getrennte Abläufe mit unterschiedlichen Herangehensweisen sind, wird in der Praxis doch vornehmlich von Onboarding gesprochen. Auch für neue Mitarbeitende ist dieser Begriff geläufig, weshalb hier auf die getrennte Nennung für die Praxis verzichtet wird. Viel wichtiger ist außerdem, dass beide wichtige Elemente für die spätere Performance und das Zugehörigkeitsgefühl des neuen Teammitglieds sind und der Erfolg beider Aspekte eine Voraussetzung für die Zusammenarbeit ist. Im Unterschied zur gängigen Praxis jedoch, in der „gute Integration" meist an sehr bestimmten (eher neurotypischen) sozialen Verhaltensweisen abgelesen wird, soll mit der gleichzeitigen Behandlung der beiden Themen klar werden, dass beide flexibel gestaltet werden können, ohne dass die jeweiligen Ziele aufgegeben werden müssen.

Klarheit über Erfolgsindikatoren

Tatsächlich ist es hierzu aber nötig, die Definition der Ziele einmal genauer zu betrachten. Insbesondere bei der sozialen Integration ins Unternehmen werden neurodivergente Menschen benachteiligt oder missverstanden, weil die Erreichung des gesetzten Ziels sich vielleicht anders äußert als bei anderen Teammitgliedern (mehr dazu auch in Abschn. 2.7).

Im weitesten Sinne sind die Ziele im Onboarding die formelle, kulturelle und soziale Integration des neuen Teammitglieds. Wie genau die Erreichung dieser Ziele aussieht, unterscheidet sich von Organisation zu Organisation, Team zu Team und Rolle zu Rolle. Wenn diese Ziele im Sinne des Erwartungsmanagements für alle Beteiligten transparent gemacht werden, wird damit unmittelbar die Autonomie und Chance auf erhöhte Proaktivität beim neuen Teammitglied erhöht. Dabei reicht es nicht, eine Checkliste an Personen abzuhaken, die ein neues Teammitglied gesprochen haben sollte – allein das stellt nicht sicher, dass ein damit verbundenes Ziel erreicht ist (es sei denn natürlich, das Ziel ist lediglich, dass das Teammitglied diese Personen einmal gesprochen oder kennengelernt hat).

Eine solche Checkliste aber könnte ein gutes Mittel auf dem Weg zu einem Ziel sein. Um genauer zu demonstrieren, wie an diese Art von Zielformulierung herangegangen werden kann, kann Tab. 2.2 weiterhelfen:

Die Tabelle ist selbstverständlich nicht erschöpfend und nicht universell auf jede Organisation anzuwenden, soll aber zeigen, dass je nach Unternehmen und übergeordnetem Ziel eine sehr unterschiedliche Detaillierung der beobachtbaren erreichten Meilensteine möglich ist. Wichtig für die Formulierung solcher Fortschrittstabellen ist die kritische Auseinandersetzung damit, ob das zu beobachtende Verhalten wirklich der einzige Weg ist, das angesetzte Ziel zu erreichen. So kann es sein, dass für eine autistische Person eine Zusage zum gemeinsamen Mittagessen keinen echten oder nur einen kleinen Fortschritt in der Sozialisierung bedeutet, während ein proaktives Fragen nach einem gemeinsamen Mittagessen einen wichtigen Meilenstein und ein Zeichen echter Zugehörigkeit signalisieren könnte.

Tab. 2.2 Klarheit über Ziele von Onboarding-Maßnahmen

Beobachtbare Maßnahme	Ziel, auf das diese Maßnahme hinarbeitet
Onboarding-Mappe erhalten	Vertrautheit mit internen Abläufen und Datenschutzregelungen
Begrüßungsmail mit Agenda erhalten	Orientierung über zeitliche Struktur und Verantwortlichkeiten
Teilnahme an Willkommensmeeting	Erste Kontaktaufnahme zum Team, niederschwelliger Einstieg in informelle Kultur
Vorstellung in der Teamrunde	Sichtbarkeit im Team, Beginn der wechselseitigen Kennenlernphase
Kennenlernen von 1–2 Schlüsselpersonen	Aufbau erster Ansprechbarkeit, Abbau von Unsicherheiten bei Rückfragen
Zugang zu Tool-Übersicht und Login-Infos	Selbstständiger Einstieg in Arbeitsumgebung
Fragen zum organisatorischen Ablauf wurden gestellt	Aktive Auseinandersetzung mit Arbeitskontext und erste Selbststeuerung
Gespräch über Erwartungen und Rolle geführt	Klärung von Prioritäten und Verantwortlichkeiten
Nutzung eines Kommunikationskanals im Team	Erstes Einbringen ins operative Teamgeschehen
Einladung zu einem freiwilligen Kaffeetermin erhalten	Zugang zu informeller Beziehungspflege
Gesprächsprotokoll nach dem ersten 1:1-Gespräch	Transparenz über Ziele und geteilte Verantwortung
Rückmeldung zum Onboarding-Format gegeben	Reflexion des eigenen Erlebens und Beitrag zur Prozessverbesserung
Dokumente im Team-Wiki gelesen oder ergänzt	Selbstständige Informationsnutzung und Kontextverständnis

Zusammenarbeit im Alltag

In allen Maßnahmen zur Förderung von Effizienz, Verbesserung von Kommunikation und Neuroinklusion ist ein Schritt unausweichlich: Es muss fest im Unternehmen verankert werden, dass implizite Regeln und Rituale explizit gemacht und so verändert werden dürfen, dass sie die Beteiligten besser unterstützen. Dabei geht es nicht darum, sämtliche Prozesse nur auf einzelne Personen zuzuschneiden, sondern um offene und wertungsfreie Gespräche zwischen allen Beteiligten, was jedes Teammitglied für den eigenen Erfolg benötigt. Auch Teams ohne neurodivergente Mitarbeitende profitieren von dieser Art von Transparenz maßgeblich, weil automatisch auch eine Reflexion des eigenen Verhaltens, eigener Bias und Bedürfnisse und der Kommunikation miteinander stattfinden muss.

Eine Möglichkeit, diese Herangehensweise allmählich ins Unternehmen zu integrieren, sind moderierte Workshops im jeweiligen Team. In diesen Workshops können sämtliche

Themen bearbeitet werden, die den Teammitgliedern im Alltag begegnen. Formell könnte das zum Beispiel eine Klärung der Aufgabenverteilung und Verantwortlichkeiten sein, die Terminierung von regelmäßigen Team-Meetings oder -Feedbacks. Bleibt es dabei aber, so bewegt sich das übrige Verhalten der Teammitglieder weiterhin im Bereich von impliziten Regeln und (unternehmens- bzw. teameigenen) Normen, die nicht zwingend sinnvoll sind und häufig sogar für Ineffizienzen und allein prozess- oder rollenbedingte Konflikte sorgen. Das heißt: es wäre völlig irrelevant, von welcher Person eine bestimmte Position erfüllt wird, da allein die Position selbst und ihre Integration in Prozesse und das Team bereits Konfliktpotenzial birgt. Häufig entwickeln sich solche Dynamiken ganz von alleine mit der Zeit und bei sich verändernden oder wachsenden Teams, und sie sind kein Zeichen für eine schlechte Planung.

Nachfolgend sollen einige Workshop-Methoden dabei unterstützen, die Zusammenarbeit im Team bewusst zu gestalten. Die regelmäßige Reflexion und Durchführung lohnt sich für alle Teams und beugt Konflikten vor, ganz gleich, ob offen neurodivergente Menschen im Team sind oder nicht.

Unsichtbare-Regeln-Canvas

- Ziel: Implizite Erwartungen im Team erkennen und kritisch reflektieren
- Ablauf: Jede Person schreibt zunächst (still oder auf digitalen Kärtchen) auf, welche „unausgesprochenen Regeln" sie im Team beobachtet hat: z. B. *„Man sollte nie widersprechen", „Meetings dauern mindestens 60 min", „Wer zuerst schreibt, hat Recht"*. Diese Regeln werden anschließend gruppiert (z. B. „Kommunikation", „Tempo", „Entscheidungsfindung") und gemeinsam diskutiert:
  - Woher kommen diese Regeln?
  - Wem nützen sie?
  - Wer wird dadurch benachteiligt?
  - Möchten wir sie beibehalten oder verändern?
- Nutzen: Sichtbarmachung teaminterner Normen und Bewertungsmuster, Grundlage für bewusste Verhaltensänderung und inklusivere Zusammenarbeit – ohne auf Einzelfälle reduziert zu sein.

  Tipp für online: Nutzung von Miro oder Mural mit vorbereiteten Kategorien.

Manual to Me

- Ziel: Individuelle Arbeits- und Kommunikationsbedürfnisse im Team transparent machen
- Ablauf: Jedes Teammitglied erstellt ein persönliches „Manual to Me" – eine Art Gebrauchsanleitung, wie man gut mit der eigenen Person zusammenarbeitet. Typische Fragen:
  - Wie arbeite ich am liebsten?
  - Was hilft mir, um gut ins Gespräch zu kommen?

  - Was sollte man vermeiden, wenn man mit mir kommuniziert?
  - Was bedeutet für mich „Vertrauen“ im Arbeitskontext?
- Die Manuals werden (freiwillig) im Team geteilt und ggf. schriftlich zugänglich gemacht.
- Nutzen: Förderung individueller Selbstkenntnis, Abbau impliziter Erwartungen, Aufbau psychologischer Sicherheit – besonders hilfreich in neurodiversen oder neu zusammengesetzten Teams.

„Ich – Du – Wir“-Perspektivenarbeit

- Ziel: Unterschiede in Selbst- und Fremdwahrnehmung erkennen, Erwartungen transparent machen
- Ablauf: Jede Person beantwortet schriftlich drei Fragen – zunächst aus eigener Perspektive („*Was ist mir in der Zusammenarbeit wichtig?*“), dann aus der angenommenen Perspektive eines Teammitglieds und zuletzt aus Team- oder Organisationssicht.
- In der anschließenden Diskussion wird sichtbar:
  - Welche Selbstzuschreibungen stimmen nicht mit Fremdwahrnehmung überein?
  - Welche Konflikte entstehen durch fehlerhafte Annahmen oder unklare Kommunikation?
- Nutzen: Schärfung der Wahrnehmung für implizite Zuschreibungen und Erwartungsannahmen; reduziert Missverständnisse, stärkt Selbst- und Teamreflexion.

Critical Incident Technique

- Ziel: Konkrete Ereignisse analysieren, systemisch einordnen
- Ablauf: Teilnehmende wählen reale, herausfordernde Situationen aus dem Alltag (z. B. ein eskaliertes Meeting, Missverständnis in E-Mail-Kommunikation) und beschreiben sie anhand von fünf Schritten:
  - Was ist passiert?
  - Wer war beteiligt?
  - Welche Reaktion(en) gab es?
  - Welche impliziten Regeln oder Erwartungen könnten eine Rolle gespielt haben?
  - Wie hätte die Situation anders verlaufen können – mit klareren Regeln?
- Nutzen: Förderung der Analysefähigkeit für interpersonelle und systemische Dynamiken; verbessert langfristig die Fehlerkultur und die Bereitschaft zur Prozessanpassung.

Decision-Making Map

- Ziel: Transparenz über Entscheidungswege und -logiken schaffen Ablauf: Das Team kartiert typische Entscheidungen:
  - Wer initiiert sie?
  - Wer wird konsultiert?
  - Wer entscheidet?
  - Welche informellen Abkürzungen gibt es?

- Anschließend wird diskutiert: Welche Regeln gelten faktisch, aber nicht offiziell? Welche Routinen erzeugen Ausschluss oder Unsicherheit?
- Nutzen: Aufdeckung von informellen Machtstrukturen, Entlastung von Entscheidungsträger*innen, Erhöhung der Planbarkeit für alle Beteiligten und insbesondere für Mitarbeitende, die auf Struktur und Klarheit angewiesen sind.

2.3 Einarbeitung vs. Performance

In vielen Unternehmen wird die Einarbeitungsphase entweder als eine Art Verlustrechnung betrachtet, oder aber die zunächst ausbleibende bzw. verringerte Performance wird nicht berücksichtigt und Mitarbeitende schon früh unerfüllbaren Performance-Zielen ausgesetzt. Beide Ansätze betrachten nur einen Teil dieser wichtigen Zeit und vernachlässigen das außerordentliche Potenzial, das diese Phase bietet. Dabei geht es sowohl um Potenzial für langfristige Erfolge und hohe Performance, als auch das Potenzial für eine vermeidbar hohe Fluktuation und damit verbundene Kosten für das Unternehmen.

Wie bereits beschrieben trägt eine stabile Vertrauensbeziehung zwischen Organisation und Mitarbeitenden stark dazu bei, dass nicht nur Probleme angesprochen oder eher ausgehalten werden, sondern auch, dass Personen in der Organisation proaktiv handeln, sich mit all ihrer Kompetenz einbringen und so bessere Ergebnisse erzielen.

Ein bedeutendes Problem in den meisten Unternehmen ist aktuell, dass es deutlich weniger verfügbare Ressourcen als zu erledigende Aufgaben gibt. In Feldern rund um Dienstleistungen und Informationen ist dieses Problem besonders weit verbreitet und wird verstärkt durch die zunehmende Komplexität unserer Arbeit. So gesehen ist verständlich, dass ein neues Teammitglied so schnell wie möglich „produktiv" arbeiten und eher Ressourcen freimachen als einnehmen soll – allerdings ist diese Herangehensweise nur sehr kurzlebig und sogar kontraproduktiv (vgl. Walter & Matar, 2024). Parallel zum viel genannten Fachkräftemangel steigen die Zahlen an Burnout-Diagnosen (vgl. Schaufeli et al., 2009). Da aber einem Burnout nicht etwa mangelnde Arbeitsbereitschaft, sondern vielmehr Dinge wie beispielsweise mangelnde Selbstwirksamkeit, Wertschätzung und psychologische Sicherheit zugrunde liegen, müssen Organisationen sich heute mehr denn je mit genau diesen Themen befassen.

Die Einarbeitung bzw. das Onboarding sollte also – je nach der bisherigen Praxis – grundlegend neu betrachtet werden. Oberstes Ziel in dieser Phase sollte sein, die soziale und unternehmenskulturelle Integration des neuen Teammitglieds zu erreichen. Dazu gehören der Aufbau von Vertrauen, individuelle Unterstützung und das richtige Maß an Herausforderung. Die Zahl der Studien, die die langfristig und umfassend positive Wirkung von genau solchen Herangehensweisen unterstreichen, wächst stetig weiter.

Balance von Motivation und Performance
Nehmen wir einmal an, der Bewerbungsprozess war bisher neuroinklusiv gestaltet. Gerade deshalb war es auch für neurodivergente Menschen möglich, den Prozess zu durchlaufen – ohne, dass sie erst offenlegen mussten, dass sie neurodivergent sind. Tatsächlich ist das neu gewonnene Teammitglied neurodivergent, hat bereits im Bewerbungsprozess Wünsche geäußert, die selbstverständlich berücksichtigt wurden. Die Kommunikation mit der Person bisher war unternehmensseitig klar, die nächsten Schritte und Fristen waren jederzeit bekannt, dies wurde von der Person auch bestätigt. Die Erfahrungen dieser neurodivergenten Person waren im bisherigen Beruf durchwachsen, und der Prozess im Unternehmen war das erste Mal, dass die Person spezifische Neuroinklusion erfahren hat. Sie ist froh, dass sie ihre Neurodivergenz nicht offenlegen muss, weil die Prozesse alle ohnehin neuroinklusiv gestaltet sind.

Es besteht nun die sehr reale Möglichkeit, dass das neue Teammitglied hochmotiviert direkt zeigen möchte, was in ihm steckt. Dieses Verhalten ist im Übrigen in der Praxis nach einem guten Bewerbungsprozess generell typisch, unabhängig davon, ob eine Person neurodivergent ist oder nicht.

Aus unternehmerischer Sicht kommt uns dieser Elan auf den ersten Blick sehr entgegen. An dieser Stelle möchte ich aber an das Wissen rund um Burnout erinnern, oder dringend zur tieferen Lektüre zu diesem Thema raten. Denn was neurodivergenten Menschen gerade dann häufig passiert, ist leider ebenfalls in der Praxis typisch: Weil das organisatorische und fachliche Onboarding von der Organisation meist expliziter vorgenommen wird als die Sozialisierung, gewinnt das neue Teammitglied in diesen beiden Bereichen schnell an Sicherheit. Checklisten werden abgearbeitet, Aufgaben erledigt, Projekte übernommen, Schulungen absolviert. Es ist klar, was inhaltlich erwartet wird. Parallel entwickeln sich aber schon jetzt die Dynamiken, die dann innerhalb weniger Monate bis Jahre zu einer Trennung führen, weil implizite und soziale Erwartungen nicht klar definiert wurden.

Zwei Beispiele möchte ich hier anführen:

Szenario 1 Das neue Teammitglied ist hochmotiviert, hat ein Thema identifiziert, das bisher im Team nicht aktiv bearbeitet wurde, und bringt hierzu direkt einen Vorschlag zur Verbesserung ein. Der Vorschlag ist gut recherchiert, nachvollziehbar argumentiert und fachlich tragfähig. Er wird jedoch im Team nur zögerlich aufgenommen. Einzelne Teammitglieder reagieren mit verhaltenem Interesse oder schieben das Thema auf einen späteren Zeitpunkt, andere äußern implizit Irritation darüber, dass die neue Person „gleich so forsch" auftritt. Die Führungskraft erkennt den inhaltlichen Wert des Vorschlags, lässt das Thema aber dennoch ruhen, weil sie das Teamgefüge nicht stören möchte. Die neue Person zieht sich daraufhin zurück, deutet die ausbleibende Resonanz als Ablehnung oder Kritik an der eigenen Arbeitsweise – obwohl dies nie explizit geäußert wurde. Nach außen hin wirkt sie weiterhin engagiert, übernimmt Aufgaben und kommuniziert professionell. Innerlich aber entsteht der Eindruck: „Meine Ideen sind nicht erwünscht." Ein erster Schritt in Richtung Rückzug ist gemacht – nicht, weil jemand aggressiv ablehnend war, sondern weil das System keine aktive Rückmeldung gegeben hat.

Szenario 2 In den ersten Wochen zeigt sich das neue Teammitglied als zuverlässig, effizient und detailorientiert. Aufgaben werden überpünktlich erledigt, in Rückfragen bleibt die Kommunikation sachlich und präzise. Nach etwa sechs Wochen meldet sich die Person zu Wort und bittet darum, ein regelmäßiges 1:1 einzuführen, da sie bisher nicht weiß, wie ihre Leistung eingeordnet wird und ob die Zusammenarbeit den Erwartungen entspricht. Die Führungskraft, die stark auf Selbstorganisation setzt, ist überrascht – sie hatte keine Notwendigkeit für ein Gespräch gesehen, da „alles gut läuft". Sie sagt, das neue Teammitglied könne sich gerne „bei Bedarf melden". Die neurodivergente Person zieht daraus den Schluss, dass Feedback nur bei Problemen erfolgt – und lebt fortan in der Unsicherheit, ob ihr aktuelles Verhalten ausreicht oder bereits Anlass zur Kritik wäre. In den kommenden Monaten steigt die Erschöpfung, auch weil permanent versucht wird, soziale Erwartungen zu erraten, um nicht negativ aufzufallen. Die eigentliche Leistung bleibt auf hohem Niveau – aber sie wird zunehmend von Anspannung begleitet, weil Orientierung fehlt.

Integration vor Performance

Die vorangegangenen Szenarien zeigen deutlich: Es ist nicht die reine Wissensvermittlung oder Aufgabeneinarbeitung, die einer Organisation nachhaltigen Zugang zu den Kompetenzen neuer Mitarbeitender verschafft. Entscheidend ist, ob auch soziale und kulturelle Integrationsprozesse bewusst mitgestaltet werden – und ob sie realistisch auf die individuellen Ressourcen und Rhythmen der neuen Person abgestimmt sind.

Trotzdem liegt der Fokus im Onboarding noch immer häufig auf Effizienz: Tools, Aufgaben, Zugänge, Strukturen – all das wird detailliert geplant und Schritt für Schritt abgearbeitet. Soziale Integration hingegen bleibt meist informell und wird eher nebenbei miterledigt, oft durch Formate mit implizitem sozialen Druck: Mittagessen, Meetings oder spontane Begegnungen. Für neurodivergente Personen ist das problematisch. Nicht, weil sie keine sozialen Beziehungen aufbauen wollen oder können – sondern weil das „Wie" entscheidend ist: Welche Situationen sind steuerbar? Was ist planbar? Wo fehlt Orientierung? Was hat negative Konsequenzen, wo darf auf die eigenen Ressourcen und „man selbst sein" geachtet werden?

Kompensatorische Strategien, also das bewusste oder unbewusste Anpassen an neurotypische Kommunikationsnormen, binden bei neurodivergenten Menschen erhebliche kognitive Ressourcen. Wenn gleichzeitig implizite Erwartungen bestehen, im Team sichtbar zu sein, schnell Anschluss zu finden oder „locker" zu wirken, entsteht eine dauerhafte Überforderung – selbst dann, wenn fachlich alles funktioniert.

Ein möglicher Weg, diese Dynamik zu entschärfen, ist ein modular aufgebautes Onboarding. Statt alle Inhalte in einem starren Format und Zeitplan unterzubringen, werden verschiedene Wege zur Verfügung gestellt: dialogbasiertes Onboarding, begleitete Selbstlernformate, asynchrone Inhalte, flexible Feedbackschleifen. Das ermöglicht es neuen Mitarbeitenden, den Prozess in einem für sie gangbaren Tempo zu durchlaufen – und sich dort einzubringen, wo sie Kapazitäten dafür haben. Gleichzeitig wird sichtbar, dass Integration nicht gleichbedeutend mit sofortiger Präsenz ist.

Wichtig ist auch, soziale Integration nicht als informellen „Bonus“ zu behandeln, der neben der fachlichen Einarbeitung „automatisch mitläuft“. Sie braucht ebenso viel Struktur wie fachliche Inhalte – zum Beispiel durch regelmäßige, klar eingerahmte 1:1-Gespräche, Transparenz über Gruppendynamiken und Erwartungen oder das Aufzeigen sozialer Ankerpunkte im Team. Beziehungsaufbau findet nicht durch Nähe allein statt, sondern durch Verlässlichkeit, Konsistenz und eine Atmosphäre, in der Rückzug nicht als Desinteresse gelesen wird.

Dabei gilt: Der Aufbau psychologischer Sicherheit geht der Performance voraus – nicht umgekehrt. Wer sich in einem System sicher und verstanden fühlt, wird eher Verantwortung übernehmen, Fragen stellen, Risiken eingehen, Feedback geben. Wer permanent soziale Codes erraten muss, arbeitet unter Spannung und Zweifel. Der Unterschied ist selten sofort sichtbar, aber die Zögerlichkeit der neuen Person wird dann zur sich selbst erfüllenden Prophezeiung, weil sie durch ihr Zögern weniger proaktiv handelt und dadurch von Teammitgliedern und Führungskräften schnell als weniger kompetent betrachtet wird, ihr anders begegnet wird und sich ihr Zögern und ihre Unsicherheit weiter verstärkt.

Das Onboarding ist deshalb auch eine Gelegenheit für organisationsseitiges Lernen: Welche Fragen tauchen wiederholt auf? Wo sind Informationsflüsse unklar? Welche Regeln sind nur implizit? Wer sich mit diesen Fragen befasst, kann Prozesse nicht nur inklusiver, sondern auch effizienter für die gesamte Organisation gestalten.

Das Ziel ist dabei nicht nur, Burnout zu vermeiden, sondern ein hohes Engagement zu ermöglichen (Schaufeli et al., 2009), das die Grundlage für eine belastbare soziale Beziehung und nachhaltige Performance schafft.

Übersicht

In Kürze: Erwartungsmanagement.

1. **Erwartungen früh und explizit formulieren**
   Erwartungsmanagement im Onboarding beginnt nicht am ersten Arbeitstag, sondern direkt nach Vertragsunterzeichnung. Klar kommunizierte nächste Schritte, geplante Zeitpunkte für Kontaktaufnahme und Hinweise auf den Ablauf reduzieren Unsicherheit – besonders in der Preboarding-Phase.
   Beispiel: „Du bekommst am Mittwoch von uns alle Logins und deinen Einarbeitungsplan. Wenn du vorher noch Fragen hast, melde dich gern – sonst melden wir uns am Freitag vor deinem Start mit dem Link zum Welcome-Meeting.“
2. **Erwartungen konkret und kontextbezogen beschreiben**

Vage Begriffe wie „mitdenken“ oder „sich einbringen“ sind Auslegungssache. Wichtig ist eine Beschreibung des gewünschten Verhaltens im konkreten Kontext.

Beispiel: Statt „Sei bitte proaktiv“ → „Wenn du bei einem Projekt Ideen hast, notiere sie gern vorab und bring sie in unserem Jour fixe am Dienstag ein – dort sammeln wir neue Impulse.“

3. **Sozialisierung bewusst gestalten**

   Soziale Integration passiert nicht automatisch. Implizite Teamregeln („Bei uns bleibt man nach dem Meeting noch kurz zum Plausch“) sollten sichtbar gemacht und gemeinsam reflektiert werden.

   Beispiel: „Bei uns ist es üblich, dass wir nach dem Daily noch zwei, drei Minuten locker reden – das ist kein Muss, aber manche nutzen das als Ritual zum Reinkommen.“

4. **Rückfragen und Unsicherheiten aktiv enttabuisieren**

   Viele neurodivergente Personen haben gelernt, dass Nachfragen als Kritik oder Schwäche ausgelegt werden könnten. Eine explizite Einladung zur Rückfrage – inklusive Beschreibung des erwarteten Eskalationswegs – schafft Sicherheit.

   Beispiel: „Wenn du bei einer Aufgabe hängen bleibst, ist es völlig in Ordnung, direkt im Teamchat zu fragen – das wird bei uns nicht als Störung, sondern als Zusammenarbeit verstanden.“

5. **Enttäuschte Erwartungen nicht mit Persönlichkeit verwechseln**

   Rückmeldungen zu Verhalten sollten auf Rollenanforderungen bezogen werden, nicht auf vermeintliche Charaktereigenschaften.

   Beispiel: Statt „Du wirkst wenig präsent“ → „In dieser Rolle ist es hilfreich, wenn du bei Meetings deine Einschätzung gibst, ggf. auch im Chat, wenn nach Meinungen gefragt wird.”

6. **Machtasymmetrien reflektieren und abbauen**

   Die Unsicherheit der neuen Person sollte nicht durch versteckte Normen oder Wissenslücken verstärkt werden. Bewusste Transparenz hilft, Machtasymmetrien zu minimieren.

   Beispiel: „Ich bin mir bewusst, dass du noch nicht alle informellen Abläufe kennst, das ist ganz normal. Bitte frag jederzeit, damit verbessern wir uns auch!”

7. **Soziale Normen als gestaltbar begreifen**

   Viele Bewertungsmuster stammen aus neurotypischen Erfahrungswelten. Wer z. B. nicht lächelt oder Fragen anders formuliert, wird schnell als „nicht passend“ wahrgenommen. Ein gutes Erwartungsmanagement stellt klar, dass Zielverhalten auch auf unterschiedlichen Wegen erreicht werden kann.

Beispiel: „Du musst nicht in jeder Runde sofort sprechen. Wenn du deine Gedanken lieber kurz schriftlich vorher oder im Nachgang teilst, ist das auch okay."

2.4 Informationsaufbereitung

Das Konzept des Wissensmanagements hat seinen Weg inzwischen in die meisten Unternehmen gefunden. Selbst wenn der Begriff nicht genutzt wird, findet es trotzdem statt. Sei es eine interne Enzyklopädie, ein Dokument, Prozessbeschreibungen … Wissen soll gehalten und weiterverwendet werden, auch über jede Unternehmenszugehörigkeit hinaus. Es besteht ein Bewusstsein dafür, dass die Fixierung von bestimmten Informationen langfristig wertvoll ist, Ressourcen schont und Fehler vermeidet. Beim Austausch von Informationen im Alltag aber geht ein Teil dieser Vorteile verloren.

Wann, wo und aus welchem Grund auch kleinteilige Informationen in genau der gewählten Form festgehalten und weiterverwendet werden, ist meist weniger (oder gar nicht) definiert. Viel mehr wählt eine Person, die Informationen hat, den für sie am besten geeignet Kommunikationsweg und entscheidet selbst, wie viel Zeit sie für die Weitergabe einer Information aufbringen möchte. In der Regel unterscheidet sich innerhalb einer Organisation auch stark von Team zu Team, wie ernsthaft sich mit einer geeigneten Dokumentation bzw. Präsentation befasst wird. Wenn es um Neuroinklusion geht, sollte dieses Thema aber jeder einzelnen Person im Unternehmen zumindest einmal bewusst gemacht werden.

Es gibt verschiedene Kriterien, nach denen sich die Präsentation verschiedener Informationen differenzieren lässt. Dazu zählen der Umfang, die Detaillierung, natürlich das grundsätzliche Datenformat, aber auch Aspekte wie der Wahrheitsgehalt, die Argumentationsstruktur (vgl. Bottom-up vs. Top-down Processing), Aktualität, Vollständigkeit … Es handelt sich also um eine Vielzahl an Faktoren, die in der Generierung kognitiv gesteuert werden und ebenso in der Aufnahme erneut je nach Person unterschiedlich verarbeitet werden. Im beruflichen Kontext haben wir es organisationsintern meist noch mit zusätzlichen Faktoren zu tun, wie der internen Unternehmenspolitik, rechtlichen Vorgaben und Beschränkungen oder auch dem Ablageort der Information.

Zunächst sollte deshalb klar vereinbart sein, wo sich Informationen finden lassen. Empfehlenswert ist, auch hier einen Mix aus verschiedenen Kanälen und Materialien zu verwenden. Wer sich beispielsweise in Büros mit festen Sitzplätzen umsieht, wird schnell die eine oder andere Notiz an Monitoren finden. Von Namenskonventionen über Terminnotizen bis hin zu Tastenkombinationen für bestimmte häufig verwendete Programme ist hier alles dabei. Mitarbeitende zeigen damit, wie sie sich intuitiv verschiedene Formate der Informationsaufbereitung zunutze machen. Ein Notizzettel ist kontextübergreifend abrufbar, solange die Person am Sitzplatz sitzt. Es ist kein Fensterwechsel nötig, kein

Navigieren zwischen Dateispeicherorten, und die Information ist relevant für genau den Arbeitskontext dieser Person.

Es wird selten möglich sein, eine so hohe Individualpassung in standardisierten Prozessen zu erreichen – aber es sollte Menschen ermöglicht werden, sich die für die Individualisierung notwendigen Informationen beschaffen zu können. Zusätzlich können Tools bereitgestellt werden, die für eine solche Individualisierung geeignet sind (mehr dazu unter *Tools und ihre Verwendung*).

Im Kontext von Neurodivergenz ist besonders wertvoll, die Wichtigkeit und die Notwendigkeit bestimmter Informationsinhalte zu kennzeichnen. So kennen wir alle die Prozesse, die neue Mitarbeitende von Unternehmen zu Unternehmen in irgendeiner Form durchlaufen müssen: Unterweisungen zu Themen wie Gesundheits- oder Brandschutz, dem Umgang mit der bereitgestellten Technik, Datenschutz … Mehr und mehr wird versucht, diese teils sehr trockenen Inhalte immerhin so zu gestalten, dass sie eine partizipative oder aktivierende Komponente haben. Das kann zum Beispiel die Aufbereitung als Video oder Comic sein, oder auch eine Art Gamification anhand von Testfragen mit motivierenden Rückmeldungen. Solche neueren Formate allerdings bringen neue Nachteile mit sich, da sie sich oft sogar von den ansonsten eingesetzten Prozessen abheben und dadurch für neue Mitarbeitende schwieriger einzuschätzen sind.

Angesichts der schwindenden Aufmerksamkeitsspanne in der breiten Bevölkerung wird außerdem vermehrt zu Video-Tutorials gegriffen. Das Format kann tatsächlich für viele Menschen einen vereinfachten Zugang zu eher komplexen Informationen schaffen, bringt aber ebenfalls Nachteile mit sich, wenn gewisse Rahmenbedingungen nicht berücksichtigt werden. Es ist zum Beispiel je nach Sachverhalt mehr oder weniger schwierig, genau die Geschwindigkeit in der Wiedergabe zu treffen, die für alle zuschauenden Personen passend ist – wenn das überhaupt möglich ist. Auch der Einsatz von Sound-Effekten, sich fortführenden Untertiteln und anderen Animationen ist im Grundgedanken verständlich, wenn es um die Stimulation von Aufmerksamkeit gehen soll, birgt allerdings abermals eher Probleme als Vorteile.

Um zwischen all diesen Präsentationsmöglichkeiten einmal zu differenzieren, sollen nachfolgend einige Optionen gelistet werden, anhand derer eine Entscheidung für oder gegen gewissen Präsentationsformen vielleicht einfacher fällt.

Video

- **Verwendungszwecke**
  - Schritt-für-Schritt-Erklärung einfacher Klickprozesse
  - Einführungsvideos zum Ablauf des ersten Arbeitstages oder zur Urlaubs-/Krankmeldung
  - Allgemeinverständliche Konzeptübersichten mit zusätzlicher schriftlicher Dokumentation
- **Hilfreiche Elemente:**

  - Statische Untertitel, die ganze Satzeinheiten oder Wortgruppen anzeigen, nicht Wort-für-Wort-Aufbau
  - Sparsamer Einsatz von Animationen, insbesondere nur dort, wo keine parallelen kognitiven Anforderungen bestehen
  - Einsatz von Illustrationen statt menschlicher Gesichter bei abstrakten Inhalten
  - Variable Wiedergabegeschwindigkeit (langsamer und schneller)
  - Transkript mit Sprungmarken zur entsprechenden Videostelle

Audio

- Verwendungszwecke:
  - Ergänzende Informationen für bereits bekannte Themen
  - Erinnerung oder Follow-up nach Meetings oder Schulungen
- Hilfreiche Elemente:
  - Klare Struktur (z. B. nummerierte Schritte oder Segmente)
  - Begleitendes Transkript oder Zusammenfassung
  - Einleitung mit Ziel und ungefährer Dauer der Aufnahme
  - Verzicht auf Hintergrundmusik oder ablenkende Soundeffekte

Text

- Verwendungszwecke:
  - Richtlinien, Prozesse, Checklisten
  - Onboarding-Handbuch
  - FAQ-Formate und Nachschlagewerke
- Hilfreiche Elemente:
  - Klare Zwischenüberschriften, Inhaltsverzeichnis, Übersichten
  - Gut gepflegte Suchfunktion und Verschlagwortung
  - Sprache: konkret, aktiv, ohne Metaphern oder Abkürzungen ohne Erklärung
  - Druckmöglichkeit für analoge Nutzung

Workshop

- Verwendungszwecke:
  - Gemeinsames Erarbeiten von Werten, Regeln, Rollen oder Prozessübersichten
  - Reflexion impliziter Erwartungen und Abläufe
- Hilfreiche Elemente:
  - Visuelle Begleitung (z. B. Canvas, Karten, Flipchart)
  - Option auf vorbereitende Materialien oder stille Reflexionsphasen
  - Explizite Einladung zur schriftlichen oder asynchronen Beteiligung
  - Dokumentation der Ergebnisse in zugänglicher Form

Vortrag

- Verwendungszwecke:
  - Wissensvermittlung zu komplexeren Themen oder Strategien
  - Impulsformate zu unternehmensweiten Neuerungen

- Hilfreiche Elemente:
  - Visualisierung der Gliederung (z. B. Agenda-Slides)
  - Mitschrift oder Folienzugang im Nachgang
  - Aufzeichnung mit Transkript oder Video-Zusammenfassung
  - Möglichkeit zur anonymen Fragerunde

Peer-Gruppen

- Verwendungszwecke:
  - Erfahrungsweitergabe auf Augenhöhe
  - Soziales Onboarding und informelle Orientierung
- Hilfreiche Elemente:
  - Klarer Rahmen für die Treffen (Zeit, Thema, Ziel)
  - Moderation oder Ansprechperson bei Einstieg
  - Freiwilligkeit und nicht leistungsbezogen
  - Option auf rein schriftlichen Austausch (z. B. Chatgruppe)

Eigene Erarbeitung

- Verwendungszwecke:
  - Individuelle Wissensvertiefung
  - Vorbereitung auf neue Rollen oder Aufgaben
- Hilfreiche Elemente:
  - Strukturierte Lernpfade mit Wahlmöglichkeiten
  - Kombination aus Theorie, Anwendungsbeispiel und Reflexionsfragen
  - Abgleich mit Praxis: Wo taucht diese Information im Arbeitsalltag auf?
  - Möglichkeit zur individuellen Dokumentation von Fragen oder Lücken

Übersicht

In Kürze: Informationsaufbereitung.

1. **Informationen über mehrere Kanäle bereitstellen**
   Nicht alle Menschen verarbeiten Informationen gleich. Verschiedene Kanäle wie Text, Video, Audio, Grafik oder Gespräche sollten ergänzend statt alternativ gedacht werden.
   Beispiel: Statt nur einem Handbuch eine kurze Videozusammenfassung, eine Checkliste und ein Poster im Büro bereitstellen.
2. **Inhalte klar strukturieren und auffindbar machen**
   In Wissensdatenbanken oder umfangreichen Dokumenten sollten Informationen gut verschlagwortet, logisch gegliedert und durchsuchbar sein.
   Beispiel: „Krankmeldung" ist nicht nur unter „HR-Richtlinien" zu finden, sondern auch als Tag im Mitarbeitenden-Wiki hinterlegt.

3. **Wiederholung und Rückgriff aktiv ermöglichen**
   Neurodivergente Personen profitieren davon, Inhalte mehrfach abrufen und in individuellem Tempo verarbeiten zu können.
   Beispiel: Video-Tutorials mit Transkripten und Sprungmarken bereitstellen, statt nur eine einmalige Live-Schulung zu planen.
4. **Medien gezielt nach Verwendungszweck auswählen**
   Nicht jedes Thema eignet sich für jedes Medium. Format und Umfang sollten danach gewählt werden, wie komplex, sensibel oder dauerhaft relevant der Inhalt ist.
   Beispiel: Für die Erklärung eines Urlaubsantrags reicht eine animierte Schritt-für-Schritt-Anleitung, für Führungsleitlinien eher eine Kombination aus Text und Peer-Diskussion.
5. **Gestaltungselemente inklusiv anlegen**
   Gestaltung beeinflusst Verstehen. Untertitel, variable Abspielgeschwindigkeit, reduzierte Animationen oder klare Sprache sind für viele Menschen kein Add-on, sondern ermöglichen erst Gleichberechtigung und verhindern zusätzliche Energieaufwände.
   Beispiel: „Feste" Untertitel im Video und reduzierte Hintergrundgeräusche.
6. **Erwartbare Fragen antizipieren und auffangen**
   Informationen sollten Antworten auf typische Rückfragen schon enthalten – ohne dass diese erst mühsam erfragt werden müssen.
   Beispiel: Im Dokument zum Diensthandy sind direkt Infos oder Verlinkungen zu Datenschutz, Rückgabe und private Nutzung enthalten.
7. **Analoge Alternativen anbieten, wo möglich**
   Nicht alle Informationen müssen digital vorliegen. Schlüsselinfos zu Rollen, Zuständigkeiten oder Terminen können auch als Ausdruck, Karte oder Aushang verfügbar sein.
   Beispiel: Eine Übersicht über im Bundesland feste Feiertage, wichtige Telefonnummern oder unternehmensweit wichtige Termine der nächsten Wochen.

2.5 Arbeitsbedingungen

Der Begriff der Neurodiversität ist insbesondere Personen im Personalbereich mehr und mehr ein Begriff, oder sie haben zumindest schon einmal davon gehört. Viel häufiger aber als nach „Neurodiversität" – so zeigt es ein schneller Blick in die Google-Suchtrends – wird im Zusammenhang mit Mitarbeitenden oder dem Arbeitsplatz nach bestimmten Diagnosen wie Autismus oder ADHS gesucht. Das hat Vor- und Nachteile, aber tatsächlich wird die Differenzierung nach Diagnose Hindernisse nicht zielführend und auf Neurodivergenz allgemein übertragbar aus dem Weg räumen.

Diversität erfordert individuelle Lösungen

Während Neurodiversität als Sammelbegriff sämtliche auftretende Variationen der menschlichen Neurologie beschreibt, lässt sich einzelnen medizinischen Begriffen (wie beispielsweise ADHS) eine gewisse Gleichartigkeit zuschreiben. Das hängt damit zusammen, dass es sich bei Diagnosen um Konstrukte aus Medizin und Forschung handelt, die mit ihrer Entdeckung eigene Diagnosekriterien bekamen, nach deren Auftreten die Diagnose gestellt werden sollte. Auch die Diagnosekriterien selbst sind in fortlaufender Überprüfung und Überarbeitung und werden von Gremien festgelegt. Gleichzeitig kann genau diese Fokussierung auf bestimmte Diagnosen dazu führen, dass die eigentlich lobenswerten Bemühungen zur Unterstützung jeweiliger Mitarbeitenden nicht zum gewünschten Ergebnis führen – oder sogar das Vertrauensverhältnis stören. Denn auch innerhalb jedes Diagnosebegriffs für diese neurologischen Variationen gibt es so große Unterschiede, dass die gleiche Maßnahme für eine Person erst Teilhabe und Leistung ermöglicht, sie für die andere aber grundlegend ausschließen kann.

Beispiel

Ein Unternehmen nimmt sich vor, Arbeitsbedingungen „neuroinklusiv" zu gestalten. Die Personen im Team, deren Neurodivergenz bekannt ist, sollen ab sofort drei Tage pro Woche remote arbeiten und nicht mehr jeden Tag in das sehr lebendige Büro kommen – das sei für die Konzentration besser und außerdem wisse man, dass die vielen sozialen Begegnungen neurodivergente Menschen erschöpfen.◂

Schon an diesem Punkt gibt es zwei grundlegende Probleme, die typisch sind für leider mangelhafte Inklusionsmaßnahmen. Erstens setzt diese Herangehensweise von Neuroinklusion voraus, dass das Unternehmen genau weiß, welche Personen neurodivergent sind. Das bedeutet, dass sich Personen erst die Chance auf Inklusion durch die Preisgabe von äußerst persönlichen, oft medizinischen Informationen erwerben müssen, die erwiesenermaßen auf gesellschaftlicher Ebene zur Benachteiligung führen. Das heißt, jede Interaktion und jeder Ablauf mit dem Arbeitgeber ist zunächst nicht inklusiv, bis er aufgrund einer Offenbarung durch die Person möglicherweise zu Inklusion hin verändert wird.

Zweitens findet eine Verallgemeinerung statt, die individuelle Bedürfnisse und Stärken nicht berücksichtigt. Eine Person mit Migräne ist ebenso neurodivergent wie eine autistische Person oder jemand mit ADHS. Zwischen diesen drei Personen gibt es schon allein dann sogar gegensätzliche Bedürfnisse, wenn man nur nach den medizinischen Diagnosekriterien geht. Während die Person mit Migräne vielleicht tatsächlich lieber vermehrt zu Hause sein sollte, weil sie außerdem sehr stressempfindlich ist, ist die Person mit ADHS vielleicht sogar darauf angewiesen, den eigenen Fokus durch regelmäßigen belebenden Austausch mit dem Team aufrechterhalten zu können. Die autistische Person hingegen kümmert es vielleicht gar nicht so sehr, ob sie jeden Tag von zu Hause oder im Büro arbeitet, sie hat aber große Schwierigkeiten damit, dass sie nun regelmäßig zwischen den beiden Arbeitsorten hin und her wechseln soll.

In jedem Fall ist die Voraussetzung für Neuroinklusion deshalb, Flexibilität zu ermöglichen und Menschen eine ausreichende Selbstkenntnis darüber zuzutrauen, welche Arbeitsbedingungen ihnen die optimale Arbeitsleistung ermöglicht. Nicht nur, dass ein solches Vorgehen schon für sich allein die Beziehung zu den Mitarbeitenden pflegt: Wenn Anpassungen entlang der Bedürfnisse von neurodivergenten Mitarbeitenden vorgenommen werden, steigert sich damit auch ihre Performance.

Nachfolgend werden einige mögliche Aspekte gelistet, die im Kontext von Neuroinklusion berücksichtigt werden sollten. Die Liste soll lediglich einen ersten Ansatzpunkt dazu liefern, welche Angebote zum Beispiel hilfreich sein könnten. Wichtig ist in der Umsetzung, dass die Maßnahmen selbstbestimmt gewählt werden können, das Angebot aber jeder Person ohne notwendige Nachweise offensteht.

Sensorische Anpassungen

Akustisch

- Bereitstellung von Noise-Cancelling-Kopfhörern oder Ohrstöpseln
- Möglichkeit, den Arbeitsplatz in ruhige Bereiche (z. B. Flur-Ende oder Einzelbüro) zu verlegen
- Vermeidung von Großraumbüros oder alternativ flexible Arbeitsplatzwahl
- Räume mit besserer Akustik (z. B. Teppichboden, Schallschutzwände)

Visuell

- Nutzung von warmem, indirektem Licht statt Neon- oder grellem Deckenlicht
- Möglichkeit zur Dimmung, Lichtabschaltung oder Nutzung eigener Leuchten (z. B. Tischlampe)
- Reduktion visueller Ablenkungen durch Trennwände, Vorhänge oder gezielte Platzierung im Raum
- Einsatz von Sonnenbrillen oder Jalousien zur Selbstregulation

Gerüche bzw. olfaktorisch:

- Duftneutrale Büros (z. B. keine Parfüms, Duftkerzen, Raumsprays, stark riechende Essensreste)
- Teammitglieder sensibilisieren für starkes Parfüm oder duftende Kosmetika
- Möglichkeit, selbst regulierende Gerüche zu nutzen (z. B. eigenes Parfüm als Reizkontrolle)

Taktil & Raumklima:

- Möglichkeit zur Anpassung der Raumtemperatur oder individueller Temperaturzonen

- Persönliche Lüfter oder Heizgeräte, wo möglich
- Anpassung der Kleidungserwartungen (z. B. keine Pflicht zu bestimmten Stoffen oder Dresscodes)

Bewegung

- Bereitstellung von Fidget Toys oder taktil angenehmen Objekten
- Treadmill Desks oder Stehschreibtische für mehr körperliche Regulation
- Bewegungsfreundliche Arbeitsumgebung (z. B. kurze Spaziergänge möglich)

Soziale Batterie

- Rückzugsräume für Pausen, z. B. stille Räume zum „Runterkommen"
- Möglichkeit, in eigenem Tempo soziale Kontakte aufzubauen
- Arbeitsplatzwahl in Nähe oder Distanz zu anderen, je nach eigenem Bedürfnis (nicht dem der anderen)
- Keine Verpflichtung zu Teammittagessen oder Small Talk

Selbstbestimmtes Arbeiten

- Eigene Wahl bzw. Mitspracherecht bezüglich des Arbeitsorts (Büro, remote)
- Eigene Wahl der Arbeitsausstattung, zum Beispiel über ein festes Budget pro Person
- Asynchrone Arbeitszeiten für mehr Selbstwirksamkeit und Fokusphasen
- Pausen flexibel und selbstbestimmt gestaltbar
- Selbstbestimmte Gestaltung des eigenen Arbeitsplatzes
- Transparente Kommunikation über Erwartungen und Veränderungen
- Regelmäßige, niederschwellige Gespräche über mögliche Anpassungsbedarfe
- Anpassungen nicht als Sonderlösung, sondern als Teil gelebter Vielfalt kommunizieren

Im Jahr 2024 haben sich dankenswerter Weise mit Weber et al. einige Forschende zusammengetan und einmal 20 verschiedene Studien aus den Jahren 2000 bis 2021 durchkämmt, die sich mit der Anpassung der Arbeitsbedingungen für neurodivergente Menschen befassen. Die Ergebnisse haben ihre Limitationen, da unter den Begriff von „Neurodivergenz" mehr als nur die zumeist berücksichtigten Diagnosen von Autismus und ADHS gehören und über die beiden Diagnosen hinaus aber in den untersuchten Studien nicht geforscht wurde. Allerdings zeigt dieses sogenannte systematische Review sehr eindrücklich, welche Effekte das Ausbleiben von Anpassungen haben kann. Tatsächlich hat die mangelnde Anpassung der Arbeitsbedingungen auch ein generell schlechteres Arbeitsklima zur Folge, was die Karrierechancen der betroffenen Personen verschlechtert, sie in einen Zustand der Überforderung bringt und zusätzlich stigmatisiert, da sie ja nicht so „funktionieren" wie andere Mitarbeitende.

Neurodivergente Mitarbeitende schaffen es ohne Anpassungen dann nicht, ihre Position zu halten – nicht aufgrund fachlicher Mängel, sondern allein aufgrund der Rahmenbedingungen, die nicht passend gestaltet werden. Besonders hervorzuheben ist aber, dass diese Anpassungen von Person zu Person unterschiedlich waren und eine pauschale Anpassung, wie zum Beispiel die Nutzung eines Einzelbüros fern von restlichen Teammitgliedern, sogar den Bedürfnissen der Studienteilnehmenden entgegenstanden, auch wenn die gleiche Möglichkeit für andere eine Grundvoraussetzung für erfolgreiches Arbeiten wäre.

Im Grunde ist es eigentlich auch ganz logisch, dass Menschen bei passenden Arbeitsbedingungen auch entsprechend besser arbeiten und damit leisten können. Man stelle sich vor, ein*e Herzchirurg*in solle in einem wackelnden, alten Eisenbahnwagon die gewünschten Operationen durchführen, oder Feuerwehrpersonal solle die Einsätze ohne Brand- und Hitzeschutzkleidung bestreiten. Der Unterschied in der Wissensarbeit ist, dass wir die Prozesse nicht immer an motorischen Ergebnissen nachvollziehen können – und nur jede Person selbst für sich einschätzen kann, wie sehr sie sich in verschiedener Umgebung oder mit verschiedenen Hilfsmitteln fokussieren kann.

Übersicht

In Kürze: Arbeitsbedingungen.

1. **Wahlmöglichkeiten für unterschiedliche Reizbedürfnisse**
   Reizverarbeitung funktioniert individuell. Die einen brauchen Rückzug, andere gleichmäßige Geräuschkulisse oder visuelle Stimulation. Standardlösungen wie Großraumbüros oder fixierte Schreibtischplätze erzeugen unnötige Belastung.
   Beispiel: Mitarbeitende wählen frei zwischen Einzelarbeitsplätzen, offenen Bereichen, Homeoffice oder der Nutzung von Noise-Cancelling-Kopfhörern – ohne Rechtfertigungspflicht.
2. **Reiz- und Energiemanagement mit als Führungsaufgabe anerkennen**
   Reizverarbeitung und Energiehaushalt beeinflussen Konzentration, Sozialverhalten und Performance. Führung sollte darauf auch im Alltag aktiv Rücksicht nehmen.
   Beispiel: „Welche Termine brauchst du live? Welche Aufgaben willst du lieber in Ruhe und zeitversetzt erledigen? Wo brauchst du Puffer oder Abschirmung?“
3. **Klare Strukturen ohne starre Kontrolle**
   Klare Abläufe geben Orientierung. Aber sie müssen Spielräume lassen, um individuellen Rhythmen bei beispielsweise schwankenden Energieleveln gerecht zu werden.
   Beispiel: Statt „Tägliche Anwesenheit ab 9 Uhr“ wäre besser „Zwischen 10 und 14 Uhr sind alle erreichbar, Mittagspause ausgenommen. Davor und danach steuerst du deinen Arbeitstag selbst“.
4.

Arbeitsmodalitäten transparent und vorab kommunizieren
Unklare Regeln, unausgesprochene Erwartungen oder spontane Änderungen verursachen Stress. Gerade neurodivergente Mitarbeitende profitieren von Vorab-Kommunikation.

Beispiel: Zum Arbeitsbeginn gibt es einen schriftlichen Ablauf mit Zeiten, Aufgaben, Räumen und optionalen Angeboten, inklusive Hinweis auf Flexibilisierungsmöglichkeiten.

5. **Raum für Selbstregulation ermöglichen**
Bewegung, Pausen, Haltung und Reizsteuerung sind nicht nur „nice to have", sondern funktionale Mittel der Selbststeuerung. Ihre Nutzung sollte sichtbar erlaubt und praktisch unterstützt werden.

   Beispiel: Es gibt Fidget Toys, Stehschreibtische, Rückzugssofas oder kurze Spaziertermine im Kalender, keine dieser Optionen muss beantragt oder begründet werden.

6. **Soziale Integration von Freizeit entkoppeln**
Nicht jede Pause muss gemeinsam verbracht werden. Die Integration ins Unternehmen ist notwendig, aber sollte nicht durch implizite Normen in die Freizeit der Personen fallen.

   Beispiel: „Wir essen oft gemeinsam – du bist herzlich eingeladen, aber Pausen allein sind bei uns genauso okay."

7. **Regelmäßige Gespräche über Arbeitsgestaltung für alle**
Anpassungen werden nicht als Ausnahme behandelt, sondern als selbstverständlicher Teil des Miteinanders. Regelmäßige Gespräche helfen, Bedarfe früh zu erkennen.

   Beispiel: „Wie funktioniert dein aktueller Arbeitsplatz für dich? Was könnten wir anpassen?"

2.6 Feedback

Nicht nur wie wir Feedback geben, sondern auch wie wir Feedback betrachten, hat sich in den vergangenen Jahren gewandelt. Von strikten Performance-Bewertungen hin zu sozialem Dialog ist längst nicht mehr jedes Feedback auch direkt karriererelevant. Das hat seine guten Seiten – und seine Risiken.

Eine Sichtweise beschreibt Feedback als Geschenk und entsprechend diesem Bild wird es dann auch gehandhabt. Das heißt, Feedback wird dann gegeben, wenn das Angebot dafür angenommen wurde oder wenn aktiv danach gefragt wurde. Der empfangenden Person bleibt es überlassen, dieses Geschenk anzunehmen oder es abzulehnen, ohne dass diese Entscheidung weitere Konsequenzen hätte, die über das zukünftige Handeln der empfangenden Person hinausgehen.

Andere Perspektiven vertreten den Standpunkt, dass Feedback ein grundsätzlicher und notwendiger Prozess für jede Art von Fortschritt ist und Feedback anzunehmen sei, weil es eine Lücke in der Selbstwahrnehmung schließt und die empfangende Person daher gar keine Kompetenz hätte, sich anders zu entscheiden. Feedback ist dann nur ein anderes Wort für eine Arbeitsanweisung, wird aber unter dem Mantel von Feedback verpackt, um einen sozialen Vertrag zumindest auf dem Papier einzuhalten.

Dazwischen und darüber hinaus gibt es aber je nach Organisation viele weitere Definitionen, die manchmal explizit so festgelegt sind, manchmal implizit von Person zu Person anders ausgelegt werden. Die Komplexität dessen, wie Feedback zielführend übermittelt werden kann, zeigt sich in der Vielzahl verschiedener Sachbücher zu diesem Thema, seien es Werke wie *Radical Candor* oder die Variationen von Hilfswerken rund um „difficult" (schwierige) oder „crucial" (entscheidende) Gespräche.

Auch außerhalb des operativ ausgeführten „Wie", also den Mustern, Formulierungen und Einzelheiten des spezifischen Feedbacks, bewegen wir uns gerade im beruflichen Kontext aber zusätzlich in einem Feld von komplexen Machstrukturen, die den Charakter von gegebenem Feedback bereits für sich beeinflussen. Als Person im Angestelltenverhältnis wird Feedback immer zu einem größeren oder kleineren Teil in die Selbstbewertung, oft sogar in die Fremdbewertung der eigenen Arbeitsergebnisse einfließen. Selbst wenn Feedback laut interner Angaben theoretisch abgelehnt oder nur freiwillig für sich akzeptiert werden darf, bleibt doch die Frage: Was aber, wenn ich dann wieder Fehler mache, weil ich das Feedback eben nicht annehmen möchte? Was passiert mit Teammitgliedern, die an ihrem Verhalten festhalten und auf Feedback nicht reagieren, weil es eben fest etabliert nur ein „Geschenk" ist? Wie gehen Führungskräfte damit um, wenn sie ein äußerst wichtiges Feedback geben müssen, ihr Teammitglied sich aber vielleicht zurzeit nicht in der emotionalen Lage fühlt, überhaupt Feedback zu hören, und schließlich auch noch nicht weiß, wie wichtig dieses Feedback ist? Wann also wird Feedback zum Machtinstrument und wann bleibt es ein Tool zur persönlichen Weiterentwicklung unabhängig des Vertragsstatus in der aktuellen Organisation?

Die aufgeworfenen Fragen lassen ahnen, welche Schwierigkeiten sich für Menschen ergeben, die tägliche Situationen sozial, kognitiv und emotional anders erleben und bewerten.

Beispiel

Die aktuelle Marketing-Managerin des eigenen Teams pitcht die neue Kampagne vor dem Team des zahlenden Unternehmens. Während des Termins zieht eine der Personen immer wieder die Augenbrauen hoch und atmet gepresst aus. Einmal lehnt sie sich sogar zurück und legt dabei die Hände hinter dem Kopf zusammen. Die Marketing-Managerin macht unbeirrt weiter, denn sie kennt die Kampagne und weiß aus ähnlichen Projekten, dass sie hervorragend funktioniert. Ihre Führungskraft ist mit dabei im Termin und beobachtet das Geschehen mit wachsendem Unbehagen. Sie fühlt sich daran erinnert, wie sie vor einigen Jahren in einem Pitch den Kurs nicht gewechselt hat und anschließend nach und nach in immer weniger Projekten eingesetzt wurde, weil ihre Idee nicht funktioniert hatte. Sie zieht die Marketing-Managerin nach dem Termin zur Seite und fragt sie eindringlich, ob sie die Körpersprache der Anwesenden nicht bemerkt hätte. Die Marketing-Managerin erwidert nur, sie habe nichts Besorgniserregendes festgestellt. ◂

Wer wird in diesem Beispiel neurodivergent gelesen und warum? Tatsächlich lässt sich allein aufgrund dieses Szenarios nicht sagen, ob hier überhaupt Neurodivergenz eine Rolle spielt. Es könnte durchaus sein, dass die Marketing-Managerin neurodivergent ist und die Körpersprache der Anwesenden einfach nicht genau bemerkt oder falsch bewertet hat, oder zu überzeugt von sich war, oder von anderen Teilnehmenden abgelenkt war … Oder ist vielleicht die Führungskraft neurodivergent, hat nur einen Teil der Körpersprache richtig gelesen und nicht in Kontext gesetzt, oder wertet sie die eigenen Erfahrungen und Beobachtungen als richtiger als die ihrer Marketing-Managerin, oder hat sie vielleicht in diesem Moment gerade eine traumatisch bedingte Erinnerung gehabt, die die heutige Situation dramatischer hat wirken lassen, als sie war?

Das Beispiel soll zeigen, dass Feedback in diesem Moment wichtig und richtig sein könnte, oder aber aufgrund der bestehenden Machstruktur (Führungskraft > Mitarbeitende) sogar kontraproduktiv sein könnte, wenn die Marketing-Managerin es einfach annehmen würde. Es ist möglich, dass die Führungskraft Recht hatte und sie mit einem Feedback zu mehr Beobachtung der Anwesenden zukünftige Verluste verhindern könnte, der Marketing-Managerin einen wichtigen und karrierefördernden Hinweis gegeben hätte. Es ist ebenso möglich, dass die Marketing-Managerin einfach selbstbewusster auftrat, die Reaktion der anwesenden Person vielleicht eigentlich Bewunderung ausdrückte oder sie sich in Zukunft sonst von einer zweifelnden Person so ablenken lassen würde, dass sie die anderen begeisterten Anwesenden aus den Augen verlieren würde.

Bevor sich also mit der Optimierung des Feedbackprozesses befasst wird, sollten Organisationen sich klarmachen, in welchem Maß Feedback überhaupt Platz in der Organisation hat – und inwiefern es sich um Anweisungen handelt, deren Befolgung die langfristige Beschäftigung überhaupt erst weiter ermöglicht. Letzteres sollte außerdem sehr klar expliziert werden, d. h.: In welchen Terminen ist „Feedback" karriererelevant, in welchen ein persönliches „Geschenk"? Welche Personen dürfen wem Feedback geben, und in welcher Form? Inwiefern sind verschiedene Gruppen von Menschen im Unternehmen angehalten, Feedback anzunehmen – und wer nicht? Je klarer diese Feinheiten intern differenziert und kommuniziert werden, desto entschiedener und mutiger können Mitarbeitende folgend mit Feedback umgehen. Das heißt auch: Erst dann werden mögliche interpersonelle Konflikte aufgrund von Feedback auf eine Ebene bewegt, auf der sich tatsächlich mit den persönlichen Aspekten einer Auseinandersetzung befasst werden kann, anstatt mit den eigentlich dahinterliegenden, impliziten Machtdynamiken.

Für neurodivergente Menschen kann Feedback zusätzlich zu den ohnehin komplexen Dynamiken zur besonderen Stressquelle werden. Das heißt nicht, dass neurodivergente Menschen kein Feedback erhalten sollen oder wollen, oder sie eine Entschuldigung haben, Feedback nur konfrontativ an andere zu geben. Allerdings stützen sich Feedbackformate ohnehin auf eine Vielzahl von impliziten sozialen Codes, unausgesprochenen Erwartungen oder vagen Formulierungen. Hinzu kommt häufig, dass das Feedback sich lediglich an die „erprobte" und maskierte Version der Person richtet, mit der sie bereits nur das emulieren wollte, was wohl die Erwartungen des Umfelds trifft. Es kann also sein, dass die Person – könnte sie authentisch auftreten, selbst wenn sie dann „eigenartig" wirkt – dieses Feedback gar nicht nötig hätte und sogar gegenteilig handeln würde, nun aber selbst in der maskierten Verhaltensstrategie keine Lösung gefunden hat. Vielleicht nimmt sie dann mit, dass sie in diesem einen Aspekt „sie selbst" sein darf, was allerdings abermals Konflikte hervorruft. Bis zu welchem Grad und in welchen Kontexten ist nun das intuitive Verhalten erwünscht, und wo ist die Grenze? Was sollte maskiert werden, was nicht?

Im Leben neurodivergenter Menschen kommt es außerdem vermehrt vor, dass Rückmeldungen mehr verletzen als helfen – sowohl wenn sie Feedback empfangen, als auch wenn sie eigene Beobachtungen teilen. Nach und nach entwickeln sich dann Schutzstrategien, die sich manchmal nach außen zeigen, manchmal aber auch lediglich nach innen richten. Das können zum Beispiel verstärkte Selbstkritik, intensiveres Masking oder sogar der soziale Rückzug sein, wenn das Gefühl zu groß wird, dass keine der Verhaltensvarianten je positiv aufgenommen und die Person stets missverstanden wird. Die Anpassungsstrategien nach außen fallen hingegen eher da auf, wo sie noch nicht perfektioniert sind oder nicht perfekt werden können: in der Art, welche Fragen gestellt oder nicht mehr gestellt werden, wie flexibel sich eine Person zeigt, wie sie mit Stress umgeht, wie die Tonlage ausfällt, wie verlässlich Termine eingehalten werden … Im Onboarding wirkt sich beides besonders deutlich aus: In dieser Phase ist das Bedürfnis nach Orientierung, Bestätigung und Sicherheit besonders hoch. Und gleichzeitig trauen sich viele neu eingestiegene Mitarbeitende dann noch nicht, aktiv nach Feedback zu fragen, Unsicherheiten oder negative Wahrnehmungen anzusprechen. Nicht nur, dass sie ohnehin ein neues System kennenlernen und dabei auch ohne Neurodivergenz ganz selbstverständlich Fragen aufkommen – zusätzlich ist es unmöglich auseinanderzuhalten, ob die aufkommenden Anmerkungen „legitim" genug sind, d. h. auch einer neurotypischen Person einfallen würden, oder ob sie in der Wahrnehmung der Person selbst allein aufgrund ihrer Neurodivergenz (und des damit verbundenen, gefühlt von Grund auf „falschen" Denkens) aufkommen.

Was zusätzlich gern übersehen wird, ist der tiefgehend bilaterale Charakter von Feedback. Feedback ist keine neutrale Technik, bei der objektive Informationen zwischen zwei Standpunkten ausgetauscht werden, sondern ein sozialer Akt, der auf subjektiver Wahrnehmung und Meinung basiert. Damit ist Feedback wie jede andere Wahrnehmung und Kommunikation stark geprägt von den Normen, die die jeweiligen Personen bisher begleitet haben. In sozialen Medien gibt es inzwischen zahlreiche Accounts von Creator*innen, die zwischen dem suggestiven „Corporate Lingo" und den tatsächlichen Aussagen übersetzen und mit Satire betonen, wie codiert die Sprache im Unternehmenskontext häufig ist. Das hängt natürlich auch von der Branche, Unternehmensgröße und anderen Faktoren ab, allerdings sind gerade Feedbackprozesse tatsächlich häufig von eher unklaren, suggestiven Aussagen belastet. Zusätzlich sind neurotypische Menschen es eher gewohnt, zwischen den Zeilen und mit Subtext zu kommunizieren. Aussagen wie „Ich hätte mir ein bisschen mehr Initiative gewünscht" oder „Da war noch Luft nach oben" sollen dann vielleicht Feedback motivierend oder diplomatisch verpacken, erzeugen aber umso mehr bei neurodivergenten Mitarbeitenden eher noch massive Verunsicherung, als wenn tatsächlich faktische Beobachtungen gemacht und beschrieben werden. Und wenn jemand außerdem Sprache wortwörtlich versteht oder Schwierigkeiten hat, aus Tonfall, Mimik und Kontext die eigentliche Botschaft herauszulesen, wird auch die dahinter versteckte Aufforderung vielleicht gar nicht deutlich, sondern bleibt eine persönliche Beobachtung der Feedbackgebenden, mit der die empfangende Person nichts zu tun hat.

Stattdessen braucht es deshalb eine Feedbackkultur, die Klarheit, Verlässlichkeit und Dialogorientierung in den Mittelpunkt stellt.

Das bedeutet:

- Feedback sollte in aller Regel angekündigt, nicht spontan erfolgen. Die Möglichkeit zur Vorbereitung und ein festes Terminfenster machen es einfacher, die Hinweise aufzunehmen und zu verstehen.
- Die Rückmeldung sollte beobachtbare und veränderbare Aspekte beschreiben. Was ist aufgefallen? Was ist passiert? Welche Reaktion folgte auf welches Verhalten? Welche Anpassung könnte das verändern? Wie sieht der nächste konkrete Schritt aus?
- Feedback sollte immer spezifisch sein, d. h.: Es reicht in professionellen Beziehungen nicht aus, eigene Gefühle und Annahmen als Feedback ohne objektiv nachvollziehbare Auslöser zu teilen. Wenn ein Gefühl aufgrund einer bestimmten Aussage, Abfolge oder eines Verhaltens aufkam, sollte das auch so spezifisch kommuniziert werden – ohne dass die Verantwortung für das Gefühl bei der anderen Person gesehen wird.
- Das Gespräch sollte einen Dialog anregen, Rückfragen sind erwünscht. Nicht alle verstehen beim ersten Hören sofort, was gemeint ist, besonders wenn sie parallel mit Reizverarbeitung oder der Regulierung von Gefühlen beschäftigt sind.
- Feedback sollte über den Weg gegeben werden, der für die empfangende Person am hilfreichsten ist. Für manche Personen ist das ein Gespräch, für andere eine Nachricht, für wieder andere eine aufgenommene Videonachricht.

Grundsätzlich gilt für die Kommunikation, dass Kompetenzen auch durch Vorleben bzw. Beobachtung erworben werden können. Wer selbst aktiv nach Feedback fragt, zeigt damit den anderen, dass Feedback echten Wert für die Person hat. Wer offene Fragen stellt, erfährt mehr über die Gedanken anderer. Fragen wie „Welche Situationen gab es, in denen du unsicher warst, wie etwas gemeint war?“, „Wo siehst du Wege, weniger Energie aufbringen zu müssen?“ können nicht nur die Prozesse für alle verbessern, sondern bieten gleichzeitig die Möglichkeit zum Reframing der Beobachtungen, die die Person bisher vielleicht als zu versteckende „Fehler“ für sich gesehen hat. Wenn Mitarbeitende merken, dass ihre Perspektive wirklich (!) zählt und nicht automatisch als Kritik aufgefasst wird, wächst auch die Beziehung zwischen Arbeitgeber*in und Mitarbeitenden. Dabei muss nicht jedes Feedback zu einer Veränderung von Verhalten oder Prozessen führen, eröffnet aber mindestens einen Raum, in dem mögliche Anpassungen gemeinsam besprochen werden.

Eine inklusive Feedbackpraxis erkennt also an, dass nicht alle Menschen gleich ansprechbar oder gleich belastbar sind, oder die gleichen Inhalte auf die gleiche Art interpretieren. Feedback, das im unpassenden Moment oder auf die nicht passende Art und Weise übermittelt wird oder sogar entgegen der Wünsche der anderen Person, ist nicht nur potenziell verloren, sondern hat darüber hinaus das Potenzial, die beidseitige Beziehung zu schädigen – viel mehr noch, als wenn es nur unklar übermittelt wird.

Übersicht

In Kürze: Feedback.

1. **Mach den Feedbackrahmen explizit – in alle Richtungen**
   Neurodivergente Mitarbeitende benötigen Orientierung darüber, wann, warum und in welchem Modus Feedback stattfindet. Überraschendes oder implizit formuliertes Feedback erhöht die emotionale Belastung.
   Beispiel: Statt spontan „Ich hätte mal kurz was zu deinem Verhalten …“ → „Ich möchte dir heute ein strukturiertes Feedback geben, das für dein Performance-Review relevant wird. Wir schauen gemeinsam, was für dich passt, was du behalten willst, und was du ggf. anders machen willst.“
2. **Wirkung von Absicht trennen**
   Abweichende Mimik, Sprachmelodie oder Direktheit sind kein verlässlicher Hinweis auf Haltung oder Intention. Entscheidend ist, wie Aussagen gemeint sind – nicht, wie sie auf neurotypische Ohren wirken.
   Beispiel: Statt „Du warst gestern sehr kalt im Meeting“ → „Als du im Termin [Satz X] gesagt hast, haben sich einige im Publikum plötzlich gegenseitig angeschaut und wirkten verwirrt auf mich – magst du erzählen, wie du das gemeint hast?“
3. **Gib prozessbezogenes, beobachtbares Feedback**
   Rückmeldungen zu Verhalten sollten auf konkreten Situationen basieren, nicht auf abstrakten Zuschreibungen oder Persönlichkeitsbewertungen.

Beispiel: Statt „Du solltest an deiner Außenwirkung arbeiten" → „Du hast innerhalb von zehn Minuten drei starke Argumente geliefert. Ich habe gemerkt, dass mir eine kurze Pausen dazwischen geholfen hätte, dir besser zu folgen."

4. **Feedback auch schriftlich oder asynchron anbieten**
   Verzögerte Informationsverarbeitung, Ablenkbarkeit oder emotionale Reaktion können dazu führen, dass Feedback nicht vollständig aufgenommen wird. Schriftliche Formen ermöglichen wiederholtes Nachlesen und gezieltes Nachfragen.
   Beispiel: Nach einem Gespräch: „Ich schicke dir die wichtigsten Punkte noch mal per Mail. Wenn dir noch etwas auffällt oder unklar bleibt, sag gern Bescheid."
5. **Unterscheidung zwischen persönlicher Entwicklung und Karriererelevanz**
   Nicht jedes Feedback hat dieselbe Konsequenz. Wer den Unterschied kennt, kann Feedback besser einordnen und emotional verarbeiten.
   Beispiel: „Das Folgende ist nicht bewertungsrelevant. Es geht um eine Perspektive, wie du deine Rolle vielleicht weiter ausfüllen könntest, wenn du möchtest."
6. **Kompensatorisches Verhalten bei der Bewertung**
   Viele neurodivergente Menschen zeigen Maskierungsstrategien. Feedback sollte Masking nach Möglichkeit nicht belohnen, sondern sich auf reale Intentionen und Wirkungen beziehen – mit der Offenheit, dass Absicht nicht gleich Wirkung ist.
   Beispiel: „Mir ist aufgefallen, dass du oft zustimmst, aber später noch mal schriftlich andere wichtige Punkte einbringst – willst du lieber direkt schriftlich Rückmeldung geben oder können wir die Termine anders gestalten, damit du auch im Termin bereits alle deine Ideen einbringen kannst?"
7. **Feedbackkultur organisationsweit und sichtbar gestalten**
   Alle Beteiligten sollten wissen, wann Feedback erwünscht, erlaubt oder verpflichtend ist und in welcher Form es übermittelt wird. Das schafft Sicherheit und Vergleichbarkeit.
   Beispiel: Im Teamhandbuch steht: „Feedbackgespräche finden alle sechs Wochen statt, freiwilliges Peer-Feedback ist zusätzlich möglich. Wer schriftliches Feedback bevorzugt, kann das im eigenen Profil angeben."

2.7 Kompensationsstrategien

Als Menschen sind wir in der Lage, wahrgenommene Defizite auf scheinbar übermenschliche Weise zu kompensieren. Von Kindheitsalter an entwickeln wir Strategien, um eigene Unsicherheiten, Verletzlichkeit oder gefühltes Risikoverhalten von uns zu kompensieren. In den meisten Fällen dient Kompensation in irgendeiner Weise als Schutzfunktion; sei es, dass wir uns mehrere Wecker stellen, um pünktlich zur Arbeit zu kommen, früher loszufahren, eine Präsentation optisch ansprechender zu gestalten, wenn wir uns mit den

Inhalten nicht ganz sicher sind, oder aber: dass wir uns anders verhalten, als wir das intuitiv tun würden und uns neue Kompetenzen aneignen, die wir nicht bereits innehaben, weil wir ansonsten eine Ausgrenzung oder ein Zurückbleiben befürchten. Dabei ist sehr individuell, welche unserer Eigenschaften oder Verhaltensweisen wir durch Kompensation verändern wollen. Ebenso individuell sind die Wege, die wir dafür wählen.

Für das Verständnis von neurodivergenten Kompensationsstrategien (oder Kompensation allgemein) ist wichtig, diesen Aspekt der individuellen Wahrnehmung ebenso zu berücksichtigen wie von außen bestehende soziale oder kulturelle Zwänge. Denn nicht alles, was für eine Person selbst kompensationswürdig scheint, wird auch von anderen Menschen als mögliche Schwäche gesehen. Und gleichzeitig wird der Drang nach Kompensation im sozialen Kontext meist erst verspürt, wenn der Eindruck entstanden ist, dass man andernfalls äußeren Ansprüchen nicht gerecht wird.

Für neurodivergente Menschen heißt das, dass sie oft über Jahre hinweg Strategien entwickeln, um in neurotypisch geprägten Umgebungen ebenfalls neurotypisch zu wirken. Dabei geht es nicht um böswillige Täuschungsversuche, sondern um Strategien des Überlebens und der sozialen Akzeptanz. Die ständigen Kompensations- und „Übersetzungs"-Leistungen hin zu neurotypischer Kommunikation helfen, soziale Ablehnung zu vermeiden, Erwartungen zu erfüllen oder schlicht durch den Arbeitsalltag zu kommen.

Eine der bekanntesten Formen ist das sogenannte Masking (auch „Camouflaging" genannt), also das bewusste oder unbewusste Verbergen eigener neurodivergenter Verhaltensweisen. Dabei geht es nicht um die vorübergehende oder kontextbezogene Anpassung, die fast alle Menschen einsetzen, sondern eine tiefgreifende Auslöschung eigener Gefühle, Vorlieben und Verhaltensweisen.

▶ **Definition** Masking beschreibt den Einsatz von spezifischen kognitiven und Verhaltensstrategien von neurodivergenten Personen, um mit der neurotypisch orientierten Welt umzugehen oder sich ihr anzupassen (vgl. Goscicki et al., 2025). Wenn Menschen stark maskieren, entsteht auch diagnostisch eine Diskrepanz zwischen dem, was Menschen innerlich erleben und fühlen, und was von außen beobachtbar oder messbar wird.

Auch wenn Masking auf Außenstehende vielleicht wie ein sozial unsicheres oder unauthentisches Verhalten wirken mag, ist es im Gegenteil eher ein Zeichen hoher sozial-kognitiver Kompetenz – insbesondere im Bereich der emotionalen Intelligenz (vgl. Robinson et al., 2020).

Ganz klassisch gehört dazu zum Beispiel, dass eine Person sich zu Blickkontakt zwingt, obwohl er unangenehm oder aufgrund der wahrgenommenen Intensität sogar körperlich schmerzhaft für sie ist. Auch scheinbar „selbstverständliche" Dinge, wie ein sogenanntes passives Lächeln beim Zuhören in Gesprächen, wird einstudiert, bewusst eingesetzt und das eigene Emulieren von neurotypischem Verhalten permanent innerlich überwacht. Durch jahrelange negative Erfahrungen wurde oft verinnerlicht, dass es im

Gespräch wichtiger ist, „aufmerksam“ oder „freundlich“ zu wirken, selbst wenn das davon abhält, die Inhalte zu erfassen, und man eigentlich überfordert oder gedanklich völlig woanders ist. Masking kann bei den Ausmaßen, in denen es von neurodivergenten Menschen eingesetzt werden muss, mit einer erhöhten psychischen Belastung, Depressionen und sogar dem kompletten Verlust des Gefühls für sich selbst einhergehen – insbesondere, weil es über längere Zeit oder gar lebenslang schon unbewusst betrieben wird (vgl. Robinson et al., 2020). Auch aus der Forschung rund um Angststörungen und Depressionen ist bekannt, dass das Internalisieren von Gefühlen das Risiko für negative gesundheitliche Auswirkungen stark erhöht, und das nicht nur auf psychischer Ebene.

▶ **Wichtig** Die Gründe für Masking im Berufsalltag sind vielfältig: Häufig wollen neurodivergente Personen sich besser verständlich machen, ernst genommen werden oder schlicht Anschluss finden. Ziel ist also nicht Täuschung, sondern Akzeptanz. Besonders weiblich sozialisierte Menschen berichten, dass sie in universitären oder beruflichen Settings ein höheres Maß an Masking anwenden, um nicht als „anders“ aufzufallen oder ausgegrenzt zu werden (Cage & Troxell-Whitman, 2019).

Eine andere Form der Kompensation besteht darin, überdurchschnittlich gut vorbereitet zu sein. Sehr gängige Beispiele dafür finden sich im Bereich Autismus und ADHS, auch wenn diese Strategien auch von anderen Menschen eingesetzt werden. Für autistische Menschen zum Beispiel ist es hilfreich, schon vor dem Besuch bestimmter Veranstaltungsorte oder der Teilnahme an Veranstaltungen sowohl den Ort als auch eventuelle Gesprächspartner*innen zu kennen. Sie lesen sich vielleicht vor dem ersten Arbeitstag bereits mit deutlich höherem Zeitaufwand in die Unternehmensstruktur ein, erstellen sich Listen mit möglichen Fragen oder recherchieren die Hobbys, die die zukünftigen Teammitglieder in der Vorstellung per E-Mail bereits angegeben haben. Dieses Verhalten ist meist abermals das Resultat eines Sicherheitsbedürfnisses. Für manche autistische Menschen ist das auch lediglich eine Art Routine, mit der sie sich gut fühlen – für andere kann es aber eben eine Vermeidungsstrategie sein, um beispielsweise negative Erfahrungen in den ersten Tagen zu vermeiden. Inwiefern es sich hier also um eine Art von „Self Care“ handelt oder eine sogenannte maladaptive Bewältigungsstrategie, bleibt allein den Menschen selbst und eventuell ihren neurodivergenz-sensiblen, therapeutischen Begleitungen überlassen – ein Urteil darüber steht anderen Menschen nicht zu. Während diese Strategien bzw. ihr Ergebnis des „schnellen Zugangs“ zum neuen Team und Unternehmen oft auch als besonders engagiert wahrgenommen werden können, sollte der Aufwand und die investierte Energie dahinter nicht unterschätzt werden, ganz gleich, aus welcher Motivation heraus die Strategien eingesetzt wurden.

Auch wenn es zunächst konträr scheint, entwickeln aber auch Menschen mit ADHS oft aufwendige Selbststrukturierungssysteme und legen vielleicht sogar viel Wert auf sehr klare Absprachen und Strukturen, um ihre eigenen Schwächen ausbalancieren und ihre

Arbeitsfähigkeit sichern zu können. Das können zum Beispiel detaillierte Kalender sein, Meeting-Protokolle, kleinteilige To-do-Listen oder das Vermeiden von und Pausieren mitten in komplexen Abläufen, die andernfalls zu viele Schritte auf einmal erfordern. Manche Personen vermeiden vielleicht Meetings oder nutzen Kamera-aus-Situationen, weil sie ihre eigene Impulsivität sehr gut kennen und sonst zu viele Verpflichtungen eingehen oder sich von zu vielen Ideen mitreißen lassen.

> **Wichtig** Es sollte immer bedacht werden, dass Diagnosen im Spektrum der Neurodivergenz keine weiteren Diagnosen oder weitere Neurodivergenz ausschließen. Eine Person mit einer ADHS-Diagnose kann außerdem autistisch sein, dyslexisch sein, OCD oder eine komplexe posttraumatische Belastungsstörung haben, und das auch, wenn sie das selbst vielleicht gar nicht über sich weiß oder die Diagnosekriterien gerade *aufgrund* ihrer bisher hohen Kompensationsfähigkeit nicht erfüllt.

Diese konstante, für Kompensation aufgebrachte Energie ist indes vor allem innerhalb der Systeme tatsächlich notwendig, in der sich Menschen im Beruf bewegen. Für sich betrachtet ist es nicht schlimm, viele Projekte gleichzeitig zu haben – so ist für jede Stimmung und jede Tageszeit die Möglichkeit gegeben, dennoch eigene Projekte voranzubringen, wenn gerade ein anderes nicht zur aktuellen Motivationslage passt. Allerdings bedarf es zur gemeinsamen Zielerreichung (und natürlich, wenn es um den Austausch von Dienstleistungen oder Gütern geht) eben auch gemeinsame Absprachen, an die sich beide Seiten halten. Im Arbeitskontext sind das in aller Regel Termine, die eingehalten werden sollen, Leistungs- oder Lieferumfänge oder bestimmte Prozesse und Wege, die befolgt werden sollen, um beispielsweise Gesetze oder Politik einzuhalten. Gleichzeitig kostet es Energie, das eigene Verhalten regelmäßig oder sogar konstant zu reflektieren, sich selbst sogar entgegen der eigenen Biochemie zu managen und zusätzlich die weiteren Ansprüche zu erfüllen, die ein Anstellungsverhältnis mit sich bringt.

Um die so vereinnahmten Energieressourcen von Mitarbeitenden etwas zu entlasten, ist es hilfreich, nicht die Kompensation selbst zu belohnen, sondern das ehrliche Gespräch zu ermöglichen und damit systematisch die Notwendigkeit für Kompensation zu verringern. Das darf allerdings nicht bedeuten, dass jede Person ihre Neurodivergenz offenlegen muss. Vielmehr muss die Organisation so aufgestellt sein, dass Menschen grundsätzlich in ihrer Individualität geschätzt und unterstützt werden. In Führungskreisen wird das gern „Stärkenorientierung" genannt und ist aber im Grunde genommen schlicht die logische Folge, wenn mit vorhandenen Ressourcen so effizient wie möglich umgegangen werden soll. Das bedeutet, dass zuerst Führungskräfte eine Haltung einnehmen müssen, in der Kritik, Widerspruch und „Extrawünschen" mit Offenheit begegnet wird, selbst wenn sie von Mitarbeitenden vielleicht zunächst konfrontativ geäußert wurden. Gleichzeitig kann durch klare Kommunikation dafür gesorgt werden, dass die Optimierung der Zusammenarbeit ebenso als gemeinsame Aufgabe verstanden wird.

Beispiel

Eine recht neu hinzugekommene Person im Team kommt mehrmals pro Woche zu spät zum morgendlichen gemeinsamen Check-in Meeting. Sie entschuldigt sich jedes Mal und gelobt Besserung, kommt aber weiter zu spät und arbeitet dafür jeden Tag noch spät am Abend. Die anderen Personen im Team haben spaßhaft begonnen, Wetten vor den Terminen abzuschließen – als die Person das mitbekommt, fährt sie ihr Team etwas aufgelöst an, dass sie alle doch erst mal als alleinerziehender Elternteil all die Verpflichtungen am Morgen unter einen Hut bringen sollten. Die Führungskraft hatte zuvor bereits mehrfach gebeten, dass die Person sich die pünktliche Teilnahme bitte einplanen solle und sich „bitte melden" soll, falls sie Unterstützung braucht. Nach dem kleinen Wutausbruch der Person spricht die Führungskraft endlich einmal explizit über dieses Problem mit ihr und sie klären gemeinsam, dass die Meetings einfach eine halbe Stunde später anfangen können, um die Öffnungszeit der Kindertagesstätte zu berücksichtigen. Gleichzeitig fordert die Führungskraft die Person klar auf, in Zukunft selbst im Voraus Lösungsvorschläge oder Alternativtermine zu liefern, sobald sie merkt, dass sie Termine nicht einhalten kann.◄

Warum die Person in diesem Beispiel nicht von Anfang an mitgeteilt hat, dass die Meeting-Zeit mit der Öffnungszeit ihrer Kindertagesstätte kollidiert, weiß nur die Person selbst. Auch wenn die Öffnungszeit der Kindertagesstätte nicht in ihrer Verantwortung liegt, hat sie in ihrer Kompensation des Arbeitens spät am Tag zwar Arbeit aufgeholt, das Problem aber nicht gelöst und sich im Gegenteil sogar vielleicht selbst noch schlechtere Voraussetzungen für den nächsten Tag und ihre langfristige Gesundheit geschaffen, da sie sich so vor dem Schlafengehen nicht komplett mental von der Arbeit distanzieren kann. Die Kompensation hier war also maladaptiv. Eine hilfreiche Lösungsstrategie dagegen wäre (insofern möglich) gewesen, eine andere Person im Familien- oder Freundeskreis morgens um Unterstützung zu bitten, die Führungskraft einzuweihen und ihre Aufgaben schon vor dem Check-in-Termin per Chat an das Team zu verschicken oder natürlich selbst bereits den Morgen einmal mental durchzugehen und dann den zeitlichen Konflikt offen im Team zu kommunizieren.

Die Führungskraft hat dann schlussendlich die Grundlage für zukünftige Verbindlichkeit geschaffen und die Person unterstützt. Dass Wetten gegen ein Teammitglied aber den Teamzusammenhalt nicht fördern, sollte ebenfalls klar sein – und zeigt, wie auch die Teammitglieder ihre Konfliktscheue mit der Bildung einer Subgruppe und der subtilen Erniedrigung der zu spät kommenden Person zu kompensieren versucht haben.

Was aber, wenn selbst eine eigentlich sehr produktive, gut geeignete Kompensation allein aufgrund der Normen, die im eigenen Team bestehen, doch eher negativ als positiv gewertet werden? Dieser Fall ist der, mit dem sich neurodivergente Personen konfrontiert sehen und der sie zu immer neuen, immer mehr Energie raubenden Kompensationsstrategien zwingt, wenn kein Umdenken im Umfeld erfolgt.

Beispiel

Eine neue Mitarbeiterin, die im Erwachsenenalter erst vor zwei Jahren eine ADHS-Diagnose erhielt, hat in einem privat durchlaufenen Coaching Strategien entwickelt, um regelmäßig tiefe Fokusphasen für die Erreichung ihrer Ziele zu implementieren. Sie hat für sich festgestellt, dass zum Beispiel die Pomodoro-Technik sie immer im falschen Moment aus der Konzentration reißt und sie längere Zeitblöcke von 2,5 h für ihre Fokusphasen braucht – mit einer anschließenden Pause von einer halben Stunde. Sie legt sich meist einen Fokusblock in den Vormittag und je nach Terminkalender einen zweiten in den Nachmittag. In ihrem Team wird ihr Rhythmus als störend empfunden; sie ist nur den halben Tag wirklich für spontane Anfragen erreichbar, antwortet auf Chatnachrichten deshalb erst nach bis zu 2,5 h. An Bürotagen sitzt sie dann mit großen Kopfhörern an ihrem Platz und blockt jede spontane Anfrage und jedes Schultertippen damit ab, dass sie ab 11 Uhr verfügbar ist.◀

Für einige Menschen bringt Kompensation auch uneingeschränkte soziale Vorteile – etwa in Form von Akzeptanz oder besserer Kommunikation im Team. Gleichzeitig berichten viele, dass sie bewusst Arbeitsumgebungen suchen, in denen sie weniger kompensieren müssen, weil dort fachliche Kompetenzen stärker zählen als soziale Performanz. Entscheidend ist deshalb die Balance: Auch wer Kompensationsstrategien als hilfreich empfindet, braucht Phasen, in denen bewusst keine Anpassungsleistung erforderlich ist, um langfristige Erschöpfung zu vermeiden (Livingston et al., 2019).

Übersicht

In Kürze: Kompensationsstrategien.

1. **Kompensationsverhalten als kognitive Zusatzleistung anerkennen**
   Soziale Anpassung bedeutet nicht zwangsläufig gelungene Integration. Viele neurodivergente Mitarbeitende investieren erhebliche Energie in Masking, um Erwartungen zu erfüllen.
   Beispiel: Eine neue Person erscheint sofort perfekt eingegliedert – stattdessen sollte aktiv Raum entstehen für Fragen nach Energiehaushalt, Routinen und Belastungsgrenzen.
2.

Rückzug und Selbstregulation nicht als Vermeidungsverhalten deuten
Rückzugsverhalten im Arbeitskontext kann funktionale Selbststeuerung sein. Diese Möglichkeit sollte bewusst als regulärer Bestandteil professionellen Arbeitens verstanden und kommuniziert werden.
Beispiel: Rückzugsräume oder Kopfhöreroptionen sind offen verfügbar, ohne dass ihre Nutzung begründet oder abgestimmt werden muss.

3. **Vermeidung sozialer Bewertung bewusst ermöglichen**
In Kontexten mit starker sozialer Bewertung steigt der Anpassungsdruck. Ein bewusstes Aussetzen solcher Beurteilungslogiken kann Raum für authentisches Verhalten schaffen.
Beispiel: Teamregeln verzichten auf implizite Kommunikationsnormen wie „aktive Beteiligung durch Blickkontakt" oder „ständige Sichtbarkeit".
4. **Balance statt Daueranpassung fördern**
Einige Formen der Kompensation müssen im Kontakt mit anderen dauerhaft aufrechterhalten werden, sind so aber nicht nachhaltig. Die Möglichkeit zum gezielten Rückzug und zur Entlastung sollte gegeben und entstigmatisiert sein.
Beispiel: Es kann ggf. auch zeitweise eine alternative Kommunikationsform (z. B. schriftlich statt mündlich) genutzt werden.

2.8 Belonging

Zugehörigkeit (Belonging) beschreibt das Gefühl, mit dem eigenen Wesen in einem sozialen Gefüge anerkannt und willkommen zu sein. Es geht dabei nicht nur darum, Teil eines Teams zu sein, sondern darum, als ganze Person gesehen zu werden – mit den eigenen Stärken, Eigenheiten, Bedürfnissen und Perspektiven. Wer Zugehörigkeit erlebt, spürt so etwas wie: *Ich darf hier sein, wie ich mich zeigen möchte. Ich werde nicht nur akzeptiert, sondern werde wertgeschätzt.*

Betonen möchte ich an dieser Stelle, dass es nicht um ein „Sei genau so, wie du bist" gehen sollte. Der Unterschied zum „Sei, wie du dich zeigen möchtest" besteht in der Forderung, dass eine Person sich in all ihren Facetten offenbart. Diese Aufforderung differenziert zu äußern ist abermals wichtig, um Menschen verschiedenster Hintergründe nicht unter Druck zu setzen.

In der Arbeitswelt zeigt sich Belonging dort, wo Menschen nicht das Gefühl haben, sich verstellen zu müssen, um dazuzugehören. Wo Unterschiede nicht als Störung wahrgenommen werden, sondern als wertvoller Teil des gemeinsamen Miteinanders. Wo es möglich ist, eigene Ideen einzubringen, ohne sich dafür zu rechtfertigen und gleichzeitig auf andere Stimmen zu hören, ohne sich selbst zu verlieren.

Belonging wächst in einer Umgebung, in der Offenheit herrscht und alle Personen gleichgestellt entscheiden, wie Beteiligung aussehen darf, und in der nicht konstant durch fremdgesetzte Regeln navigiert werden muss, nur um respektiert zu werden. Besonders zeigt sich das in den kleinen Dingen: in der Art, wie miteinander gesprochen wird, den expliziten und impliziten Regeln, die gelten, oder auch in der Bereitschaft, auf andere Kommunikations- und Arbeitsweisen einzugehen, ohne dass das eine Ruptur der Beziehung bedeutet.

Gleichzeitig besteht Belonging nicht automatisch, nur, weil es nie oder kaum Konflikte gibt. Im Gegenteil: Belonging entsteht genau dort, wo Unterschiede von Meinungen und Vorlieben nicht zum Bruch führen, sondern zur bewussten Auseinandersetzung, gegenseitigem Interesse und Akzeptanz der jeweiligen Individualität.

Neurodivergente Menschen erleben soziale Eingebundenheit allerdings häufig unter ganz anderen Bedingungen als ihre neurotypischen Teammitglieder. In typischen Arbeitskontexten mit mehrheitlich neurotypischer Kommunikation und Kultur entstehen nämlich immer dann Missverständnisse und Irritationen, wenn die neurodivergente Person nicht perfekt maskiert, sich selbst also versteckt. Belonging ist damit nur für die maskierte Version der Person möglich.

Autistische Personen beispielsweise zeigen in Gruppen mit nicht-autistischen Menschen seltener das gleiche Ausmaß positiven Affekts – nicht, weil Freude oder Interesse fehlen, sondern weil sie die Emotionen anders oder weniger ausgeprägt zeigen (Tetreault et al., 2025). Wenn sie dann außerdem sehr stark maskieren müssen, weil hoher sozialer Druck besteht, fällt der emotionale Ausdruck gegebenenfalls noch geringer aus. Denn: Masking wird umso schwieriger, je höher der Stresslevel der Personen wird.

Ein typischer Zielkonflikt entsteht also dort, wo Zugehörigkeit mit extravertiertem Verhalten, affektiver Präsenz oder permanentem sozialen Engagement gleichgesetzt wird. Viele neurodivergente Menschen entsprechen diesen Erwartungen nicht wirklich oder nicht immer, oder nur unter hohem Energieaufwand.

Besonders heikel wird es, wenn unbewusst ein Zusammenhang hergestellt wird zwischen Sichtbarkeit und Belonging. Wer sich häufiger einbringt und regelmäßig bei Teamevents dabei ist oder lange und viel im Büro sitzt, gilt als integriert, während ruhigere oder beobachtende Personen als distanziert oder „keine Teamplayer" bewertet werden. Auf diese Weise verstärken sich bestehende Dynamiken: Menschen, die bereits Kompensation einsetzen, werden entweder gezwungen, sich zu verstellen, oder fühlen sich ausgeschlossen.

In einem neurotypisch geprägten Team bedeutet „sich gut einbringen" dementsprechend oft: sich sichtbar machen, an informellen Gesprächen am Kaffeeautomat teilnehmen, mit einer gewissen Leichtigkeit reagieren, Humor verstehen, auch zwischen den Zeilen lesen und gute Stimmung in jedes Gespräch bringen. Wer das nicht leistet oder leisten kann, wird schnell als weniger motiviert oder reserviert wahrgenommen. Das Problem dabei aber ist nicht einmal unbedingt die (unausgesprochene) Erwartung der Beteiligung an sich, sondern die Gleichsetzung bestimmter Verhaltensweisen mit dem Konzept von Belonging. Diese normative Sichtweise schließt alle aus, die Belonging vielleicht über ganz andere Wege erfahren, zum Beispiel über Klarheit, Stabilität, ruhige Routinen oder eine Rolle mit inhaltlichem Bezug.

Für Organisationen bedeutet das zunächst, eigene soziale Standards zu reflektieren und nicht davon auszugehen, dass Belonging an einem bestimmten Verhalten oder der Teilnahme am nächsten Teamevent oder der nächsten Mitarbeitendenbefragung abzulesen ist.

Auch die Gestaltung der Sozialisierung in die Organisation hinein spielt eine zentrale Rolle. Anstelle von expliziten oder unausgesprochenen Erwartungshaltungen („Wir wollen, dass du dich bei uns wohlfühlst") braucht es verlässliche Angebote, die unterschiedliche Wege der Integration erlauben. Einige Menschen profitieren von informellen Formaten, andere brauchen schriftliche Informationen, klare Zuständigkeiten und die Möglichkeit, Fragen mit Zeitversatz stellen zu dürfen. Besonders hilfreich ist es, diese Unterschiede nicht zu individualisieren und nur einzelnen Personen anzubieten, sondern grundsätzlich die Haltung einzunehmen, dass Menschen selbst wissen, was sie brauchen.

Erst diese grundsätzliche Haltung ermöglicht es, dass Menschen nicht erst Irritation erleben oder „mutig" sein müssen, um in ihrer Individualität Respekt zu erfahren. Neurodivergenz kann man Menschen nicht ansehen und eine grundsätzlich offene Haltung mit entsprechend vorausschauenden Angeboten ermöglicht es dann, unaufgeregt eine Vielzahl an Bedürfnissen und beispielsweise Kommunikationsstilen zu unterstützen. Wenn neurodivergente Menschen früh erleben, dass ihre Kommunikationsweise nicht nur akzeptiert, sondern verstanden wird – etwa wenn sie direkt fragen dürfen, wann sie mit Feedback rechnen können oder warum eine Entscheidung wie getroffen wurde – steigt die Wahrscheinlichkeit, dass sie sich auch auf zwischenmenschlicher Ebene proaktiv beteiligen können. Das bedeutet nicht, dass neurodivergente Menschen keine Verantwortung für Beziehungspflege übernehmen sollten, sondern dass die Beziehungen auf Gegenseitigkeit beruhen sollten.

Übersicht

In Kürze: Belonging

1. Verhaltensinterpretationen nicht mit Zugehörigkeit verwechseln

Zugehörigkeit zeigt sich nicht immer durch aktive Beteiligung, Emotionalität oder soziale Initiative. Auch zurückhaltende, sachlich orientierte Mitarbeit kann Ausdruck von Verbundenheit sein.

Beispiel: Eine Person wirkt im informellen Austausch distanziert, liefert aber strukturierte Beiträge und stellt gezielte Rückfragen. Diese Form der Beteiligung sollte als gleichwertig anerkannt werden.

2. Unterschiedliche Formen der Integration ermöglichen

Nicht alle Menschen knüpfen Beziehungen über Gruppensituationen. Zugehörigkeit wird wahrscheinlicher, wenn unterschiedliche Wege der Kontaktaufnahme angeboten werden.

Beispiel: Statt ausschließlich über Team Lunches zu arbeiten, können auch Einzelgespräche, schriftliche Vorstellungen oder asynchrone Formate genutzt werden.

3. Strukturelle Orientierung geben statt gut gemeinter Offenheit

Aussagen wie „Sei einfach du selbst" können verunsichern, wenn nicht klar ist, welches Verhalten tatsächlich akzeptiert wird. Klare Informationen geben Sicherheit.

Beispiel: Im Onboarding deutlich machen, welche sozialen Elemente freiwillig sind und auch das Fernbleiben von freiwilligen Veranstaltungen positiv und als Selbstmanagement framen.

4. Fragen und Unterschiede nicht (sofort) bewerten

Wenn Menschen sich anders ausdrücken oder direkt kommunizieren, sollte dies nicht automatisch als unangemessen gelesen werden.

Beispiel: Wenn jemand fragt „Warum wurde das so entschieden?", sollte dies im Zweifel als aufrichtiges Interesse und Mitdenken behandelt werden.

5. Implizite Erwartungen im Team sichtbar machen

Zugehörigkeit entsteht nicht durch Anpassung an Normen, sondern durch Gestaltungsspielraum. Dieser kann nur entstehen, wenn soziale Codes transparent werden.

Beispiel: Im Teamgespräch reflektieren, welche Verhaltensweisen als „typisch integriert" gelten.

2.9 Key Takeaways

Statt Allgemeinlösungen muss Individualität ermöglicht werden, weil jeder Mensch anders ist

Das Kapitel hat gezeigt, dass neuroinklusive Prozesse nicht durch standardisierte Maßnahmen allein erreichbar sind. Unterschiedliche Bedarfe – z. B. sensorisch, sozial oder organisatorisch – lassen sich nur durch flexible, partizipative Gestaltung adressieren. Ein Onboarding, das individuelle Anpassung zulässt, ist der Grundstein für erfolgreiche Zusammenarbeit.

Neurodivergente Menschen haben in aller Regel keine positiven Erfahrungen mit Arbeitgebern gemacht und bringen mehr Energie als andere dafür auf, sich anzupassen

In zahlreichen Stellen wurde deutlich, wie viel zusätzliche kognitive und emotionale Arbeit neurodivergente Personen im Arbeitskontext leisten – insbesondere im Onboarding. Dies betrifft Masking, Unsicherheiten und die ständige soziale Analyse. Wer das nicht berücksichtigt, unterschätzt das Ausmaß der Erschöpfung und das Risiko späterer Konflikte.

Authentizität sollte nicht eingefordert werden, kann aber über passende Strukturen gefördert werden. Das fördert auch die mentale Gesundheit und psychologische Sicherheit der Personen
Das Kapitel argumentiert an mehreren Stellen, dass „Sei du selbst“ in Unternehmen nur dann eine realistische Option ist, wenn Strukturen bestehen, die Andersartigkeit explizit zulassen. Psychologische Sicherheit entsteht nicht durch Anspruch, sondern durch gelebte Offenheit gegenüber neurodivergenter Kommunikation und Bedürfnisäußerung.

Der Beziehungsaufbau ist am Anfang wichtiger als die direkte Performance – starker Vertrauensaufbau sorgt für langfristig mehr Erfolg und Belastbarkeit der Beziehung
Gerade bei neuen Teammitgliedern – und insbesondere bei neurodivergenten – ist das soziale Fundament der Zusammenarbeit entscheidend. Studien und Praxisbeispiele im Kapitel zeigen, wie Vertrauen, Klarheit und sozialer Schutz langfristig Motivation und Leistung fördern, während Leistungsdruck zu Rückzug oder Masking führt.

Literatur

AlSokkar, A. A. M., Law, E. L.-C., AlMajali, D. A., Al-Gasawneh, J. A., & Alshinwan, M. (2024). An Indexed approach for expectation-confirmation theory: A trust-based model. *Electronic Markets, 34*(1), 12. https://doi.org/10.1007/s12525-024-00694-3.

Alwar, S. T. (o. J.). The role of psychological safety in predicting proactive behaviour.

Bakker, A. B., Petrou, P., Op Den Kamp, E. M., & Tims, M. (2020). Proactive vitality management, work engagement, and creativity: The role of goal orientation. *Applied Psychology, 69*(2), 351–378. https://doi.org/10.1111/apps.12173.

Bakker, A. B., Tims, M., & Derks, D. (2012). Proactive personality and job performance: The role of job crafting and work engagement. *Human Relations, 65*(10), 1359–1378. https://doi.org/10.1177/0018726712453471.

Bargiela, S., Steward, R., & Mandy, W. (2016). The experiences of late-diagnosed women with autism spectrum conditions: An investigation of the female autism phenotype. *Journal of Autism and Developmental Disorders, 46*(10), 3281–3294. https://doi.org/10.1007/s10803-016-2872-8.

Bauer, T. N., Perrot, S., Liden, R. C., & Erdogan, B. (2019). Understanding the consequences of newcomer proactive behaviors: The moderating contextual role of servant leadership. *Journal of Vocational Behavior, 112,* 356–368. https://doi.org/10.1016/j.jvb.2019.05.001.

Beaty, J. C., Cleveland, J. N., & Murphy, K. R. (2001). The Relation between personality and contextual performance in „Strong“ versus „Weak“ situations. *Human Performance, 14*(2), 125–148. https://doi.org/10.1207/S15327043HUP1402_01.

Bicchieri, C. (2005). *The grammar of society: The nature and dynamics of social norms* (1. Aufl.). Cambridge University Press. https://doi.org/10.1017/CBO9780511616037.

Bitsika, V., & Sharpley, C. F. (2024). The association between iq and its components and anxiety in autistic girls. *Advances in Neurodevelopmental Disorders.* https://doi.org/10.1007/s41252-024-00415-z.

Bruhn, M. (2023). *Quality management for services: Handbook for successful quality management. principles – concepts – methods.* Springer Berlin Heidelberg. https://doi.org/10.1007/978-3-662-67032-3.

Cage, E., & Troxell-Whitman, Z. (2019). Understanding the reasons, contexts and costs of camouflaging for autistic adults. *Journal of Autism and Developmental Disorders, 49*(5), 1899–1911. https://doi.org/10.1007/s10803-018-03878-x.

Cai, W., Warren, S. L., Duberg, K., Yu, A., Hinshaw, S. P., & Menon, V. (2023). Both reactive and proactive control are deficient in children with ADHD and predictive of clinical symptoms. *Translational Psychiatry, 13*(1), 179. https://doi.org/10.1038/s41398-023-02471-w.

Cao, X., & Chen, J. (2024). The association between emotional intelligence and prosocial behaviors in children and adolescents: A systematic review and meta-analysis. *Journal of Youth and Adolescence.* https://doi.org/10.1007/s10964-024-02062-y.

Davis, J. I., Gross, J. J., & Ochsner, K. N. (2011). Psychological distance and emotional experience: What you see is what you get. *Emotion, 11*(2), 438–444. https://doi.org/10.1037/a0021783.

Edmondson, A. (1999). Psychological safety and learning behavior in work teams. *Administrative Science Quarterly, 44*(2), 350–383. https://doi.org/10.2307/2666999

Ericsson, K. A., Krampe, R. T., & Tesch-Römer, C. (1993). The role of deliberate practice in the acquisition of expert performance. Psychological Review, 100(3), 363–406. https://doi.org/10.1037/0033-295X.100.3.363.

Fink, E., Friedman, S., Olthof, T., Van Der Meijden, S., Goossens, F., & Begeer, S. (2024). Exploring the interpersonal goals of autistic and neurotypical adolescents who bully others. *Journal of Autism and Developmental Disorders.* https://doi.org/10.1007/s10803-024-06683-x.

Goscicki, B. L., Scoggins, M. E., Espinosa, G. H., & Hodapp, R. M. (2025). A "round, bruising sort of pain": Autistic girls' social camouflaging in inclusive high school settings. *Journal of Autism and Developmental Disorders.* https://doi.org/10.1007/s10803-024-06716-5.

Grabmair, M., & Kovacs, C. (2023). Organisationale Sozialisationstaktiken und deren Zusammenhang mit Rollenklarheit und Arbeitszufriedenheit. *Zeitschrift für Arbeitswissenschaft, 77*(3), 410–421. https://doi.org/10.1007/s41449-023-00374-6.

Gudjonsdottir, F. J., Halldorsson, F., Ragnarsdottir, B., Njardvik, U., & Hannesdottir, D. K. (2024). Peer problems and prosocial behavior among icelandic children and adolescents with ADHD and/or autism: Gender and age differences. *Journal of Autism and Developmental Disorders.* https://doi.org/10.1007/s10803-024-06682-y.

Guéguen, N., Jacob, C., & Martin, A. (2009). Mimicry in Social Interaction: Its Effect on Human Judgment and Behavior. *European Journal of Social Sciences, 8.*

Guo, Q., Li, S., Liang, J., Yu, X., & Lv, Y. (2023). Mindfulness may be associated with less prosocial engagement among high intelligence individuals. *Scientific Reports, 13*(1), 4208. https://doi.org/10.1038/s41598-023-31039-3.

Hazan-Liran, B., & Walter, O. (2024). Psychological capital, self-advocacy, and future orientation among adults on the autism spectrum. *Journal of Autism and Developmental Disorders.* https://doi.org/10.1007/s10803-024-06493-1.

Heimann, A. L., & Schmitz-Wilhelmy, A. (2024). Observing interviewees' inner self: how authenticity cues in job interviews relate to interview and job performance. *Journal of Business and Psychology.* https://doi.org/10.1007/s10869-024-09949-4.

Hull, L., Petrides, K. V., & Mandy, W. (2020). The female autism phenotype and camouflaging: A narrative review. *Review Journal of Autism and Developmental Disorders, 7*(4), 306–317. https://doi.org/10.1007/s40489-020-00197-9.

Klein, H. J., Polin, B., & Leigh Sutton, K. (2015). Specific onboarding practices for the socialization of new employees. *International Journal of Selection and Assessment, 23*(3), 263–283. https://doi.org/10.1111/ijsa.12113.

Li, W., Zinbarg, R. E., Boehm, S. G., & Paller, K. A. (2008). Neural and behavioral evidence for affective priming from unconsciously perceived emotional facial expressions and the influence of trait anxiety. *Journal of Cognitive Neuroscience, 20,* 95–107.

Livingston, L. A., Shah, P., & Happé, F. (2019). Compensatory strategies below the behavioural surface in autism: A qualitative study. *The Lancet Psychiatry, 6*(9), 766–777. https://doi.org/10.1016/S2215-0366(19)30224-X.

Maan, A. T., Abid, G., Butt, T. H., Ashfaq, F., & Ahmed, S. (2020). Perceived organizational support and job satisfaction: A moderated mediation model of proactive personality and psychological empowerment. *Future Business Journal, 6*(1), 21. https://doi.org/10.1186/s43093-020-00027-8.

Naumann, L. P., Vazire, S., Rentfrow, P. J., & Gosling, S. D. (2009). Personality judgments based on physical appearance. *Personality and Social Psychology Bulletin, 35*(12), 1661–1671. https://doi.org/10.1177/0146167209346309.

Palmquist, A. (2023). Design elements of conflict: A design study of a gamified smartphone application for employee onboarding. *Technology, Knowledge and Learning, 28*(3), 1133–1173. https://doi.org/10.1007/s10758-023-09657-7.

Peisch, V., Xie, W., Nelson, C., & Enlow, M. B. (2025). Theory of mind and psychopathology: the differential impact of temperament group membership. *Journal of Child and Family Studies.* https://doi.org/10.1007/s10826-024-02998-6.

Rice, D. B., & Reed, N. (2022). Supervisor emotional exhaustion and goal-focused leader behavior: The roles of supervisor bottom-line mentality and conscientiousness. *Current Psychology, 41*(12), 8758–8773. https://doi.org/10.1007/s12144-021-01349-8.

Robinson, E., Hull, L., & Petrides, K. V. (2020). Big Five model and trait emotional intelligence in camouflaging behaviours in autism. *Personality and Individual Differences, 152,* Article 109565. https://doi.org/10.1016/j.paid.2019.109565.

Root, B. V., Melgarejo, M., & Suhrheinrich, J. (2022). Proactive versus reactive: Strategies in the implementation of school-based services for students with ASD. *Administration and Policy in Mental Health and Mental Health Services Research, 49*(4), 575–586. https://doi.org/10.1007/s10488-021-01184-w.

Sasson, N. J., Faso, D. J., Nugent, J., Lovell, S., Kennedy, D. P., & Grossman, R. B. (2017). Neurotypical peers are less willing to interact with those with autism based on thin slice judgments. *Scientific Reports, 7*(1), 40700. https://doi.org/10.1038/srep40700.

Shore, L. M., Tetrick, L. E., Lynch, P., & Barksdale, K. (2006). Social and economic exchange: Construct development and validation. *Journal of Applied Social Psychology, 36*(4), 837–867. https://doi.org/10.1111/j.0021-9029.2006.00046.x.

Smith, C. E., Matthews, R. A., Mills, M. J., Hong, Y.-H., & Sim, S. (2022). Organizational benefits of onboarding contingent workers: An Anchoring model approach. *Journal of Business and Psychology, 37*(3), 525–541. https://doi.org/10.1007/s10869-021-09757-0.

Soares, S., Rodrigues, N., & Rebelo, T. (2024). Unwrapping the influence of proactive personality on job satisfaction during organizational socialization: Examining the intervening effects of newcomers' perceptions of person-environment Fit. *Psychological Studies.* https://doi.org/10.1007/s12646-024-00805-2

Spitzmuller, M., Sin, H.-P., Howe, M., & Fatimah, S. (2015). Investigating the uniqueness and usefulness of proactive personality in organizational research: A meta-analytic review. *Human Performance, 28*(4), 351–379. https://doi.org/10.1080/08959285.2015.1021041.

Standiford, B. J., & Hsu, K. J. (2025). Autistic traits, alexithymia, and emotion recognition of human and anime faces. *Development and Psychopathology,* 1–14. https://doi.org/10.1017/S0954579425000100

Tetreault, J., Andres, E. M., Sipsock, D., Tokadjian, H., Layton, K., McCormick, C. E. B., & Sheinkopf, S. J. (2025). Affect expression during social and non-social contexts in autistic young adults. *Journal of Autism and Developmental Disorders*. https://doi.org/10.1007/s10803-024-06693-9.

Walter, C., & Matar, Z. (2024). *International professionals for the DACH region: Finding, retaining, and developing in a future work environment*. Springer Fachmedien Wiesbaden. https://doi.org/10.1007/978-3-658-45248-3.

Weber, C., Krieger, B., Häne, E., Yarker, J., & McDowall, A. (2024). Physical workplace adjustments to support neurodivergent workers: A systematic review. *Applied Psychology, 73*(3), 910–962. https://doi.org/10.1111/apps.12431.

Schaufeli, W. B., Leiter, M. P., & Maslach, C (2009) Burnout: 35 years of research and practice *Career Development International 14*(3) 204–220. https://doi.org/10.1108/13620430910966406

Yang, D., Law, K. S., & Tang, G. (2024). Understanding the effects of performance pressure on fluctuations in pro-environmental behavior: A threat rigidity perspective. *Asia Pacific Journal of Management*. https://doi.org/10.1007/s10490-024-09948-2.

Yu, M., Xu, H., Long, Y., Zhang, Y., Jia, L., Qu, D., & Chen, R. (2024). The moderating role of reward/punishment sensitivity in the relationship between intelligence and prosocial behavior in children. *Current Psychology, 43*(40), 31758–31769. https://doi.org/10.1007/s12144-024-06703-0.

Yu, Z., & Hao, J. (2023). Heart rate, perceived stress and prosocial behaviour: Real-time psychophysiological correlates of prosocial behaviour. *Current Psychology, 42*(31), 27550–27561. https://doi.org/10.1007/s12144-022-03881-7.

3 Kommunikation & inklusive Sprache

Über das Thema der Kommunikation zwischen neurotypischen und neurodivergenten Menschen könnte ein ganz eigenes Buch verfasst werden, ebenso für inklusive Sprache – hierzu gibt es auch bereits Lektüre, wenn auch vielleicht nicht spezifisch zu Neuroinklusion. Kommunikation wird aber nicht umsonst als Kunst beschrieben – und genau das ist der Grund dafür, dass sie lediglich ein Teil dieses Buchs wurde. Dieses Kapitel soll deshalb einen ersten Perspektivwechsel ermöglichen und praktische Unterstützung bieten. Auf beidem kann fortlaufend aufgebaut werden.

Zunächst einmal sollte sich besonders in unserem westlichen, produktivitätsorientierten Kulturkreis daran erinnert werden, dass Kommunikation alles ist, was dem Austausch von Informationen dient. Bleibt man in der Kommunikationswissenschaft, ist selbst diese Definition streitwürdig, denn: Findet Kommunikation tatsächlich nur statt, wenn sie ein Gegenüber erreicht?

Um aber praxisbezogen zu bleiben, wird an dieser Stelle lediglich die Kommunikation berücksichtigt, die im sozialen Rahmen stattfindet, d. h. anderen Menschen gegenüber. Das beinhaltet aber auch dann noch mehr, als es im hektischen Organisationsalltag Berücksichtigung findet. Während es Abteilungen für Kommunikation gibt, verschiedene Kanäle und Tools für „interne Kommunikation", Workshops zum Thema und vielleicht sogar verschiedene Lautsprachen berücksichtigt werden, werden damit ganze Dimensionen dessen außer Acht gelassen, was eigentlich zu Kommunikation zählt. Recruitingverantwortliche werden wissen, wovon die Rede ist: nonverbale und paraverbale Kommunikation. Verbale Kommunikation mag ein großer Teil von Kommunikation sein, wenn wir an den Alltag denken, in dem wir uns in mündlicher oder schriftlicher Form oder durch Gebärdensprache anhand eines Sprachsystems austauschen.

V. Soubiran, *Neurodiversität in Unternehmen*,
https://doi.org/10.1007/978-3-662-72015-8_3

Nonverbale Kommunikation meint solche Elemente wie die Körperhaltung, den Gesichtsausdruck, ein Nicken oder Kopfschütteln, hochgezogene Augenbrauen, aber auch Dinge wie ein errötetes Gesicht oder zitternde Fäuste können schnell zu meist unbeabsichtigten nonverbalen Kommunikationsbestandteilen werden.

Paraverbale Kommunikation bezieht sich auf die Aspekte, die die verbale Kommunikation begleiten. Das ist zum Beispiel die Lautstärke, mit der gesprochen wird, die Tonlage, Intonation, Geschwindigkeit oder der Rhythmus.

Dabei bedienen wir uns bereits eines breiten Spektrums non- und paraverbaler Ausdrucksweisen, die unsere verbale Kommunikation begleiten. Aber bereits wenn wir uns aus dem deutschen Sprachraum heraus bewegen, werden wir Sprachen begegnen, die diese Aspekte anders, mehr oder weniger einbinden und ihre An- bzw. Abwesenheit entsprechend werten. Ein Beispiel wäre Chinesisch, bei dem die Intonation innerhalb eines Lauts bereits die Bedeutung des Worts selbst verändern kann.

Wie vielleicht nun auch schon deutlich wurde, erfordert Kommunikation allerdings keine Absicht der Übermittlung. Genau das macht sie zu einer so großen Herausforderung für uns Menschen, die wir in der Lage sind, die Perspektive anderer Menschen einzunehmen, und genau dadurch annehmen, tatsächlich Recht mit unseren Interpretationen zu haben, wenn wir eine Botschaft empfangen. Sie sind aber genau das: Interpretationen. Je versierter wir uns in der Kommunikation sehen, desto mehr sind wir uns dessen bewusst.

Im beruflichen Kontext wird in der Regel der größte Fokus auf verbale Kommunikation gelegt. Aber schon hier stoßen wir an unsere Grenzen, wenn wir allgemeingültige Regeln etablieren wollen.

- Wer sich mitteilt, ist kommunikativ? Das trifft bereits dann nicht zu, wenn der eigene Redeanteil überproportional hoch gegenüber dem anderer am Gespräch beteiligten Personen ist. Auch, wer in einem Gespräch vielleicht Redeanteile passend steuern kann, dann aber der Umfang einer E-Mail dem eines Redebeitrags entspricht, wird unter Umständen schon nicht mehr so positiv und eher als „Schwätzer“ eingeschätzt.
- Wer Fragen stellt, ist interessiert? Selbst wenn gesagt wird, Fragen seien willkommen, stoßen die Fragenden hier doch meist auf die unsichtbaren Grenzen dessen, was tatsächlich erwünscht ist. Ebenso gibt es Szenarien, in denen Fragen allein deshalb tabu sind, weil sie sich an eine beispielsweise ranghöhere Person richten würden – und diese Person nicht infrage gestellt werden möchte.
- Wer häufig nachfragt, ist engagiert? Eine Person, die ein Praktikum absolviert, ist zum Lernen da. Wenn sie zu jedem Arbeitsschritt Fragen stellt, wird sie aber als störend oder unsicher bewertet, oder die Fragen gar als performativ empfunden.

Die Beispiele sollen zeigen: Pauschale Aussagen über Kommunikationsregeln lassen sich nicht auf einfache Weise treffen – weil Kommunikation eben nicht einfach ist. Sie funktioniert meist dann gut, wenn alle Beteiligten denselben kulturellen Code teilen und den gleichen Kontext haben. Wenn das nicht der Fall ist, bemerken wir erst, welche komplexen

Modelle und ungeheuren Informationsmengen unsere Gehirne tagein, tagaus verarbeiten. Dabei bedienen wir uns eines dichten Netzwerks an teils bewusst, teils unbewusst abgespeichertem Hintergrundwissen, verinnerlichten eigenen Erfahrungen, Bias, Glaubenssätzen etc. und kommunizieren im Rahmen der Kompetenzen, die wir selbst im Bereich der Kommunikation haben.

Wir bewegen uns also in einem Feld von höchster Fehleranfälligkeit und fast unmöglich festsetzbarer, objektiver Wahrheit. Was von einer Person als effiziente Direktheit gemeint war, wird als Unhöflichkeit oder Kälte empfunden. Wo eine Person nachdenklich innehält, interpretiert eine andere das als unsicheres Zögern. Auch umgekehrt wird die Herzlichkeit einer Person vielleicht von einer anderen als unangemessene Respektlosigkeit verstanden. Dabei geht es nicht um Schuldzuweisungen, um richtig oder falsch, sondern um unsere individuell unterschiedlichen Kommunikationsweisen, die von unserer Genetik, unserer Vergangenheit, Erfahrungen, Kompetenzen und persönlichen Hintergründen abhängen.

Die meisten Kommunikationsprobleme in Teams entstehen nicht durch böse Absicht (auch wenn das manchmal schwer zu glauben ist, wenn erst mal Emotionen im Spiel sind), sondern durch ein fehlendes gemeinsames Verständnis und/oder fehlende gemeinsame kommunikative Kompetenz im gegenseitigen Austausch. Das zu verdeutlichen und damit Konflikte wieder bearbeitbar zu machen ist dann oft das Ziel von Beratungen, Mediationen und Workshops, wenn Teams sich neu finden oder anlassbezogen einmal auf den gleichen Stand bringen möchten.

Neurodivergente Menschen aber sind von all diesen Problemen auf eine besonders perfide Art betroffen: Weil Neurodiversität erst in den vergangenen Jahren überhaupt als Realität erkannt wurde, sind ganze Generationen von Menschen in einem kommunikativen System aufgewachsen, das ihre Kommunikationsart nicht versteht oder sogar als falsch betrachtet. Durch verschiedene Kompensationsstrategien, allen voran Camouflaging bzw. Masking, wird über die gesamte Lebenszeit hinweg versucht, kommunikative Regeln zu lernen und einzusetzen, die für sie nicht so intuitiv sind wie für ihre neurotypischen Mitmenschen.

Wir alle wissen, wie schwierig es ist, eine neue Sprache allein hinsichtlich ihrer Grammatik und Vokabeln zu erlernen – nun ergänzen wir nonverbale, paraverbale Signale, die teils sogar so fein sind, dass wir sie als Menschen gar nicht bewusst verarbeiten können. Allerdings bemerken wir ebenso unterbewusst, wenn diese sogenannten „Microexpressions“ (Mikro Ausdrücke) fehlen oder die Mimik übermäßig stark ist – sehr zum Verhängnis neurodivergenter Menschen (vgl. Tetreault et al., 2025). Hinzu kommt, dass die kommunikativen Aspekte neurotypischer Kommunikation durchaus ihre Zwecke erfüllen und echte Bedürfnisse befriedigen, anhand derer soziale Beziehungen aufgebaut werden. Wenn aber auch der Aufbau sozialer Beziehungen anders funktioniert (vgl. hierzu das *Double Empathy-Problem*) und die eingesetzten Mittel damit ihren Zweck für eine neurodivergente Person nicht erfüllen, wird sowohl das Erlernen als auch Einsetzen dieser Kommunikationselemente zum reinen Selbstzweck. Jegliche Belohnungseffekte oder Sicherheitsgefühle, die für eine neurotypische Person entstehen würden, bleiben aus. Soziale Interaktion wird damit zur Testsituation und einem Feld voller Fehlerpotenzial.

Das heißt nun nicht, dass neurodivergente Menschen nicht kommunizieren wollen oder können. Im Gegenteil: Aufgrund der andauernden Diskrepanz, die sie zwischen ihrer kommunikativen Präferenz und der ihrer Umwelt wahrnehmen, verbringen sie oft immens viel Zeit mit dem bewussten Lernen über Kommunikation, Psychologie, dem Einstudieren und Üben verschiedener kommunikativer Kompetenzen und sind häufig sogar hyperlexisch oder anderweitig um ein Vielfaches kompetentere Kommunikatorinnen und Kommunikatoren als Menschen, die diese Fähigkeit nicht mit so viel Hingabe und Bewusstsein verinnerlicht haben (vgl. Ericsson et al., 1993).

Vielmehr sollten die kommunikativen Unterschiede deshalb ähnlich wie die zwischen unterschiedlichen Kulturkreisen betrachtet werden. Im linguistischen Sinne beispielsweise gibt es allein in Deutschland verschiedene Dialekte, die – genau genommen – als eigene Sprachen zu betrachten wären, auch wenn sie von der Mehrheit deutschsprachiger Personen verstanden werden. Dazu zählen Dialekte wie Plattdeutsch, Sächsisch oder auch Schwäbisch. Sie alle zeichnen sich durch ganz eigene Vokabeln aus, veränderte Intonation und sogar die Bedeutungsveränderung einzelner hochdeutscher Wörter. Wer sich schon einmal in Sachsen bewegt hat, wird früher oder später bemerkt haben, dass ein „Haben Sie‘s manchmal auch klein?“ an der Kasse nicht tatsächlich eine Frequenz meint („manchmal“), sondern eine Wahrscheinlichkeit („vielleicht“). Global vernetzte Teams haben mit den kulturell bedingten sprachlichen Unterschieden ebenfalls meist schon ihre Erfahrungen gemacht. Ein „Hello, how are you?“ beispielsweise erfordert je nach Prägung der fragenden Person entweder tatsächlich eine (wenn auch formelle) Antwort, lediglich ein „Thanks, and you?“ oder gar bloß die identische Gegenfrage, ohne dass tatsächlich geantwortet wurde. Noch spannender und besser im Vergleich wird dieses Beispiel, da auch die englischsprachigen Personen meist um diese Unterschiede wissen, und damit ein Spiel der umgekehrten Psychologie beginnt, in dem eine Person vielleicht anders antwortet, als sie das in ihrem Umfeld gelernt hat – da sie weiß, dass die andere, fragende Person vermutlich eine andere Antwort gewohnt ist und ihr mit der Anpassung der eigenen Kommunikation entgegenkommen möchte. Genau diese Transferleistung ist das, was auch neurodivergente Menschen häufig in Bezug auf neurotypische Kommunikation betreiben. Sie wissen, welche Codes innerhalb der eigenen Kultur gelten, und passen sich ihrem Gegenüber an. Was fehlt, ist die Anpassung der anderen Seite – es bleibt in der Regel dabei, dass neurodivergente Menschen ihre Kommunikation anpassen, während ihre eigenen Kommunikationspräferenzen als „falsch“ oder unhöflich betrachtet werden, statt mit einer ähnlichen Transferleistung respektiert zu werden.

Wenn wir dieses Wissen einmal auf den beruflichen Kontext übertragen, wird schnell deutlich, welche Menge an Mehraufwand für neurodivergente Menschen allein deshalb entsteht, nur weil ihre grundsätzliche Kommunikationsart sich von der neurotypischen in einigen Aspekten unterscheidet.

Dieses Kapitel beginnt deshalb bei dieser Grundannahme: Kommunikation ist nie neutral. Und weil wir als Menschen in den meisten Fällen die wunderbare Fähigkeit haben, nicht nur auf Impulse und unsere Umwelt zu reagieren, sondern sie bewusst zu verarbeiten, ist diese weitere Grundannahme für dieses Kapitel relevant: Kommunikation ist individuell gestalt- und veränderbar.

Nachfolgend sollen einige Beispiele zeigen, wie unterschiedlich die Ziele in neurodivergenter Kommunikation sein können. Da Neurodivergenz ein breites Spektrum umfasst, trifft nicht jeder Punkt auf jede Art der Neurodivergenz zu und tritt auch nicht zwingend ein.

Sachliche Richtigkeit ist wichtiger als die soziale Beziehung
In vielen Organisationen herrscht intuitiv eine unausgesprochene Kultur des Konsensdrucks. Evolutionär hat das theoretisch seinen guten Grund: In Gruppen war das Überleben sicherer. Heute sehen wir immer noch, dass Konsens und Beziehungen Gruppendynamiken stabilisieren und beschleunigen. Dabei muss der Konsens nicht einmal unbedingt die beste Lösung sein und kann biasbehaftet sein – er fühlt sich aber für viele Menschen dennoch „sicher“ und besser an, als eine logisch bessere Option, der aber nicht so viele Personen in der Gruppe zugestimmt haben. Neurodivergente Menschen priorisieren hier tendenziell eher die Richtigkeit und Passung einer Lösung höher als die Gruppendynamik und werden dadurch durchaus auch als mobbend empfunden, auch wenn das Mobbing in diesem Fall sachlicher Richtigkeit und weniger der Durchsetzung von persönlichen Interessen dient (vgl. Fink et al., 2024).

Kommunikation als funktionaler Informationsaustausch auf Sachebene
Wie auch das Beispiel des „How are you?“ als Grußformel zeigt, bedient sich Kommunikation meist zusätzlicher Ebenen, die über die rein sachliche Aussage der verwendeten Worte hinausgeht. Diese zusätzlichen Informationen werden entweder über implizite Normen übermittelt, oder aber durch Intonation oder die begleitende Körpersprache. Das mag funktionieren, wenn die Beziehungsebene stabil ist und alle Beteiligten die gleichen Normen, Kompetenzen und das gleiche Verständnis für die impliziten Bedeutungen haben. Sobald aber einzelne Diskrepanzen bestehen, gerät die Kommunikation ins Stocken. Dazu kommt für neurodivergente Menschen, dass sie oft bereits ihr Leben lang negative Erfahrungen mit ihrem Kommunikationsstil gemacht haben und die „richtige“ Kommunikation bewusst lernen oder einsetzen müssen.

Die Fokussierung auf die reine Sachebene kann insofern also Ressourcen schonen (vgl. Kessler & Ikuta, 2023), die die Person in die eigene Kommunikation investieren kann. Es gibt außerdem eine Vielzahl an Menschen, die beispielsweise Ironie oder Sarkasmus nicht verstehen – d. h. nicht automatisch, dass sie keinen Humor haben, sondern lediglich, dass die Inhalte des sogenannten „Subtextes“ nicht von ihnen bemerkt werden. Gleichzeitig kann genau diese Sachbezogenheit als Affront verstanden werden, da für andere Menschen erst durch Subtext die Beziehungsebene gestaltet wird. Gerade in der schriftlichen Kommunikation wird dieser Unterschied umso gravierender, kann aber sogar einfacher als im

Gespräch kompensiert werden: Sogenannte Tone Indicators zeigen auf einen Blick, wenn beispielsweise ein Witz gemacht wurde oder eine Aussage sarkastisch oder ironisch gemeint ist.

Fragen als beziehungsunabhängige Informationsbeschaffung
Zu den rhetorischen Mittel, die insbesondere zur Erreichung eigener Ziele oder im Rahmen von unterschwelligen Statuskonflikten eingesetzt werden, gehören unter anderem rhetorische oder Suggestivfragen oder auch pointierte Rückfragen als Ausdruck eigener Skepsis. Die Frage „Was hast du dir dabei gedacht?" beispielsweise trägt eine Fülle an möglichen Deutungsweisen in sich, die sich je nach Intonation, Beziehung etc. stark voneinander unterscheiden. Wird sie in einem disziplinierenden Austausch eingesetzt, soll sie gleichzeitig eine Machtdynamik (ggf. neu) stärken. Andererseits aber kann sie in einem anderen Tonfall auch als bloße Neugier und Interesse interpretiert werden. Mit dem Wissen darum, dass Kommunikation für viele Menschen allein als funktionales Mittel genutzt wird und nicht konstant als Beziehungswerkzeug, wird schnell klar, weshalb es gerade in diesem Bereich häufig zu Missverständnissen für ebenjene Personen kommt. Aufrichtig gemeinte Fragen, die den für die Person notwendigen Kontext erweitern sollen, werden als Zweifel, Infragestellen oder gar Aufmüpfigkeit verstanden, und die Beziehungsebene zwischen den Personen wird gestört.

In Tab. 3.1 daher eine Übersicht über mögliche Szenarien, und wie damit umgegangen werden kann:

3.1 Kommunikationswege

Anders als in sozialen Systemen der Privatsphäre, wie im Familien- oder Freundeskreis, bauen sich im Arbeitsverhältnis nicht erst gemeinsam gewählte Kommunikationswege und -bräuche nach und nach auf, sondern sind in aller Regel vorgegeben. Die Organisation besteht als System, das zwar erst durch die darin arbeitenden Menschen zusammenkommt, aber in der Regel eine eigene, übergeordnete Logik entwickelt. Vorgaben aus Gremien, Management und auch rechtlichen Rahmenbedingungen werden vermischt mit Effizienzzielen, verfügbarer Technologie, Akzeptanz und Forcierbarkeit – selten aber mit individuellen Vorlieben aller Menschen innerhalb der Organisation. Das hat seinen Grund, denn ohne gemeinsam vereinbarte Kommunikationswege wird schwer einschätzbar, ob beispielsweise relevante Informationen auch wirklich ihren Weg zur richtigen Person oder Stelle finden werden. Gleichzeitig bedeutet das in der Regel einen Kompromiss maximalen Umfangs, mit dem Ziel, einen akzeptablen, funktionalen Mittelweg für alle zu finden.

Grundsätzlich gibt es verschiedene Aspekte der Kommunikation, die für verschiedene Kommunikationswege relevant sind. Nach wie vor findet in vielen Organisation leider

Tab. 3.1 Perspektivwechsel in der Kommunikation – normative Interpretation und neuroinklusive Sichtweise

Beobachtbares Verhalten	Neurotypische Interpretation	Mögliche neurodivergente Perspektive	Kontextualisierung/ Empfehlung
Wenig Augenkontakt beim Sprechen	Unsicherheit, Desinteresse, Lüge	Konzentration auf Inhalt, Überforderung durch Blickkontakt	Inhaltliche Rückmeldungen statt Augenkontakt als Maßstab für Aufmerksamkeit nutzen
Direkte Korrektur von Aussagen im Gespräch	Besserwisserei, Unhöflichkeit	Wunsch nach Präzision, sachlicher Fokus	Korrekturen als Beitrag zur inhaltlichen Qualität wertschätzen
Rückzug in Meetings oder stille Teilnahme	Passivität, mangelndes Interesse	Reizüberflutung, fehlende Einladung zur Beteiligung	Möglichkeit für schriftliche Beiträge, asynchrone Teilnahme oder Vorbereitungszeit schaffen
Fragen zu scheinbar Selbstverständlichem	Naivität, Inkompetenz	Wunsch nach Klarheit, Bedarf an expliziten Informationen	Klarheit über implizite Erwartungen herstellen
Verzicht auf Small Talk oder Begrüßungsfloskeln	Unhöflichkeit, soziale Kälte	Energieschonung, andere Priorisierung der Kommunikation	Small Talk als optional anerkennen – nicht als Voraussetzung für gute Zusammenarbeit
Schriftliche Kommunikation statt mündlicher Gespräche bevorzugt	Umständlich, langsam, unpersönlich	Strukturierter, verlässlicher, weniger überfordernd	Kanäle parallel ermöglichen, zum Beispiel asynchrone Ergänzung zu Meetings
Mangel an „weichgespülten" Formulierungen	Härte, Mangel an Empathie	Klarheit und Sparsamkeit mit Sprache als bewusste Strategie	Eigene Unsicherheit verantworten, Klarheit als Zeitersparnis wertschätzen
Humor oder Ironie wird scheinbar nicht erkannt oder nicht verwendet	Humorlosigkeit, soziale Inkompatibilität	Ironie wird nicht intuitiv verstanden, Fokus auf wörtlichen Sinn	Tone Indicators oder explizite Kennzeichnung von Humor nutzen

(Fortsetzung)

Tab. 3.1 (Fortsetzung)

Beobachtbares Verhalten	Neurotypische Interpretation	Mögliche neurodivergente Perspektive	Kontextualisierung/ Empfehlung
Häufiges Nachfragen oder detaillierte Rückfragen	Nervigkeit, Infragestellung von Autorität	Bedürfnis nach Kontext, strukturierter Verarbeitung oder Vorbereitung	Rückfragen als Ausdruck von Sorgfalt und Engagement deuten
Stille nach Fragen oder in Gesprächen	Peinliche Pause, Nicht-Verstehen, Zögern	Verarbeitungszeit, Formulierungssuche, nichts zu ergänzen	Bewusst Pausen zulassen, Stille nicht vorschnell füllen oder bewerten, nachfragen

nur selten (oder erst bei auftretenden Problemen) eine bewusste Auseinandersetzung mit diesen Aspekten statt.

Um hier zunächst grundlegend eine Überprüfung zu ermöglichen, welche bisher impliziten Vereinbarungen in der eigenen Organisation bestehen, soll die nachfolgende Liste unterstützen.

Grundsätzliche Kommunikationsmerkmale

- **Synchronität:** Beschreibt, ob Kommunikation in Echtzeit (synchron) oder zeitversetzt (asynchron) abläuft. Synchrone Kommunikation – etwa ein direktes Gespräch oder Telefonat – ermöglicht unmittelbare Reaktionen und Dialog, während asynchrone Kommunikation (z. B. E-Mail, Chat) zeitlichen Abstand zwischen Senden und Empfangen aufweist. Die Wahl der Synchronität repräsentiert im Idealfall die Dringlichkeit: Echtzeitkommunikation eignet sich für sofortigen Austausch und Klärung, wohingegen zeitversetzte Kanäle mehr Reflexionszeit bieten, aber Verzögerungen mit sich bringen.
- **Publikum (Reichweite):** Die Größe und Zusammensetzung der Empfängergruppe formen die Kommunikation maßgeblich. Eine One-on-One-Unterhaltung (zwischen zwei Personen) erlaubt persönliche, vertrauliche Abstimmung, während Gruppenkommunikation (Team-Meetings, Abteilungsrunden) darauf abzielt, mehrere Personen gleichzeitig zu informieren und einzubinden. Massenkommunikation innerhalb der Organisation (z. B. eine Ankündigung an alle Mitarbeitenden) erfordert besonders klare Botschaften, da sie an ein großes, heterogenes Publikum gerichtet ist. Die Reichweite bestimmt, wie allgemein oder spezifisch Informationen formuliert werden müssen und ob persönlicher Bezug hergestellt werden kann.
- **Kommunikationsrichtung:** Damit ist gemeint, wer in der Interaktion sendet und empfängt – also ob Kommunikation einseitig oder wechselseitig verläuft. Einseitige Kommunikation (Top-down-Ansagen, Rundschreiben) erfolgt von einer Quelle zu vielen Empfänger*innen ohne direkte Rückkanäle. Zweiseitige bzw. mehrseitige Kommunikation erlaubt Dialog und Rückmeldungen: Alle beteiligten Parteien können

Informationen austauschen, zum Beispiel in offenen Diskussionen oder anhand Feedbackschleifen. In effektiver interner Kommunikation werden sowohl One-Way-Updates (für klare Infos, z. B. offizielle Ankündigungen) als auch Two-Way-Formate (für Austausch, z. B. Q&A-Runden, Umfragen) kombiniert. Je mehr wechselseitiger Dialog möglich ist, desto höher sind meist Engagement und Verständigung.

- **Formalitätsgrad:** Der Rahmen, in dem kommuniziert wird, kann formell oder informell und durchmischt sein. Formelle Kommunikation findet in offiziellen, strukturierten Kontexten statt – etwa in geplanten Meetings mit Agenda, per dienstlichem Memo oder in schriftlichen Richtlinien. Sie ist meist verbindlich und folgt gewissen Normen oder Protokollen. Informelle Kommunikation hingegen erfolgt spontaner und ungezwungener, zum Beispiel im Pausengespräch, Chat unter Kolleg*innen oder „Flurfunk“. Sie ist weniger geregelt und persönlicher. Beide Formen erfüllen wichtige Funktionen: Formelle Kanäle sorgen für klare, nachvollziehbare Informationsweitergabe, während informelle Gespräche Vertrauen schaffen und oft als schneller „Informationsfluss nebenbei“ dienen. Ein bewusster Umgang mit Formalität hilft Organisationen, sowohl Verbindlichkeit als auch Offenheit in ihrer Kommunikationskultur zu fördern.
- **Medium (Kanal):** Der Übertragungsweg beeinflusst, *wie* Botschaften vermittelt werden. Face-to-Face (persönliche Gespräche) bietet einen reichen Informationsgehalt: nonverbale Signale wie Mimik, Gestik und Tonfall unterstützen die Verständigung und emotionale Komponenten werden direkt sichtbar. Telefon- oder Videokonferenzen ermöglichen ebenfalls Echtzeitaustausch, allerdings mit teils eingeschränkter Körpersprache (bei Telefon nur Stimme, bei Video der auf den Bildschirm begrenzten Mimik). Schriftliche Medien (E-Mail, Chat, Intranet-Beiträge) sind häufig asynchron und lassen sich archivieren – gut für detaillierte Infos und Dokumentation, jedoch ohne unmittelbares Feedback oder nonverbale Nuancen. Die Wahl des Mediums beeinflusst Geschwindigkeit, Verständlichkeit und Zwischenmenschlichkeit: Ein komplexes, sensibles Thema klärt man zum Beispiel ggf. besser persönlich oder per Video, während einfache Infos auch per E-Mail effektiv an viele gesendet werden können. Wichtig ist, dass Medium und Botschaft zueinander passen – etwa dadurch, dass bei dringenden, wichtigen Angelegenheiten ein dazu etablierter Kanal gewählt wird, um Missverständnisse zu vermeiden.

Strukturelle Faktoren

- **Hierarchie:** Die formale Organisationsstruktur (z. B. Anzahl der Hierarchieebenen, Zentralisierung) bestimmt, wer mit wem wie kommuniziert. Hierarchische Strukturen prägen die Kommunikationsflüsse – etwa Top-down-, Bottom-up- und horizontale Kommunikation – und können offene Dialoge begünstigen oder hemmen. In stark hierarchischen Kulturen gilt Information oft als Macht, was dazu führen kann, dass Führungskräfte aus Kontrollgründen Informationen zurückhalten. Flache Hierarchien hingegen erleichtern meist den direkten Informationsaustausch zwischen Ebenen, haben in aller Regel aber weniger strukturierte Prozesse.

- **Formalisierte Kommunikationsprozesse und -richtlinien:** Viele Organisationen etablieren interne Kommunikationsrichtlinien, feste Abläufe und Kanäle, die den Informationsfluss strukturieren. Geplante Kommunikationsinstrumente (etwa regelmäßige Meetings, Rundschreiben) sorgen für Verlässlichkeit und Einheitlichkeit in der internen Kommunikation. Eine klare Kommunikationspolitik kann Transparenz schaffen und erwünschtes Kommunikationsverhalten fördern. Gleichzeitig sollte genug Flexibilität bleiben, um spontanen Dialog nicht zu unterdrücken.
- **Organisationsgröße und -komplexität:** Größere und komplexere Organisationen haben tendenziell anspruchsvollere interne Kommunikationsbedürfnisse. Mit wachsender Unternehmensgröße steigen die Kommunikationswege in Anzahl und Länge, und Informationen durchlaufen mehr Ebenen, was die Kommunikationskomplexität vervielfacht. Oft geht damit eine stärkere Formalisierung einher (z. B. über einseitige, interne Mitteilungswege), um den Informationsfluss handhabbar zu machen. In kleineren, überschaubaren Strukturen kann Kommunikation hingegen direkter und informeller stattfinden.

Soziale und relationale Faktoren

- **Führungsstil und Führungskommunikation:** Die Kommunikationsweise der Führungskräfte setzt den Ton für die gesamte Organisation. Ein offener, partizipativer Führungsstil fördert Vertrauen und den freien Informationsfluss, weil Mitarbeitende sich gehört und ernstgenommen fühlen. Autoritäres Führungsverhalten aber ist geprägt von hierarchischem Denken und geringer Mitarbeiterbeteiligung, fehlender Dialogbereitschaft und geringer Einbindung durch das Management. Das führt in der Regel dazu, dass Mitarbeitende sich zurückziehen und gar nicht erst versuchen, Probleme anzusprechen.
- **Vertrauen und Transparenz:** Soziales Vertrauen zwischen Management und Mitarbeitenden sowie unter der Kollegenschaft miteinander ist die Grundlage für offene Kommunikation. In vertrauensvoller Atmosphäre teilen Mitarbeitende eher offen Informationen, Wissen und Bedenken. Werden vom Management wichtige Information zurückgehalten oder intransparent kommuniziert, schwächt dies das Vertrauen und die Dialogbereitschaft deutlich (vgl. hierzu auch Kap. 4). Eine offene Informationspolitik mit klarer Kommunikation hingegen fördert das Vertrauen in die Führungskraft und damit die Retention der Mitarbeitenden.
- **Informelle Netzwerke und „Flurfunk":** Neben den offiziellen Kanälen existiert in jeder Organisation eine informelle Kommunikationsstruktur. Über den „Flurfunk" werden Neuigkeiten auch in weniger erwünschten Fällen schnell und ungefiltert geteilt. Diese sozialen Netzwerke können natürlich positiv wirken, indem sie Gemeinschaft und gegenseitige Hilfe stärken, bergen aber auch Risiken – insbesondere, wenn Management und Führungskräfte in diesem Bereich Schwächen haben.

- **Qualität der zwischenmenschlichen Beziehungen:** Auch die persönlichen Arbeitsbeziehungen beeinflussen die interne Kommunikation. Kollegialität, gegenseitige Wertschätzung und Teamgeist tragen zur psychologischen Sicherheit bei. Die Mitarbeitenden fühlen sich wohler, offen und wohlwollend zu kommunizieren und Wissen zu teilen, und die organisationsweite Performance steigt.

Psychologische Faktoren

- **Psychologische Sicherheit:** Psychologische Sicherheit beschreibt die gemeinsame Überzeugung von Teammitgliedern, dass niemand negative Konsequenzen befürchten muss, wenn offen gesprochen oder Fehler eingestanden werden. Ein hohes Maß an psychologischer Sicherheit schafft ein Klima, in dem Ideen, Bedenken und Kritik frei geäußert werden, ohne Angst vor Blamage oder Bestrafung. Dieses Vertrauen erleichtert organisationales Lernen und Innovation. Ist die psychologische Sicherheit hingegen gering, zögern Mitarbeitende, Probleme anzusprechen oder Risiken einzugehen, was die Kommunikation stark einschränken kann. Studien betonen, dass psychologische Sicherheit mit zwischenmenschlichem Vertrauen und Respekt einhergeht und so direkt die Kommunikations- und Lernbereitschaft in Teams erhöht.
- **Einstellungen, Identifikation und Zugehörigkeitsgefühl:** Die Haltung der Mitarbeitenden zur Organisation – ob sie sich z. B. mit den Unternehmenswerten identifizieren, dem Management vertrauen und sich als wichtigen Teil des Ganzen fühlen – beeinflusst ihr Kommunikationsverhalten. Der Stolz auf das und die Identifikation mit dem Unternehmen fördern, dass Mitarbeitende als Botschafter*innen auftreten und Informationen positiv nach innen wie außen tragen. Studien sehen interne Kommunikation selbst als Schlüsselfaktor, um ein starkes Wir-Gefühl und Zugehörigkeit zu erzeugen. Wenn Mitarbeitende sich mit den Zielen und Werten der Organisation voll identifizieren, sind sie eher bereit, offen und kooperativ zu kommunizieren und bei Veränderungen mitzuziehen. Fehlt dieses Zugehörigkeitsgefühl, kann dies zu Gleichgültigkeit oder sogar Zynismus führen – die interne Kommunikation läuft dann oft ins Leere oder stößt auf Widerstand.

Kulturelle und soziolinguistische Faktoren

- **Organisationskultur (Werte und Normen):** Die gelebte Unternehmenskultur bildet den Kontext, in dem interne Kommunikation stattfindet. Gemeinsame Werte, Normen und ungeschriebene Regeln bestimmen, was in der Kommunikation als angemessen gilt – zum Beispiel ob Offenheit erwünscht ist oder Zurückhaltung erwartet wird. In einer offenen, partizipativen Kultur mit Werteorientierung an Vertrauen, Transparenz und Teamarbeit werden Informationen tendenziell frei fließen und Mitarbeitende fühlen sich ermutigt, ihre Meinung zu sagen. Dagegen hemmt eine autoritäre oder stark hierarchische Kultur die Kommunikation: Wenn z. B. Widerspruch kulturell tabu ist oder strikte Dienstwege jede informelle Absprache unterbinden, fehlen wertvolle

Rückmeldungen Kultur und Kommunikation beeinflussen sich somit wechselseitig – Kultur gibt den Kommunikationsstil vor, und über Kommunikation wird Kultur täglich neu geschaffen. In globalen oder multikulturellen Unternehmen kommen noch nationale Kulturunterschiede hinzu: Unterschiede in Direktheit, Höflichkeitsformen oder Umgang mit Kritik (z. B. vergleichbar mit Hofstedes Kulturdimensionen) können die Art beeinflussen, wie Botschaften interpretiert und geteilt werden.

- **Sprachliche Konventionen und Jargon:** Sprache spielt eine zentrale Rolle in der Organisationskommunikation. Gemeinsame Fachbegriffe, Abkürzungen und Redewendungen können den Austausch erleichtern, da alle Beteiligten dieselbe „Sprache" sprechen und Konzepte einheitlich verstehen. Gleichzeitig kann übermäßiger Jargon oder ein exklusiver Fachwortschatz die Kommunikation behindern – insbesondere neue Mitarbeitende oder bereichsfremde Personen fühlen sich ausgeschlossen oder missverstehen Inhalte. Studien warnen, dass unnötig komplizierte, aufgeblähte Geschäftssprache die Verständigung eher erschwert und die Organisationskultur belasten kann. Klare und inklusive Sprache hingegen – also Botschaften in einfacher, präziser Form und gegebenenfalls mehrsprachig angeboten – fördert Verständnis und Beteiligung. Auch soziolinguistische Aspekte wie Dialekte, Gruppensprache oder die informelle Tonalität (Du/Sie-Kultur) formen die interne Kommunikation: Sie können Zugehörigkeit signalisieren, aber auch Barrieren aufbauen, wenn nicht alle den gleichen kommunikativen Code teilen.
- **Diversität und kulturelle Hintergründe:** Die Vielfalt der Belegschaft spiegelt sich auch in der internen Kommunikation wider. Unterschiedliche kulturelle Hintergründe, Altersgruppen oder berufliche Prägungen bringen unterschiedliche Kommunikationsstile und Erwartungen mit sich. Beispielsweise legen manche Kulturen mehr Wert auf indirekte, kontextuale Kommunikation, während andere Direktheit bevorzugen – in einer globalen Organisation können solche Unterschiede leicht zu Missverständnissen führen, wenn sie ignoriert werden. Ebenso beeinflusst Diversität die Themen und Perspektiven in der Kommunikation: Eine inklusive interne Kommunikation bemüht sich, alle Mitarbeitendengruppen anzusprechen und verschiedenen Sichtweisen Raum zu geben. Kulturelle Sensibilität und Trainings (z. B. interkulturelle Kommunikation) können helfen, Barrieren abzubauen. Insgesamt gilt: Je heterogener die Belegschaft, desto bewusster sollte die Organisation auf gemeinsames Verständnis und respektvollen Dialog achten, um einen effektiven Informationsaustausch sicherzustellen.

Die Liste verdeutlicht abermals, wie komplex Kommunikation bereits für sich allein ist, wenn wir nur von einer einzigen Art der „normalen" Kommunikation ausgehen. Schon zwischen zwei Menschen mit sehr ähnlicher Neurologie, Herkunft, Zielsetzung und Ausdrucksweise kommt es immer noch zu Missverständnissen und Konflikten – nicht zuletzt, weil Menschen unterschiedliche Motivationen und Herangehensweisen haben, an beispielsweise Ziele zu gelangen, oder die Ziele unterschiedlich priorisieren.

Hinzu kommt nun, dass die Kommunikation in Organisationen häufig auf einer Vielzahl impliziter Regeln und Erwartungen basiert, die nicht für alle und ganz besonders nicht für neuere oder weniger sozial integrierte Teammitglieder klar sind. Wer schon einmal länger in größeren Organisationen unterwegs war, wird wissen, wie wichtig gerade deshalb ein eigens aufgebautes Netzwerk an Verbündeten ist, und dass viele Organisationen tatsächlich erst aufgrund dieser versteckten Strukturen noch so funktionieren, wie sie es tun. Erst mit der Zeit lernt man, welche Person vielleicht im Organigramm nicht oben steht, aber auf der „guten" Seite des Managements steht, oder welche Person das Dateiablagesystem gemeistert hat, als einziges Teammitglied einer bestimmten Führungskraft etwas entgegensetzen darf, oder innerhalb der gleichen Hierarchieebene tatsächlich mehr als andere „das Sagen" hat.

Wenn nun neurodivergente Menschen in die Organisation treten, die häufig ihr Leben lang soziale Ausgrenzung erfahren haben (durch aktive negative Erfahrungen oder das Versteckenmüssen ihrer eigenen Verhaltens- und Denkweisen), werden die kommunikativen Herausforderungen durch die unterbewusst ablaufenden Prozesse bestehender Organisationsmitglieder nur potenziert: Sie kommunizieren anders, werden schlechter bewertet als neurotypische Teammitglieder, genießen weniger Entgegenkommen und Vertrauen und geraten dadurch häufiger in Konflikte. Die strukturellen und zwischenmenschlichen Herausforderungen werden fast unlösbar, denn der Zugang zu dem versteckten organisationalen Netz funktioniert in aller Regel über Sympathie, Gefälligkeit und Hinweise von Peers im eigenen Team, die das System bereits gemeistert haben. Dass in digitalen Meetings die Funktion des „Handhebens" bei nur wenigen Teilnehmenden nicht verwendet werden soll, aber im größeren Kreis unbedingt, bleibt so ein Geheimnis. Dass Nachrichten immer mit einer Gruß- und Abschiedsformel verschickt werden sollen, seien sie noch so kurz, wird nicht geteilt. Es gibt sicherlich eine Vielzahl weiterer Szenarien und ungeschriebene Kommunikationsregeln aus der eigenen Organisation, die mit etwas Nachdenken in den Sinn kommen.

Zusätzlich zu den impliziten organisationsinternen Regularien kommt dann hinzu, dass sowohl implizit als auch explizit formulierte Regeln meist auf bestimmte übergeordnete Ziele einzahlen sollen – dadurch aber neurodivergenten Menschen die Teilhabe deutlich erschwert wird. Wenn in Online-Meetings beispielsweise die Kamera aller Teilnehmenden stets eingeschaltet sein muss, kann das für neurodivergente Menschen äußerst ablenkend sein. Der Gedanke hinter einer solchen Regel ist meist, dass die teilnehmenden Personen auch wirklich mit ihrer vollen Aufmerksamkeit beim Termin sein sollen, nichts anderes währenddessen erledigen sollen, oder es soll gar kontrollierbar sein, von welchem Ort aus die Person sich gerade zuschaltet und ob sie nicht vielleicht irgendwo an einem Pool Arbeitszeitbetrug begeht. Nicht nur, dass solche Maßnahmen wie die verpflichtende Videonutzung für diese Ziele auch grundsätzlich vollkommen deplatziert und eher sogar performance-schädlich sind – sie bewirken insbesondere für neurodivergente Menschen in fast allen Dimensionen möglicherweise das absolute Gegenteil. So kann es sein, dass eine Person mit Tourette-Syndrom bei eingeschalteter Videokamera konstant unter höherer Spannung steht, weil sie bei jedem Durchführen ihrer Tics die Augenbewegungen der anderen Teilnehmenden auf ihre Kachel schnellen sieht. Menschen mit ADHS profitieren wiederum meist sogar davon, wenn sie während Terminen einer anderen motorischen Aktivität nebenbei nachgehen dürfen, beispielsweise dem Zusammenlegen der Wäsche, Abspülen oder sich auch einfach grundsätzlich bewegen dürfen, statt in den Rechner zu schauen.

> **Wichtig** Ein Blick in die Kamera, die Augen des Gegenübers oder auch sonstige körpersprachliche Signale sind keine Indikatoren dafür, was sich für eine Person innerlich abspielt. Es ist eine reine und in erster Linie neuronormative Interpretation, wenn eine bestimmte Blickrichtung als „aufmerksam" gewertet wird.

Selbst gut gemeinte Kommunikationsstrukturen können allerdings unbeabsichtigt zu Ausschluss führen, wenn sie kategorisch angewendet oder nur als „schnelle Lösung" implementiert werden, ohne die tatsächliche Wirkung auf alle Beteiligten zu berücksichtigen.

Einige typische Fallen werden nachfolgend beschrieben:

- **Standardisierung ohne Kontextsensibilität**
  Viele Organisationen streben nach Effizienz und Klarheit – verständlich, aber oft wird dabei übersehen, dass eine zu rigide Standardisierung die individuelle Zugänglichkeit einschränkt. Wenn z. B. Meetings immer gleich ablaufen, ohne Spielraum für schriftliche oder asynchrone Beiträge, bleiben neurodivergente Denkweisen unberücksichtigt. Struktur ersetzt hier nicht Flexibilität, sondern überdeckt die Notwendigkeit von Vielfalt in Kommunikationsformen.
- **„Gleichbehandlung" statt gerechter Gestaltung**
  Ein häufiger Trugschluss: Alle bekommen denselben Kommunikationsrahmen – also ist das fair. Doch gleiche Rahmenbedingungen führen nicht automatisch zu gleichen Chancen. Wer Informationen schneller verarbeiten kann, sich mühelos in Gruppendynamiken einfügt oder zwischen den Zeilen liest, ist im Vorteil. Neurodivergente Menschen hingegen brauchen oft andere Formen der Informationsdarstellung oder -verarbeitung, damit eine gleichwertige Teilhabe möglich ist.
- **Dominanz performativer Kommunikationsmuster**
  In vielen Organisationen gelten bestimmte Ausdrucksweisen als „professionell", „dynamisch" oder „engagiert" – etwa spontane Beiträge im Meeting, lockeres Pitchen oder humorvoller Small Talk. Diese performativen Elemente werden allerdings häufig mit Kompetenz gleichgesetzt und sind damit ein systematischer Nachteil für Menschen, deren Kommunikationsweise analytischer, sachlicher oder schriftlicher geprägt ist. Ihre Beiträge werden so oft unterschätzt oder übersehen.

- **Technologische Tools als vermeintliche Lösung**
  Digitale Tools wie Slack, MS Teams oder Miro versprechen mehr Inklusion – in der Praxis wirken sie jedoch oft überfordernd, wenn sie nicht erklärt werden. Gerade neurodivergente Menschen erleben hier Reizüberflutung, Unklarheit über Erwartungshaltungen (z. B. Antwortzeiten, Emojis, Reaktionen) oder Desorientierung durch fehlende Struktur. Tools müssen erklärt, geregelt und mit alternativen Wegen ergänzt werden.
- **Meeting-Kultur ohne Raum für Reflexion**
  Die weit verbreitete Praxis, Themen ausschließlich im Meeting spontan zu diskutieren, benachteiligt all jene, die Bedenkzeit benötigen oder schriftlich strukturierter denken. Es entstehz automatisch Ausgrenzung – neurodivergente Personen, die wertvolle Impulse liefern könnten, gehen unter. Besonders dann, wenn Redezeit ungleich verteilt ist oder Beiträge ungefragt bewertet werden, entsteht eine toxische Dynamik für diejenigen, die nicht der dominanten Kommunikationskultur entsprechen.
- **Unausgesprochene Normen und soziale Codes**
  Ob Begrüßungsfloskeln im Chat, bestimmte Emojis, die „man halt so macht", oder die Art, wie Kritik in E-Mails verpackt wird: Soziale Codes sind selten dokumentiert. Für neurodivergente Menschen, die solche Signale anders interpretieren oder gar nicht wahrnehmen, entstehen dadurch wiederkehrende Missverständnisse – häufig ohne, dass sie je benannt oder erklärt werden.
- **Pseudodialoge ohne Konsequenzen**
  In vielen Organisationen sind Feedbackrunden, Stimmungsabfragen oder „offene Fragen" längst ritualisiert – doch wenn auf Rückmeldungen keine sichtbare Veränderung folgt, verlieren neurodivergente Menschen schneller das Vertrauen in die Kommunikationsstruktur. Ihre Beiträge waren oft mit höherem Aufwand verbunden; wenn sie ins Leere laufen, ist das nicht nur demotivierend, sondern kann auch retraumatisierend wirken.
- **Kommunikationsmittel ≠ Kommunikationskultur**
  Viele Organisationen investieren in Tools, Formate und Templates – aber nicht in die soziale Kompetenz, damit auch menschlich gut umzugehen. Inklusive Kommunikation bedeutet nicht, dass mehr Kanäle geöffnet werden, sondern dass die Regeln ihrer Nutzung bewusst, reflektiert und fair sind. Eine Slack-Nachricht um 22 Uhr, ein falsch verstandenes Emoji oder ein fehlender „Hallo"-Begrüßungsknopf in einer Mail – all das wird nicht durch Technik gelöst, sondern durch Haltung.

Übersicht

In Kürze: Kommunikationswege.

1. **Kommunikationsmittel bewusst nach Ziel und Beteiligten auswählen**
   Nicht jede Information gehört in jedes Format. Je nach Ziel, Reichweite und Dringlichkeit sollte das geeignete Medium gewählt werden.
   Beispiel: Eine kurze Info mit geringer Dringlichkeit kann per Chat versendet werden – ein komplexes Thema mit Rückfragenpotenzial gehört eher in ein synchrones Meeting.
2. **Kommunikationsform nicht mit Wichtigkeit verwechseln**
   Ein persönliches Gespräch ist nicht per se bedeutsamer als eine asynchrone Nachricht. Wichtig ist, ob die gewählte Form den Beteiligten ermöglicht, wirksam zu antworten.
   Beispiel: Eine Entscheidungsvorlage vorab per E-Mail zu senden kann effizienter sein als eine spontane Diskussion im Meeting.
3. **Synchronität bewusst gestalten**
   Nicht alle Kommunikationsprozesse müssen in Echtzeit ablaufen. Asynchrone Formate bieten Entlastung und Raum zur Vorbereitung – insbesondere für neurodivergente Mitarbeitende.
   Beispiel: Eine Frage im Teamchat zu stellen ermöglicht breitere Beteiligung als ein Ad-hoc Call mit nur zwei Anwesenden.
4. **Publikum klar benennen**
   Je größer das Publikum, desto stärker steigt die normative Erwartung. Kommunikationsformate sollten klar unterscheiden, ob es sich um gezielte oder breite Ansprache handelt.
   Beispiel: Eine Einladung zu einer Feedbackrunde sollte konkret adressiert sein – nicht nur im offenen Slack-Kanal gepostet.
5. **Kommunikationsregeln explizit machen**
   Verschiedene Kanäle bedeuten verschiedene Regeln. Diese sollten nicht vorausgesetzt, sondern klar benannt werden.
   Beispiel: In der Meeting-Einladung darauf hinweisen, ob Kameras erwartet werden, wer moderiert und ob ein Protokoll entsteht.

3.2 Tools und ihre Verwendung

Zusätzlich zur Evaluation passender Kommunikationswege besteht grundsätzlich die Frage, welche Tools zur Verfügung stehen oder grundsätzlich eingesetzt werden können. Je nach Organisationspolitik, Budgets und Veränderungsbereitschaft kann dies sowohl vor als auch nach einer Evaluation der Kommunikationswege erfolgen. In der Praxis ist es wohl am gängigsten, zuerst die bisherigen Wege und Tools auszuwerten, Lücken zu identifizieren und zu prüfen, inwiefern bestehende Tools diese Lücken ausfüllen können.

Die Auswahl und bewusste Verwendung von Tools ist ein unterschätzter Hebel für inklusive Kommunikation. Dabei geht es nicht nur um die Frage, welches Tool genutzt wird, sondern auch, wie es genutzt wird – mit welchem Ziel und welcher Flexibilität gegenüber unterschiedlichen Bedürfnissen.

Grundlegende Prinzipien

Ein Tool ist nicht inklusiv, weil es modern ist – sondern weil es strukturell zugänglich, individuell anpassbar und organisatorisch sinnvoll eingebunden ist.

Für neurodivergente Personen sind insbesondere folgende Faktoren wichtig:

- visuelle Klarheit (wenig Ablenkung, strukturierte Darstellung)
- nachvollziehbare Logik (Ablauf, Navigation, Ordnung)
- Zeitunabhängigkeit (asynchrone Nutzung)
- Mitgestaltungsmöglichkeiten (eigene Workarounds, Filter, Regeln)

3.2.1 Übersicht von Beispiel-Tools und ihren Potenzialen

- **Nachrichtentools (Slack/MS Teams/Discord)**
  - Vorteile: schnelle Kommunikation, Channels für themenspezifischen Austausch, Integration von Dateien und Tools, Emojis/Reaktionen als niederschwellige Beteiligung
  - Nachteile: Reizüberflutung durch viele Channels/Benachrichtigungen, schnelles Tempo, Gefahr von FOMO (Fear of Missing Out), unübersichtliche Suchfunktionen
  - Tipp: Benachrichtigungen individualisieren, klare Kanalstruktur, „wichtige Threads" markieren, asynchrone Beteiligung explizit ermöglichen
- **E-Mail**
  - Vorteile: planbare Kommunikation, formaler Stil bietet Orientierung, gut zur Dokumentation
  - Nachteile: längere Antwortzeiten, oft unklare Verantwortlichkeiten (CC vs. Adressat*in), kann überwältigend wirken
  - Tipp: Betreffzeilen mit Handlungsaufforderung, klare Zuständigkeiten formulieren („Frage an XY", „Zur Info", „Bitte bis …")
- **Kollaboratives Informationsmanagement (Notion/Confluence/Google Workspace)**
  - Vorteile: zentrale Wissensspeicher, transparente Dokumentation, Zusammenarbeit an Inhalten in Echtzeit, visuelle Darstellungsmöglichkeiten
  - Nachteile: komplexe Navigation, initiale Überforderung, Pflegeaufwand
  - Tipp: klare Startseiten („Was finde ich wo?"), Templates nutzen, Suchfunktion erklären, Ownership für einzelne Bereiche verteilen
- **Kollaborative digitale Boards (Miro/Mural/FigJam)**
  - Vorteile: visuelle Kollaboration, sehr gut für nonlineares Denken, auch asynchron möglich

  - Nachteile: kann visuell überladen wirken, Bedienung nicht immer intuitiv, Bildschirmarbeit sehr intensiv
  - Tipp: vorstrukturierte Boards anbieten, Farben und Icons sparsam einsetzen, Nutzung erklären, schriftliche Zusammenfassung ergänzen
- **Videokonferenz-Tools (Zoom/Google Meet/MS Teams)**
  - Vorteile: direkter Austausch, visuelle Hinweise möglich, schnelle Klärung
  - Nachteile: soziale Erschöpfung, Kamera-Stress, hohe Anforderungen an Spontaneität
  - Tipp: Kamera-Option freistellen, Meetingstruktur vorher teilen, Chat als Ergänzung nutzen, Breakout-Räume bewusst einsetzen
- **Projektmanagement (Trello/Github/Asana/Jira)**
  - Vorteile: Aufgabenmanagement, Verantwortlichkeiten sichtbar, Fortschritt nachvollziehbar
  - Nachteile: bei zu starrer Nutzung schnell bürokratisch, Überforderung durch Subtasks, parallele Systeme können verwirren
  - Tipp: Aufgaben klar beschreiben, Deadlines realistisch halten, Möglichkeit zur Priorisierung durch Teammitglied einbauen

3.2.2 Tools zur individuellen Unterstützung

Nicht alle Tools müssen teamweit eingesetzt werden. Viele neurodivergente Menschen nutzen ohnehin bereits eigene zusätzliche Hilfsmittel, um Kommunikation und Selbstorganisation zu strukturieren. Organisationen können hier auch finanziell unterstützen und ggf. eigene Lizenzen erwerben, um eine Trennung von privaten und beruflichen Inhalten zu gewährleisten:

- **Text-to-Speech/Speech-to-Text-Tools**
  Z. B. Microsoft Dictate, Google Speech, Natural Reader. Helfen bei Überforderung durch Lesen oder bei Problemen beim Schreiben
- **Notizen-Apps mit Strukturhilfen**
  Z. B. Agenda, Goodnotes, Apple Notizen mit Tags. Ermöglichen das Sortieren von Informationen auf individuelle Weise
- **Timer-Tools/Visual Timer/Time-Blocking-Apps**
  Z. B. Forest, Google Calendar. Helfen, Aufmerksamkeit zu halten und Kommunikation gezielter zu takten
- **Kommunikationsfilter oder Vorschlagstools**
  Z. B. Grammarly, GoblinTools, DeepL Write. Geben Sicherheit beim Schreiben, verringern soziale Unsicherheit bei Ausdruck und Tonfall
- **Noise-Cancelling/Hintergrundgeräusche/visuelle Filter**
  Für Menschen mit sensorischer Reizoffenheit, z. B. Krisp, Noisli, Fokusmodus, Redshift/Nightmode zur Lichtregulation.

Übersicht

In Kürze: Tools und ihre Verwendung

1. Tools für alle erklären

Tools wie Chat-Feedback, Emojis, asynchrone Rückmeldemethoden oder digitale Denk-Boards können für viele neurodivergente Personen enorm entlastend sein. Damit sie aber wirklich nutzbar sind, müssen sie entstigmatisiert und teamweit etabliert werden.

Beispiel: Statt zu sagen „Für Vera, weil sie sich manchmal schwer tut, könnt ihr auch Emojis nutzen", wird die Regel: „Wir alle dürfen bei komplexen Themen 1-min-Sprachmemos posten oder per Uhr-Emoji zeigen, ob wir Zeit zum Nachdenken brauchen."

2. Eigene Tools ermöglichen

Neurodivergente Menschen nutzen häufig selbst entwickelte Systeme (z. B. eine Kombination aus Notizen auf bestimmten Wegen, Kalendern und Keyword-Filtern im Mailprogramm). Teammitglieder sollten das respektieren und die entstehende Verlässlichkeit wertschätzen.

Beispiel: In einem 1:1 fragst du: „Gibt es Dinge, wie du dir Informationen filterst, die für dich gut funktionieren? Können wir da systemisch was übernehmen?"

3. Sensorische Belastung verschiedener Tools berücksichtigen

Viele Plattformen (wie Slack, MS Teams, Miro) sind auf neurotypisches Reaktionsverhalten ausgelegt: viele Reize, unmittelbare Reaktionserwartung, multiple Kommunikationsebenen. Entscheidungszeiten und -erwartungen sollten daher explizit genannt werden und zur Nutzung von Nicht-Stören-Funktionen in Fokusphasen sollte ermutigt werden.

Beispiel: Ein Teammitglied mit ADHS oder sensorischer Sensitivität kann durch Pop-up-Benachrichtigungen oder endlose Threads stark überlastet sein. Einstellungen wie „Stille Kanäle", Priorisierung oder Ruhemodus können Abhilfe schaffen.

4. Klare Use Cases besprechen

Alle im Team profitieren oft davon, wenn klar ist, was in welchem Tool erwartet wird („Hier nur Informationen", „Hier Rückfragen", „Hier Diskussion"). Ohne diese Struktur entsteht Unsicherheit.

Beispiel: „Der Teamkanal dient nur für Updates – Nachfragen bitte direkt an die verantwortliche Person im persönlichen Chat."

5. Erlaube Nutzungsabweichungen bewusst

Tools werden oft „einheitlich" eingeführt, auch wenn sie Probleme auslösen. Ausnahmen können wertvolle Hinweise liefern, sodass gemeinsam neue Lösungen gefunden werden können.

Beispiel: Ein Teammitglied reagiert auf Slack nie sofort, da es nie etwas Dringendes gibt, die Benachrichtigungen abgelenkt haben und ausgeschaltet wurden. Feste teamweite „Ruhekontingente“ am Tag ohne Slack-Nachrichten sorgen für gewährleistete Fokusblöcke.

3.3 Kurzlexikon neurosensible Sprache

Dieses Kurzlexikon bietet eine Orientierungshilfe für alle, die sich sprachlich sensibel mit neurodivergenten Perspektiven und den Themen Ableismus und Saneismus auseinandersetzen möchten. Die Einordnung erfolgt nicht normativ, sondern reflektierend: Manche Begriffe sollten vermieden werden, andere sind kontextabhängig oder individuell verschieden zu bewerten.

Hinweis: Sprache entwickelt sich ständig weiter. Dieses Lexikon versteht sich als Momentaufnahme und Einladung zur Auseinandersetzung – nicht als endgültiger Standard.

- **ADHSler/Autist/Betroffene*r** – *Kontextabhängig.* Viele neurodivergente Menschen nutzen Selbstbezeichnungen wie „ADHSlerin“ oder „Autist“, um sich von defizitorientierten Fremdzuschreibungen abzugrenzen. Andere empfinden solche Substantivierungen als zu stark identitätsreduzierend. Sicherer ist oft die Formulierung „Person mit ADHS“ oder „neurodivergente Person“, es sei denn, jemand äußert klar eine andere Präferenz.
- **auffällig/schwierig/anstrengend** – *Vermeiden.* Diese Begriffe bewerten Verhalten aus einer normativen Perspektive ohne Kontext. Stattdessen besser konkret beschreiben, was beobachtet wurde und welche Wirkung es hatte (z. B. „hat mehrfach nachgefragt“ statt „war schwierig“).
- **behindert/mit Behinderung/beeinträchtigt** – *Individuelle Präferenz.* Manche Menschen bevorzugen „behindert“ als (auch politische) Selbstbezeichnung, andere lehnen den Begriff ab. „Beeinträchtigt“ wirkt oft euphemistisch oder verharmlosend. Wichtig: Immer Menschen selbst bezeichnen lassen.
- **High Functioning/Low Functioning** – *Vermeiden.* Diese Begriffe wirken entmenschlichend und reduzieren Menschen auf äußere Leistungszuschreibungen. Sie ignorieren z. B. dass jemand in manchen Kontexten sehr selbstständig agiert, in anderen aber stark auf Unterstützung angewiesen ist. Stattdessen besser beschreiben, welche Unterstützung oder Rahmenbedingungen konkret nötig sind.
- **hysterisch/verrückt/Psycho/Spinner** – *Klar vermeiden.* Solche Begriffe sind stigmatisierend und reproduzieren Saneismus – also die Abwertung psychisch (anders) funktionierender Menschen. Auch im Scherz nicht verwenden.
- **neurodivergent/neurodivers/neurotypisch** – *Empfohlen, aber kontextsensibel.* Der Begriff „neurodivers“ beschreibt eine Gruppe, „neurodivergent“ ein Individuum, das

sich neurologisch vom dominanten Standard unterscheidet. „Neurotypisch" ist das Pendant zu „neurodivergent", kann aber abwertend wirken, wenn es verallgemeinert oder klischeehaft eingesetzt wird.

- **normal/nicht normal** – *Vermeiden.* Solche Begriffe suggerieren ein Normideal und grenzen andere aus. Besser: präzise beschreiben, z. B. „kommuniziert eher schriftlich" statt „kommuniziert nicht normal".
- **Reizüberflutung/sensorische Regulation/Shutdown/Meltdown** – *Empfehlenswert, wenn korrekt verwendet.* Diese Begriffe beschreiben konkrete neurodivergente Erfahrungen und sollten sachlich, nicht dramatisierend eingesetzt werden.
- **Selbstbetroffene*r/Expert*in in eigener Sache** – *Empfohlen.* Diese Begriffe betonen Erfahrungsperspektiven und stellen klar, dass gelebte Erfahrung eine Form von Expertise ist.
- **Störung (z. B. Aufmerksamkeitsstörung)** – *Kontextabhängig, medizinisch geprägt.* In medizinischen Kontexten noch verbreitet. Im Zweifel den aktuell korrekten diagnostischen Begriff nutzen, ansonsten Präferenzen der Personen folgen.
- **Wahnsinn/geisteskrank/am Rad drehen** – *Vermeiden.* Diese Begriffe sind typische Beispiele für alltagskulturellen Saneismus und sollten auch in informellen Gesprächen reflektiert werden.
- **Zappelphilipp/Spasti** – *Vermeiden.* Manche solcher Begriffe wurden durch Communitys umgedeutet („Nerd"), andere sind abwertend oder infantil („Zappelphilipp"). Kontext und Beziehung entscheiden.

Weitere Begriffe können ergänzt werden. Dieses Lexikon soll wachsen, idealerweise mit Stimmen aus der eigenen Organisation oder Community.

Übersicht

In Kürze: Neurosensible Sprache

1. **Lexikon als Lernformat, nicht als Regelkatalog**
Viele Menschen haben Angst, „falsche" Begriffe zu verwenden. Statt Regeln zu setzen („Sagt nie mehr X"), sollte das Lexikon zur gemeinsamen Reflexion genutzt werden.
Beispiel: Ein Begriff wie „nicht belastbar" kann im Teammeeting diskutiert werden: „Was meinen wir damit? Was sagt das wirklich aus? Gibt es treffendere Beschreibungen?"
2. **Kontinuierlich Lernen**
Sprache verändert sich. Neurodivergente Personen kennen oft spezifisches Fachwissen oder bevorzugte Begriffe. Lade regelmäßig dazu ein, neue Begriffe aufzunehmen oder Definitionen zu ergänzen.

Beispiel: Eine monatliche Sprachecke im Newsletter: „Diesen Monat neu im Sprach-Wiki: Der Begriff‚Overexplaining'. Was es bedeutet und wie wir sensibel damit umgehen können."

3. **Vorbildfunktion ausnutzen**

Sprache prägt Machtverhältnisse. Wenn Führungskräfte aktiv inklusive Begriffe wählen (z. B. „unterschiedliche Arbeitsprofile" statt „schwierige Typen"), verändert sich der Sprachraum spürbar.

Beispiel: In einem Feedbackgespräch sagst du nicht „Du bist unkonzentriert", sondern: „Mir ist aufgefallen, dass du an manchen Tagen zwischen vielen Aufgaben springst – brauchen wir da ein anderes Set-up?"

3.4 Key Takeaways

Gehe nicht davon aus, dass Kommunikation für alle gleich funktioniert.
Sprache, Tonfall, Gestik oder Blickkontakt können für neurodivergente Menschen eine andere Bedeutung haben – oder anders eingesetzt werden. Frag nach, bevor du bewertest. Und erkläre lieber einmal zu viel als einmal zu wenig, wie du etwas meinst.

Statt implizite Erwartungen zu haben, formuliere sie explizit.
Was du als „zwischen den Zeilen klar" empfindest, ist für andere vielleicht nicht sichtbar. Mach transparent, wie du kommunizierst, was du brauchst – und was du meinst, wenn du Feedback gibst. Klarheit schafft Vertrauen.

Nutze verschiedene Kommunikationskanäle – nicht alle Menschen denken laut.
Nicht jede*r spricht gern spontan im Meeting. Manche denken schriftlich, brauchen Zeit oder verarbeiten Informationen asynchron. Gib Raum für unterschiedliche Beteiligungsformen – schriftlich, mündlich, in Ruhe oder direkt.

Bewerte nicht, wie etwas gesagt wird – sondern ob es inhaltlich Sinn ergibt.
Viele neurodivergente Menschen kommunizieren direkt, funktional oder ungefiltert. Das wirkt auf manche ungewohnt. Wichtig ist: Geht es um die Botschaft oder um die Verpackung? Achte auf den Inhalt, nicht nur auf die Form.

Vermeide Begriffe, die Ausschlüsse oder Hierarchien implizieren.
Begriffe wie „Leistungsträger", „fit ins Team" oder „zu sensibel" sind normativ und oft verletzend. Wähle Sprache, die beschreibt, was wirklich gebraucht wird – nicht, wer vermeintlich „besser" passt.

Psychologische Sicherheit entsteht durch Klarheit, nicht durch Nettigkeit.
Freundlichkeit ist gut – aber echte Sicherheit entsteht durch nachvollziehbare Kommunikation, offene Fragen und das Gefühl, auch mit Unsicherheiten gehört zu werden. Kommuniziere, dass Unterschiedlichkeit nicht nur erlaubt, sondern erwünscht ist.

Empathie bedeutet nicht, alles zu fühlen – sondern bereit zu sein, zu verstehen.
Du musst nicht fühlen wie dein Gegenüber, um verständnisvoll zu reagieren. Empathie heißt auch: anerkennen, dass andere anders kommunizieren – und trotzdem recht haben könnten. Frage nach, übersetze mit und sei offen für andere Kommunikationsrealitäten.

Literatur

Asghari, S. Z., Farashi, S., Bashirian, S., & Jenabi, E. (2021). Distinctive prosodic features of people with autism spectrum disorder: A systematic review and meta-analysis study. *Scientific Reports, 11*(1). https://doi.org/10.1038/s41598-021-02487-6.

Bicchieri, C. (2005). *The grammar of society: The nature and dynamics of social norms* (1. Aufl.). Cambridge University Press. https://doi.org/10.1017/CBO9780511616037.

Botha, M., & Frost, D. M. (2020). Extending the minority stress model to understand mental health problems experienced by the autistic population. *Society and Mental Health, 10*(1), 20–34. https://doi.org/10.1177/2156869318804297.

Cage, E., & Troxell-Whitman, Z. (2019). Understanding the reasons, contexts and costs of camouflaging for autistic adults. *Journal of Autism and Developmental Disorders, 49*(5), 1899–1911. https://doi.org/10.1007/s10803-018-03878-x.

Camia, M., Benassi, E., Giovagnoli, S., & Scorza, M. (2022). Specific learning disorders in young adults: Investigating pragmatic abilities and their relationship with theory of mind, executive functions and quality of life. *Research in Developmental Disabilities, 126*, Article 104253. https://doi.org/10.1016/j.ridd.2022.104253.

Chapple, M., Davis, P., Billington, J., Myrick, J. A., Ruddock, C., & Corcoran, R. (2021). Overcoming the Double Empathy Problem Within Pairs of Autistic and Non-autistic Adults Through the Contemplation of Serious Literature. *Frontiers in Psychology, 12*. https://doi.org/10.3389/fpsyg.2021.708375

Cook, J., Hull, L., Crane, L., & Mandy, W. (2021). Camouflaging in autism: A systematic review. *Clinical Psychology Review, 89*, Article 102080. https://doi.org/10.1016/j.cpr.2021.102080.

Crompton, C. J., Foster, S. J., Wilks, C. E. H., Dodd, M., Efthimiou, T. N., Ropar, D., et al. (2025). Information transfer within and between autistic and non-autistic people. *Nature Human Behaviour*. https://doi.org/10.1038/s41562-025-02163-z.

Doyle, N. (2020). Neurodiversity at work: A biopsychosocial model and the impact on working adults. *British Medical Bulletin, 135*(1), 108–125. https://doi.org/10.1093/bmb/ldaa021.

Edmondson, A. (1999). Psychological safety and learning behavior in work teams. *Administrative Science Quarterly, 44*(2), 350–383. https://doi.org/10.2307/2666999.

Edmondson, A. C., & Lei, Z. (2014). Psychological safety: The history, renaissance, and future of an interpersonal construct. *Annual Review of Organizational Psychology and Organizational Behavior, 1*(1), 23–43. https://doi.org/10.1146/annurev-orgpsych-031413-091305.

Ericsson, K. A., Krampe, R. T., & Tesch-Romer, C. (1993). The role of deliberate practice in the acquisition of expert performance.

Fink, E., Friedman, S., Olthof, T., van der Meijden, S., Goossens, F., & Begeer, S. (2024) Exploring the Interpersonal Goals of Autistic and Neurotypical Adolescents Who Bully Others Abstract Journal of Autism and Developmental Disorders https://doi.org/10.1007/s10803-024-06683-x

Ginapp, C. M., Greenberg, N. R., Macdonald-Gagnon, G., Angarita, G. A., Bold, K. W., & Potenza, M. N. (2023). The experiences of adults with ADHD in interpersonal relationships and online communities: A qualitative study. *SSM – Qualitative Research in Health, 3*, 100223. https://doi.org/10.1016/j.ssmqr.2023.100223.

Griep, Y., Cruz, K. S., Haggard, D. L., & Haggard, K. S. (2025). The inclusive leadership paradox: When inclusion efforts lead to the exclusion of neurodivergent people. *Group & Organization Management*. https://doi.org/10.1177/10596011251330687.

Guéguen, N., Jacob, C., & Martin, A. (2009). Mimicry in Social Interaction: Its Effect on Human Judgment and Behavior. *European Journal of Social Sciences, 8*.

Heasman, B., & Gillespie, A. (2018). Perspective-taking is two-sided: Misunderstandings between people with Asperger's syndrome and their family members. *Autism, 22*(6), 740–750. https://doi.org/10.1177/1362361317708287.

Heasman, B., & Gillespie, A. (2019). Neurodivergent intersubjectivity: Distinctive features of how autistic people create shared understanding. *Autism, 23*(4), 910–921. https://doi.org/10.1177/1362361318785172.

Hull, L., Petrides, K. V., & Mandy, W. (2020). The female autism phenotype and camouflaging: A narrative review. *Review Journal of Autism and Developmental Disorders, 7*(4), 306–317. https://doi.org/10.1007/s40489-020-00197-9.

Jansen, M., Overgaauw, S., & De Bruijn, E. R. A. (2020a). Social cognition and obsessive-compulsive disorder: A review of subdomains of social functioning. *Frontiers in Psychiatry, 11*. https://doi.org/10.3389/fpsyt.2020.00118.

Jansen, M., Overgaauw, S., & De Bruijn, E. R. A. (2020b). Social cognition and obsessive-compulsive disorder: a review of subdomains of social functioning. *Frontiers in Psychiatry, 11*. https://doi.org/10.3389/fpsyt.2020.00118.

Jaswal, V. K., & Akhtar, N. (2019). Being versus appearing socially uninterested: Challenging assumptions about social motivation in autism. *Behavioral and Brain Sciences, 42*. https://doi.org/10.1017/s0140525x18001826.

Kessler, P. B., & Ikuta, T. (2023). Pragmatic deficits in attention deficit/hyperactivity disorder: Systematic review and meta-analysis. *Journal of Attention Disorders, 27*(8), 812–821. https://doi.org/10.1177/10870547231161534.

Li, W., Zinbarg, R. E., Boehm, S. G., & Paller, K. A. (2008). Neural and behavioral evidence for affective priming from unconsciously perceived emotional facial expressions and the influence of trait anxiety. *Journal of Cognitive Neuroscience*, 95–107.

McKnight-Lizotte, M. (2018). Work-related communication barriers for individuals with autism: A pilot qualitative study. *The Australian Journal of Rehabilitation Counselling, 24*(1), 12–26. https://doi.org/10.1017/jrc.2018.4.

Milton, D. E. M. (2012). On the ontological status of autism: The 'double empathy problem'. *Disability & Society, 27*(6), 883–887. https://doi.org/10.1080/09687599.2012.710008.

Milton, D., Gurbuz, E., & López, B. (2022). The 'double empathy problem': Ten years on. *Autism, 26*(8), 1901–1903. https://doi.org/10.1177/13623613221129123.

Nilsen, E. S., Mewhort Buist, T. A., Gillis, R., & Fugelsang, J. (2013). Communicative perspective-taking performance of adults With ADHD symptoms. *Journal of Attention Disorders, 17*(7), 589–597. https://doi.org/10.1177/1087054711428947.

Olaya-Galindo, M. D., Vargas-Cifuentes, O. A., Vélez Van-Meerbeke, A., & Talero-Gutiérrez, C. (2023). Establishing the relationship between attention deficit hyperactivity disorder and emotional facial expression recognition deficit: A systematic review. *Journal of Attention Disorders, 27*(11), 1181–1195. https://doi.org/10.1177/10870547231154901.

Standiford, B. J., & Hsu, K. J. (2025). Autistic traits, alexithymia, and emotion recognition of human and anime faces. *Development and Psychopathology*, 1–14. https://doi.org/10.1017/S0954579425000100

Stofleth, D., & Parks, E. S. (2023). "Sorry, I didn't mean to kiss at you": A descriptive analysis of tourette syndrome in interpersonal interactions. *Journal of Developmental and Physical Disabilities, 35*(5), 783–805. https://doi.org/10.1007/s10882-022-09881-6.

Tetreault, J., Andres, E. M., Sipsock, D., Tokadjian, H., Layton, K., McCormick, C. E. B., & Sheinkopf, S. J. (2025). Affect expression during social and non-social contexts in autistic young adults. *Journal of Autism and Developmental Disorders*. https://doi.org/10.1007/s10803-024-06693-9

Leadership & Team-Management

4

Dieses Kapitel ist vermutlich eines der ersten Kapitel, zu dem die eher punktuell interessierten Lesenden springen werden. Und kein Wunder: Führung ist heute zum Phänomen geworden. Podcast über Podcast, Literatur en masse, Masterclasses, Workshops, Coachings … In sämtlichen möglichen Formaten wird dieses Thema bearbeitet, denn nie zuvor war der Druck auf Führungskräfte so enorm wie heute.

Die Zahlen sollen stimmen, das Team muss besser oder schneller arbeiten, gleichzeitig aber bei Laune gehalten werden. Die Führungskraft hat das Zauberwort der „psychologischen Sicherheit" zu verantworten, ihr Team wünscht sich Zeit, ein offenes Ohr, Unterstützung und Rat. All das spielt sich in einem sich verändernden Führungsbild ab, in dem Führungskräfte eben nicht nur anweisen und disziplinieren oder einseitig entscheiden sollen, sondern ihre Teammitglieder individuell fördern sollen. Das „coachende Mindset" findet sich fast selbstverständlich in Ausschreibungen für Führungspositionen, auch wenn es nicht in allen Organisationen tatsächlich gelebt wird.

Ob nun also ein Bewusstsein für die unglaubliche Macht von guter und schlechter Führung besteht oder nicht: Führung hat seit Jahren einen durchgängig hohen, eher sogar wachsenden Einfluss auf Organisationen. Führung bedeutet Entscheidungen, Kommunikation, das Wachsen oder Sinken der Motivation, sie macht die Atmosphäre im Raum fast greifbar. Selbst das beste Marketing wird über schlechte Leadership nicht hinwegtäuschen und Mitarbeitende gewinnbringend halten können – sie entscheidet, wer bleibt und wer die Organisation hinter sich lässt. Das ist besonders kritisch, weil schlechte Führung oft erst lange unbemerkt bleibt oder aber sogar hingenommen wird, bis sich schließlich die Performance so verschlechtert und die Fluktuation so erhöht hat, dass das Team (und die Organisation) jeglichen zusätzlichen Stressoren nicht mehr standhält. Ein wirtschaftlich schlechtes Jahr des Unternehmens zum Beispiel kann in einem sicheren Team meist noch

V. Soubiran, *Neurodiversität in Unternehmen*,
https://doi.org/10.1007/978-3-662-72015-8_4

verkraftet werden. In einer Organisation, die schlechte Führung toleriert, kann ein solches Jahr aber sogar zum Kollaps führen.

Gerade in Deutschland nennen so viele Menschen wie weltweit fast nirgends sonst ihre Führungskräfte am Arbeitsplatz als größten positiven Einfluss auf ihr tägliches Leben. Die wichtigsten Größen dabei sind für uns in Deutschland Hoffnung und Vertrauen, die wir durch diese Führungspersönlichkeit verspüren. Wenn die Führungskraft sowohl Zuversicht für die Zukunft schafft, klar kommuniziert als auch Veränderungen anstößt und unterstützt, verspüren fast alle Befragten Vertrauen in ihre Führungskraft (vgl. *Global Leadership Report: What Followers Want* 2025). Wie auch bereits in Kap. 2 erwähnt ist dieses Vertrauen wie in jeder anderen sozialen Beziehung zu behandeln und erfordert die fortwährende Pflege der Beziehung.

Damit haben Führungskräfte unabhängig von einer möglichen eigenen Neurodivergenz eine oft noch immer unterschätzte Rolle für die Organisation als Ganzes. Wenn sich nun bewusst gemacht wird, dass die für Vertrauen wichtigen Verhaltensweisen von einem Fünftel der Menschen – nämlich neurodivergenten Menschen – grundlegend anders gezeigt oder empfangen werden, wird erst klar, wie gravierend die bisher völlig unberücksichtigte Dimension von Neurodiversität sich auf unsere Organisationen heute auswirkt. Ob ein neurodivergentes Teammitglied sein Potenzial entfalten kann oder durch mangelndes Verständnis wieder und wieder Stellen wechselt oder den Job verliert, steht und fällt mit dem Wissen und der Kompetenz ihrer Führungskraft. Das Gleiche gilt für Führungskräfte, die selbst neurodivergent sind und merken, dass sie es nicht schaffen, sich oder ihre Teams zu führen, oder mit ihrer eigenen Führungskraft in Konflikte geraten.

Ohne eine gemeinsam geschaffene, bewusste Verständnisebene und Explizierung der Führungs- bzw. Teamdynamiken wird es nicht möglich sein, Teams zu nachhaltiger Sicherheit und Performance zu entwickeln. Erst wenn alle Teammitglieder inklusive der Führungskraft in ihrer Individualität respektiert und berücksichtigt werden, während sie die ihnen übergebene Aufgabe erfüllen, kann ein Team seine Potenziale wirklich entfalten. Auch erste Studien zur Forschung von Persönlichkeitsmerkmalen wie Extraversion und Intraversion zeigen, dass es in all diesen Bereichen eine Verzerrung von Ergebnissen aufgrund von Bias gibt (vgl. Blevins et al., 2022; Jaswal & Akhtar, 2019; Sasson et al., 2017).

Wenn berücksichtigt wird, dass sämtliche Prozesse in Organisationen sich über Jahrzehnte auf soziokulturelle Annahmen gestützt haben, als die Möglichkeit von Neurodiversität noch nicht einmal bekannt war, wird auch klar, weshalb so viele unserer Annahmen in Organisationen selbstbestätigend sind. Wenn es keine Organisation gibt, in der alle Menschen ohne Small Talk auskommen und alle kommunikativen Regeln bewusst geklärt wurden, kann auch nicht gezeigt werden, dass Vertrauen auch ohne Small Talk entstehen und Abläufe auch ohne „Bauchgefühl“ flüssig sein können.

All unsere Systeme und Prozesse sind aus jahrhundertelangen Mehrheiten und Machtverhältnissen entstanden – es ist also verständlich, dass ein Umdenken und „ein Schritt zurück“ für neue Betrachtung mit viel Anstrengung und Skepsis verbunden sind. Dennoch lohnt sich beides, denn sowohl die Forschung als auch die Realität zeigen, dass unsere Annahmen zum perfekten Bild einer Führungspersönlichkeit und guter Teamarbeit immer noch normativ und nicht direkt inklusiv sind (vgl. Griep et al., 2025).

Teamführung als soziale Beziehung

Leadership ist durch und durch Beziehungsarbeit – mit sich selbst, mit den Menschen im Team und mit dem System, in dem Führung stattfindet.

Insbesondere neurotypische Führungskräfte, die mit neurodivergenten Teammitgliedern arbeiten, müssen sich aktiv mit ihren eigenen Deutungsmustern auseinandersetzen. Denn vieles, was als „schwierig" oder „nicht teamfähig" wahrgenommen wird, ist nur das: eine Wahrnehmung. Rückfragen und das Ernstnehmen der Aussagen von Mitarbeitenden sind damit absolute Grundvoraussetzungen, wenn neurodiverse Teams funktionieren sollen. Neurodivergente Führungskräfte müssen ihrerseits Pionierarbeit leisten: Einerseits ist es ihre Aufgabe als Führungskraft, sich auf die individuellen Bedarfe ihrer (auch neurotypischen) Teammitglieder einzustellen. Gleichzeitig müssen sie das Team-Management mit dem eigenen Selbstmanagement so balancieren, dass sie aus bisherigen Stigmata ausbrechen können und Ressourcen nicht über ihre Reserven hinweg für das Verstecken ihres Seins aufbringen. Hierfür braucht es eine Organisation, die systematisch reflektiert und deren Management auf oberster Ebene mit gutem Beispiel vorangeht.

4.1 Charisma als Führungsmagnet

Charisma basiert vor allem auf non- und paraverbalen Signalen, auf dem Vermitteln von voller Aufmerksamkeit, der Art des emotionalen Ausdrucks und der Fähigkeit, eine vertraute Atmosphäre zu schaffen. Das bedeutet aber auch: Charisma ist kein festes Persönlichkeitsmerkmal, sondern eine soziale Zuschreibung. Das bedeutet, es besteht mindestens eine Zweiseitigkeit: eine Person, die als charismatisch beschrieben wird, und mindestens eine andere, die diese Beurteilung trifft. Und genau darin liegt das Problem. Wie wir Charisma bewerten, ist abermals geprägt von unserer Prägung und unseren Erfahrungen. Personen, deren Körpersprache, Mimik oder Sprachmuster unseren ganz eigenen Erwartungen nicht entsprechen, werden ihre Schwierigkeiten haben, von uns als charismatisch wahrgenommen zu werden.

In ihrem Buch *The Charisma Myth* erklärt Olivia Fox Cabane als selbst autistische Person die teils komplexen, teils einfachen Tricks, die uns die Simulation von Charisma anderen Menschen gegenüber ermöglichen. Außerdem beschreibt sie unterschiedliche Arten von Charisma, sodass auch klar wird, dass ein charismatisches Auftreten nur aufgrund bestimmter Charaktereigenschaften nicht ausgeschlossen ist, aber eben die richtige Charisma-Art einstudiert werden sollte. Das Buch verfasste sie in seiner ersten Auflage, bevor sie von ihrer Neurodivergenz wusste; umso spannender ist, dass sie mit vielen der

Erklärungen Verhaltensweisen des Masking beschreibt. Charisma ist erlernbar, und neurodivergente Menschen sind häufig schon äußerst geübt darin, komplexes soziales Verhalten zu erlernen und kontextbezogen einzusetzen.

Für viele neurodivergente Menschen entsteht daraus aber gleichzeitig eine besonders paradoxe Situation: Durch ihre Anpassungsfähigkeit haben sie es dann in eine Führungsposition geschafft – aber dürfen auch dann noch nicht so sein, wie sie eigentlich sind. Sie müssen gefühlt jetzt das fortsetzen, was sie bereits ihr Leben lang betreiben, nur mit anderen Zielen. Es geht nun nicht mehr darum, konstant nachzugeben, sich anzupassen oder Gruppendynamiken zu folgen, auch wenn die Dynamiken logisch nicht effizient sind. Plötzlich sind genau die Eigenschaften gefragt, die für sie auf operativ-gehorsamer Ebene so viele Konflikte verursacht haben: Sie sollen sich selbst Widerständen zum Trotz durchsetzen, Argumente vorbringen, Menschen durch Fragen zur Reflexion bewegen, klar sein, direkt sein, schnell in verschiedenste Kontexte und Situationen springen. Sie sind jetzt diejenigen, die Beziehungen aufbauen, pflegen und verantworten sollen, obwohl sie zuvor im Idealfall meist „einfach nur" ihren Job machen und funktionieren sollten.

In vielen klassischen Leadership-Modellen gilt Charisma als Hebel für erfolgreiche Führung. Charismatische Führungspersonen seien anziehend, inspirierend, überzeugend. Tatsächlich zeigt sich in Studien, dass Teams unter charismatischer Führung häufig mehr Vorschläge für Lösungswege machen, höhere Zufriedenheit äußern und eine stärkere emotionale Bindung zur Führungskraft empfinden. Aber: Die Qualität der Arbeitsleistung unterscheidet sich nicht bedeutend von der unter strukturiert-funktionaler Führung (Howell & Frost, 1989). Was noch viel kritischer ist und den wenigsten Menschen klar zu sein scheint: Führungskräfte, die durch Charisma überzeugen, fördern Dynamiken, die auf Gehorsam und emotional begründeter statt rational abgewägter Unterstützung beruhen. Es gibt durchaus Kontexte, in denen genau das wichtig ist – sobald es aber um Innovation, Zukunftsfähigkeit und Wissensarbeit geht, sind genau diese Dynamiken absolute Blockaden für Fortschritt. Dass Bias darüber hinaus so ihren freien Lauf nimmt und zu schlechten Entscheidungen führt, ist selbstverständlich.

Strukturierende Führung auf der anderen Seite zeichnet sich aus durch klare Rollen, Ziele, Prozesse. Diese Art der Führung mag im direkten Vergleich zu charismatischer Führung also vielleicht eher als gleichtönig oder uninspirierend abgetan werden, birgt aber ihrerseits Vorteile wie Stabilität, Orientierung und Vorhersehbarkeit. Alle drei passen sehr gut zu den von Gallup festgestellten Erfolgsmarkern für Vertrauen in Führungskräfte. Gerade in dynamischen, komplexen oder hybriden Arbeitskontexten gewinnen diese Qualitäten zusätzlich an Bedeutung. Insbesondere in Teams mit sowohl neurotypischen als auch neurodivergenten Menschen, die es statistisch in jeder Organisation mit mehr als vier Personen gibt, sind genau diese Eigenschaften wichtiger als die Fähigkeit zu inspirieren.

Strukturierende Führung kann darüber hinaus auch die Zufriedenheit und Produktivität steigern, manchmal sogar mehr als charismatische Führung. Abermals ist der Gesamtkontext bzw. das umgebende System ausschlaggebend: Wenn klare Teamnormen bestehen und Aufgaben klar definiert sind, können alle Beteiligten schneller und zweifelsfrei agieren. Wer den Begriff der psychologischen Sicherheit kennt, weiß auch, dass diese genau durch eine solche Klarheit und Struktur gesteigert wird – und Teams, die sich psychologisch sicher fühlen, sprechen Probleme an, trauen sich, Risiken einzugehen, und helfen einander.

Kurzum: Neurodivergente Menschen sind nicht allein aufgrund bestimmter Persönlichkeitsmerkmale oder -tendenzen weniger für Führung geeignet als andere, und nicht allein aufgrund ihrer Neurodivergenz schlechtere Mitarbeitende als andere (vgl. Grant et al., 2011). Es fehlt schlicht an einer gemeinsam erarbeiteten, neuroinklusiven Arbeitsweise, die Individualität ausnutzt und fördert, anstatt ein einseitiges Zielbild zu erzwingen, das auf das jeweilige Team vielleicht gar nicht passt.

So zeigen zum Beispiel Menschen mit ADHS eine geringere Hirnaktivität in dem Bereichen, die für die Fehlerverarbeitung relevant ist (Cai et al., 2023). Das kann zum Beispiel sehr nützlich sein, um eine gesunde Fehlerkultur zu etablieren, in der die Angst vor Fehlern abgelegt werden und eine Lernkultur etabliert werden soll, und würde sehr wahrscheinlich gleichzeitig ein Team erfordern, das von sich aus sehr akribisch arbeitet.

Autistische Menschen ihrerseits zeigen tendenziell eine starke Motivation zur Beeinflussung von Gruppen, wenn es um die Erreichung eines gemeinsamen Ziels geht, mit dem sie sich identifizieren (Fink et al., 2024). Das ist sehr wertvoll, wenn ein Team ansonsten eher zögerlich agiert, und kann im Gegenteil aber negativ aufgefasst werden, wenn das Team sich übergangen fühlt.

Voraussetzung ist in jedem Fall, dass von einer Defizitorientierung abgesehen wird und vielmehr geprüft wird, wie sich genau die Eigenschaften jeder Person im Organisationskontext auf zielführende Weise einsetzen lassen.

Anhand der nachfolgenden Liste mit Merkmalen für erfolgreiche Führungskräfte (übersetzt aus Walter & Matar, 2024) lässt sich nun überprüfen und auch selbst beurteilen, welche der Merkmale für die individuelle Person einerseits als erlernbar bzw. veränderbar eingeschätzt werden und wie ausgeprägt die jeweilige Eigenschaft bisher ist. Möglichkeiten zur Optimierung jedes Merkmals finden sich im Anschluss in Tab. 4.1.

Allgemeine Merkmale erfolgreicher Führungskräfte[1]

- Intelligenz (leicht über dem Durchschnitt der Mitarbeitenden)
- Soziale Kompetenz (Fähigkeit, sich in unterschiedlichen Situationen auf unterschiedliche Menschen einzustellen)
- Motivation und Willenskraft (selbst entgegen Widerständen)
- Offenheit für neue Erfahrungen (und flexibel auf Herausforderungen reagieren)
- Ausgeprägte Lernfähigkeit und Lernbereitschaft (und Bereitschaft, alte Strategien bei Bedarf zurückzulassen)

[1] Nach Rosenstiel und Nerdinger, 2020

Zusätzliche Merkmale für die Führung interkultureller Teams[2]

- Offenheit
- Kulturelles Wissen
- Diversitätsbewusstsein
- Empathie
- Vorurteilsfreiheit
- Wertschätzung
- Emotionale Intelligenz
- Respekt

„Interkulturelle" Teams sind hier so zu verstehen, dass nicht nur die geografische, soziale, kulturelle Herkunft oder persönliche Vorlieben, sondern auch die eigene Neurophysiologie zu berücksichtigende Faktoren sind (vgl. hierzu Kap. 3).

Dazu sei gesagt, dass nicht alle Eigenschaften in jeder Teamkonstellation die gleiche Relevanz haben, da sich Führungskraft und Team ergänzen.

Sind zum Beispiel Teammitglieder eher zögerlich, ist eine entschieden vorgehende Führungskraft vielleicht förderlicher. Agieren Teammitglieder häufig impulsiv, kann eine stärker reflektierende Führungskraft für Balance sorgen. Schließlich aber sollte gemeinsam mit angehenden Führungskräften besprochen bzw. von jeder Person für sich evaluiert werden, inwiefern sich die Aufwände für ein Vertiefen der jeweiligen Kompetenzen oder Merkmale für die Person lohnen.

Veränderungen dieser Art aber brauchen Zeit und kosten Energie – nicht jede Person (neurotypisch oder neurodivergent) ist selbst nach investierter Arbeit für jede Teamkonstellation als Führungskraft geeignet.

Ebenso sollte auch hier berücksichtigt werden, dass diese Merkmale selten objektiv messbar sind und die Beurteilung sich abermals aus dem soziokulturellen Kontext ableiten, in dem wir uns bewegen. Je nach Prägung, Wesen und Wissensstand anderer Anwesenden wird die gleiche Person von einer Gruppe vielleicht als empathisch und motiviert bewertet, während eine andere Gruppe dem vielleicht nicht zustimmen würde. Die Selbstbeurteilung der jeweiligen Person ist deshalb ebenso wichtig wie der Abgleich ihrer Wirkung nach außen.

[2] Nach Genkova und Schreiber, 2022

Tab. 4.1 Möglichkeiten zur Optimierung von Führungsqualitäten

Merkmal	Vertiefung durch
Intelligenz	Kognitive Trainings oder Workshops, eigene aktive Auseinandersetzung mit Bias und Denkmustern, aktives Aufsuchen und Bearbeiten kognitiver Dissonanz
Soziale Kompetenz	Kommunikations- und Verhaltenstraining, Feedback einholen und austauschen, Coaching, Reflexion eigener Kommunikations- und Beziehungsmuster
Motivation und Willenskraft	Selbstmanagement, Testen und Experimentieren mit Routinen, Pflege der eigenen körperlichen und mentalen Gesundheit, Psychoedukation
Offenheit für neue Erfahrungen	Reframing von Zielen, neue Erfahrungen im sicheren Rahmen machen, aktives Aufsuchen und Bearbeiten kognitiver Dissonanz, Coaching
Lernfähigkeit und Lernbereitschaft	Eigenes Handeln reflektieren, Retrospektiven durchführen, Weiterbildungen durchlaufen, Feedback einholen und austauschen
Offenheit (diversitätsbezogen)	Interkulturelle Trainings, Sprachtandems, eigene Auseinandersetzung mit Bias und Denkmustern
Kulturelles Wissen	Trainings, Lektüre, Sprachtandems, Recherchieren
Diversitätsbewusstsein	Reflektieren eigener Privilegien, Auseinandersetzung mit Bias und Denkmustern, Rückfragen stellen, Trainings und Weiterbildungen
Empathie	Coaching, Reflektieren eigener Reaktionen und Denkmuster, Job-Shadowing, Feedback einholen und austauschen
Vorurteilsfreiheit	Eigenes Bias und eigene Denkmuster reflektieren, Coaching, Recherche zu Marginalisierung und struktureller Diskriminierung, Reflektieren eigener Privilegien
Wertschätzung	Coaching, Stärkenorientierung praktizieren, Wertschätzungs-Challenges, Job-Shadowing
Emotionale Intelligenz	Feedback einholen und austauschen, Psychoedukation, Coaching, eigenes Bias und eigene Denkmuster reflektieren, Kommunikations- und Verhaltenstrainings
Respekt	Eigenes Bias und eigene Denkmuster reflektieren, Reflektieren eigener Privilegien, Recherche zu Marginalisierung struktureller Diskriminierung, Kommunikations- und Verhaltenstrainings

4.2 Emotionale Intelligenz

Eine Vielzahl der Eigenschaften, die als Merkmale für gute Führung gelistet sind, haben im Kern mit emotionaler Intelligenz zu tun: Der Fähigkeit, Emotionen zu erkennen und mit ihnen umzugehen, sowohl bei sich selbst als auch im Kontakt mit anderen. Der Begriff wird viel verwendet, aber selten in der Tiefe differenziert.

Geprägt wurde der Begriff durch Daniel Goleman (Goleman, 1995), der emotionale Intelligenz in vier Säulen mit jeweils eigenen Kompetenzen unterteilt (vgl. Tab. 4.2):

Diese Aufteilung zeigt: Sie umfasst sowohl individuelle Eigenschaften als auch das zwischenmenschliche Erleben und kann damit erst in der Gestaltung von Beziehungen wirklich vollumfänglich eingeschätzt werden. Eine Person mag zwar eine äußerst hohe Fähigkeit zur Differenzierung und Wahrnehmung eigener Emotionen haben, ist dann aber vielleicht nicht besonders empathisch. Andersherum ist eine andere Person vielleicht nicht zum gleichen Grad in der Lage, die eigenen Emotionen zu differenzieren, ist aber in den anderen Sphären kompetenter. Manche Menschen wirken im ersten Moment unnahbar und sind dann aber in der Lage, Konflikte geduldig und umfassend zu moderieren oder Spannungen früh zu erkennen. Andere haben einen natürlichen Zugang zu zwischenmenschlicher Wärme, verlieren aber in kritischen Situationen die Orientierung.

Diese Unterscheidung und Relativierung ist deshalb wichtig, weil sich, wenn dies übergangen wird, nur auf die meist eher vage, eigene Vorstellung von emotionaler Intelligenz berufen wird. Einfühlsame Sprache, nonverbale Zugewandtheit oder geübtes Small-Talk-Verhalten und das daraus resultierende Bauchgefühl bei der Person gegenüber werden zum Maßstab. Diese einzelnen Elemente sagen allerdings wenig über die dahinterliegende Kompetenz aus.

Was im Umgang mit neurodivergenten Menschen besonders deutlich wird, betrifft auch alle anderen Menschen: Emotionale Intelligenz existiert nicht als Eindruck beim Gegenüber, sondern in der Kompetenz der Person selbst. Wie diese Kompetenz sich aber äußert und ob sie tatsächlich als Kompetenz erkannt wird, hängt oftmals vom Umfeld und Publikum ab, das sie miterlebt.

Tab. 4.2 Vier Säulen emotionaler Intelligenz, nach Goleman

Self Awareness (Selbst-Bewusstsein)	Self Management (Selbstmanagement)	Social Awareness (Soziales Bewusstsein)	Relationship Management (Beziehungsmanagement)
Emotionale Selbstwahrnehmung	Emotionale Balance	Empathie	Einflussnahme
	Anpassungsfähigkeit	Organisations-Bewusstsein	Coaching
	Zielerreichung		Konfliktmanagement
	Positivität		Teamwork
			Inspirationsfähigkeit

Wer empathisch wirkt, keine Konflikte anzettelt, offen kommuniziert und sich gut in bestehende Dynamiken einfügt, gilt schnell als emotional kompetent. Umgekehrt bedeutet eine nach außen nicht sichtbare emotionale Reaktion oder ein sehr direkter Kommunikationsstil oft automatisch ein geringeres Zutrauen in soziale und emotionale Fähigkeiten. Keines der beiden Extreme ist aber klar als emotional intelligent einstufbar, wenn nicht der gesamte Kontext mitbetrachtet wird, in dem sich das Verhalten abspielt.

Zu Autismus beispielsweise existiert eines der häufigsten Missverständnisse im Bereich der Empathie (Säule 3: Soziales Bewusstsein). Studien zeigen, dass autistische Personen häufig durchaus affektive Empathie erleben – also emotional auf andere reagieren können –, aber Schwierigkeiten haben, sich kognitiv in die Perspektive anderer hineinzuversetzen, insbesondere dann, wenn diese vor allem indirekt oder nur sozial codiert ist (Brett et al., 2024; Shalev et al., 2022). Was für neurotypische Menschen als selbstverständlicher Perspektivwechsel gilt, erfordert für viele autistische Menschen bewusste kognitive Arbeit. Gleichzeitig ist die Wahrnehmung eigener Gefühle (Säule 1: Emotionale Selbstwahrnehmung) häufig erschwert, was als Alexithymie bzw. Gefühlsblindheit bezeichnet wird. Alexithymie tritt bei autistischen Menschen signifikant häufiger auf als in der Allgemeinbevölkerung (Huggins et al., 2021) und ist außerdem umso wahrscheinlicher, je stärker eine Person maskiert – immerhin bedeutet Masking, dass die Person ihre Emotionen konstant unterdrückt, und das offenbar bis zu dem Punkt, dass sie sie nicht einmal mehr erkennt. Wenn aber einer Person der Zugang zu den eigenen Gefühlen wieder erlaubt wird, beispielsweise weil sozialer Druck durch ein besseres Verständnis über Autismus nachlässt, kann auch Alexithymie wieder deutlich nachlassen.

Dazu kommt: Emotionale Intelligenz wird in organisationalen Kontexten selten anhand klar definierter Kriterien beurteilt. Vielmehr wird ihr Vorhandensein aus der Interpretation von Verhalten oder Ergebnissen abgeleitet – etwa aus der Fähigkeit, Gespräche zu führen, Blickkontakt zu halten oder sich gruppenkonform zu verhalten. Wer sich hier außerhalb des normativ Erwarteten bewegt, wird eher als sozial unsicher oder emotional unzugänglich gelesen, weil den Verhaltensweisen eine bestimmte Bedeutung zugeschrieben wurde. Tatsächlich schätzen neurodivergente Personen ihre eigene emotionale Kompetenz bereits im Kindheitsalter (!) geringer ein als Außenstehende (Charabin et al., 2023), was die negativen Erfahrungen unterstreicht, die sie wieder und wieder machen.

Für Menschen mit Zwangsstörungen wie OCD ergeben sich ähnliche spezifische Herausforderungen. So ist die Wahrnehmung eigener Emotionen auch bei ihnen häufig eingeschränkt (Lazarov et al., 2022), was abermals mit dem sozialen Stigma und folgendem Masking zusammenhängen kann, das auch autistische Menschen erleben. Trotz der eher geringeren Emotionalität gelten Betroffene im Arbeitskontext aber häufig als „zu impulsiv" oder „sozial schwierig", weil die externen Zuschreibungen über das tatsächliche emotionale Empfinden der jeweiligen Person gestellt werden.

Kurz: Emotionale Intelligenz ist bei neurodivergenten Menschen nicht per se geringer ausgeprägt, aber sie wird anders gelebt, anders wahrgenommen und anders bewertet.

Tatsächlich sind die Dinge, die als Defizite bewertet werden, im organisationalen Kontext auch äußerst wichtig: Eine Person, die sich von den Gefühlen ihrer Mitarbeitenden mitreißen lässt, wird Schwierigkeiten haben, den emotionalen „Raum" zu halten und weiter in Führungsfunktion zu bleiben. Die Übermittlung schwieriger Botschaften wird eher verzögert, Feedback unspezifischer verpackt, Entscheidungen eher nach Bauchgefühl getroffen.

Wenn also emotionale Intelligenz als Schlüsselkompetenz beschrieben wird, sollte im Rahmen einer neuroinklusiven und zukunftsfähigen Organisationsentwicklung genau geprüft werden, welche spezifischen Fähigkeiten damit gemeint sind und wie diese ggf. gestärkt werden können, ohne dabei neurodivergente Menschen durch implizite Normen zu benachteiligen oder abermals zu versuchen, sie in neurotypische Kommunikationsmuster zu zwingen.

Für Führungskräfte bedeutet das in erster Linie: Die eigene Wahrnehmung ist kein objektiver Maßstab. Gerade im Kontakt mit Menschen sollte bei kleineren Irritationen über non- oder paraverbale Kommunikation immer zuerst von einem Missverständnis ausgegangen werden.

Konkret können Führungskräfte folgende strukturelle und zwischenmenschliche Maßnahmen umsetzen:

- **Explizite Sprache für emotionale Zustände und Erwartungen fördern:** In vielen Teams fehlt ein gemeinsames Vokabular für innere Prozesse. Wer als Führungskraft für sich selbst benennt, wie mit Unsicherheit, Frustration oder Stress umgegangen wird, schafft einen Rahmen, in dem auch andere darüber sprechen können, ohne sich erklären oder rechtfertigen zu müssen.
- **Kognitive Empathie explizit einsetzen:** Anstatt auf implizites „Einfühlen" zu setzen, können Führungskräfte aktiv nachfragen, wie sich bestimmte Situationen für andere anfühlen, welche Informationen gefehlt haben oder was künftig hilfreich wäre. Das ersetzt keine affektive Resonanz, aber es schafft funktionale Beziehungen – auch mit Menschen, deren Empathieverarbeitung anders funktioniert.
- **Emotionale Selbstregulation thematisieren, nicht bewerten:** Gerade in stressreichen Phasen kommt es schnell zu Zuschreibungen: Wer laut wird, gilt als „gereizt", wer sich zurückzieht als „beleidigt". Hilfreicher ist es, wenn Führungskräfte gemeinsam mit dem Team überlegen, welche individuellen Strategien zur Selbststeuerung bestehen – und wie diese im Alltag berücksichtigt werden können. Das können flexible Pausen sein, die grundsätzliche schriftliche Nachbereitung nach Terminen oder auch Rückzugsmöglichkeiten durch visuelle Signale wie Kopfhörer oder Türschilder.
- **Kompetenz statt Präsentation fördern:** Führungskräfte sollten darauf achten, ob emotionale Intelligenz im Team ausschließlich anhand von Ausdrucksstärke und „angenehmen Gefühlen" beurteilt wird oder dem reflektierten Ergebnis.

- **Trainings auf individuelle Lernwege abstimmen:** Emotionale Kompetenzen sind lernbar. Wichtig ist jedoch, dass Trainings nicht auf ein normatives Ideal sozialer Interaktion hinarbeiten, sondern differenzierte Reflexionsräume bieten. Besonders wichtig kann dann sein, geplante Veränderungen an sich oder Erkenntnisse über sich selbst mit dem Team zu teilen, um so eine Art „gemeinsamen Code“ zu schaffen.
- **Feedbackkultur differenziert gestalten:** Feedback zu emotionaler Wirkung ist häufig normgeladen. Aussagen wie „Du wirkst kalt“ oder „Das war unhöflich“ sagen lediglich etwas über die Gefühlslage des Gegenübers aus, nicht über die Handlung selbst. Führungskräfte können hier vorleben, wie man Wirkung von Intention trennt, Rückfragen stellt („Wie hast du das gemeint?“) und auf der Basis von objektiven Beobachtungen Feedback austauscht.

4.3 Affektive und kognitive Empathie

Empathie gilt oft als Herzstück emotionaler Intelligenz – und gleichzeitig als einer der am meisten missverstandenen Begriffe im Führungskontext.

Die Forschung unterscheidet zwischen kognitiver und affektiver Empathie:

- Kognitive Empathie bezeichnet die Fähigkeit, den emotionalen Zustand einer anderen Person zu erkennen, also z. B. zu verstehen, dass jemand enttäuscht oder frustriert ist – auch wenn diese Person es nicht direkt sagt.
- Affektive Empathie beschreibt die emotionale Resonanz auf das Erleben anderer, also das Mitempfinden eines Gefühls – bei gleichzeitiger Klarheit, dass es nicht das eigene Gefühl ist.

In der Alltagssprache werden diese beiden Formen oft vermischt oder als Einheit behandelt. In der Praxis und insbesondere im Arbeitskontext haben sie aber unterschiedliche Relevanz. Kognitive Empathie zeigt sich zum Beispiel darin, wie gut jemand unausgesprochene Hinweise erkennt, wie schnell Spannungen in Gruppen wahrgenommen werden, oder wie klar jemand interpretieren kann, was ein bestimmter Blick oder eine Reaktion bedeutet. Affektive Empathie zeigt sich eher im Mitfühlen, im emotionalen Reagieren und der Eigenschaft, sich von der Stimmung anderer beeinflussen zu lassen.

Reflexionsfrage: In welchen Situationen im Arbeitsalltag ist dir kognitive Empathie wichtig? Wann affektive Empathie?

Rund um den Empathiebegriff gibt es eine Vielzahl an Falschannahmen und Stereotypen gegenüber neurodivergenten Menschen, die sie bei unreflektiertem Hinnehmen für eine Führungsrolle womöglich disqualifizieren würde.

Autistische Personen etwa berichten in Studien wiederholt von intensiver affektiver Empathie, besonders im Umgang mit negativen Emotionen, gleichzeitig aber von Schwierigkeiten, kognitive Empathie zu kommunizieren – insbesondere dann, wenn die emotionale Botschaft implizit oder sozial vermittelt ist. Das führt in beruflichen Kontexten häufig zu Missverständnissen. Wer Emotionen nicht „richtig" erkennt oder nicht sichtbar reagiert, gilt schnell als unbeteiligt oder „nicht empathisch" – obwohl auf affektiver Ebene oft ein starkes Mitgefühl vorhanden ist.

Ein weiterer Erklärungsansatz liegt im sogenannten **Double Empathy Problem,** das davon ausgeht, dass Empathie keine einseitige Fähigkeit ist, sondern wechselseitig entsteht (D. Milton et al., 2022). Die Schwierigkeiten zwischen autistischen und nicht-autistischen Menschen sind eben nicht auf eine Fehlerhaftigkeit in der Kommunikation autistischer Menschen rückführbar, sondern vielmehr die Folge von gegenseitigem Unverständnis und unterschiedlichen kommunikativen Codes (vgl. hierzu Kap. 3). Standardisierte Empathietests dagegen messen eher die Fähigkeit, sich in neurotypische Personen nach den Maßstäben hineinzuversetzen, die von neurotypischen Personen für Empathie gesetzt wurden – ein Teufelskreis.

Exkurs: Theory of Mind

Die Fähigkeit, sich in die Gedanken, Gefühle und Perspektiven anderer hineinzuversetzen, wird im Kontext von Führung und Teamarbeit häufig mit sozialer Intelligenz gleichgesetzt. In der Fachsprache bezeichnet man diesen Prozess als „Theory of Mind" (ToM). Insbesondere bezüglich autistischer Menschen hält sich hartnäckig das Vorurteil, sie seien hierzu grundsätzlich nicht in der Lage. Die aktuelle Forschung zeichnet jedoch ein deutlich differenzierteres Bild.

Bei autistischen Menschen zum Beispiel ist affektive Empathie, also das Mitfühlen mit anderen, oft sogar besonders ausgeprägt. Auch bei anderen neurodivergenten Gruppen zeigen sich keine einheitlichen Muster, die eine pauschale Aussage über Empathievermögen treffen lassen. Viele Defizite in standardisierten Tests sind eher auf Sprachlastigkeit oder Ablenkbarkeit zurückzuführen als auf ein grundsätzliches Unvermögen.

Zudem ist Theory of Mind keine statische Fähigkeit. Sie entwickelt sich über das gesamte Leben hinweg weiter, ist kontextabhängig und kann selbst bei Nichtvorhandensein durch kompensatorische Strategien, soziale Erfahrung oder gezielte Förderung simuliert werden, zum Beispiel durch bewusste Mustererkennung oder soziales Lernen.

Auch Empathie ist nicht statisch. Beide Formen, d. h. kognitive und affektive Empathie, lassen sich weiterentwickeln. Das gilt auch für Menschen, die sich selbst als weniger empathisch wahrnehmen. Besonders im beruflichen Umfeld kann ein bewusster Umgang mit emotionaler Perspektivübernahme – etwa durch klare Rückfragen, strukturierte Feedbackrunden oder Trainings mit konkretem Situationsbezug – zu mehr Sicherheit und gegenseitigem Verständnis führen.

Für den Führungsalltag bedeutet das: Empathie ist kein Persönlichkeitsmerkmal, das sich eindeutig feststellen lässt. Es ist eine dynamische Fähigkeit, die in unterschiedlichen Formen auftritt und nicht immer so sichtbar ist oder geäußert wird, wie man es selbst tun würde.

Beispiel

In Kreisen der Pop-Psychologie hält sich das Narrativ, man erkenne egoistische oder besonders narzisstische Menschen daran, dass sie nach dem Zuhören direkt eine eigene Erfahrung entgegenbringen, anstatt „Mitgefühl" zu äußern. Tatsächlich aber ist für viele Menschen der Gedankengang eher: „Was du erzählst, klingt nach einer schmerzvollen Erfahrung. Das Gefühl verstehe ich. Ich kann mich sogar an eine Situation erinnern, in der ich dieses Gefühl auch erlebt habe, und kann dir deshalb deine Gefühle gerade nachempfinden. Ich möchte dir zeigen, dass deine Gefühle von mir verstanden werden und sicher sind." Die Intention ist also keinesfalls eine Verschiebung oder ein An-sich-Reißen des Gesprächsmittelpunkts, sondern die verstärkte Zentrierung auf das Gegenüber anhand sogar sehr präziser affektiver Empathie, die verbal aber anders geäußert wird.◄

Führungspersonen sollten sich daher weniger auf den äußeren Ausdruck verlassen, sondern bewusst danach fragen, wie jemand Informationen verarbeitet, welche Signale wahrgenommen werden und welche Unterstützung hilfreich ist. Wer dabei Empathie nicht als Einfühlung *in eine bestimmte Person* versteht, sondern als Fähigkeit, Relevanz und Wirkung emotionaler Dynamiken zu erkennen, erweitert nicht nur das eigene Handlungsrepertoire, sondern auch das Vertrauen im Team.

4.4 Laterale Führung

In vielen Unternehmen wird Führung längst nicht mehr ausschließlich über formale Hierarchien ausgeübt. Rollen wie Projektleitung, fachliche Koordination oder die Verantwortung für Prozesse und Zusammenarbeit entstehen zunehmend ohne offiziellen Titel. Diese Form der Verantwortung – oft als „laterale Führung" bezeichnet – ist strukturell gewollt, aber selten sauber beschrieben.

Für neurodivergente Menschen kann das ambivalent sein. Einerseits entstehen dadurch neue Handlungsspielräume: Wer nicht darauf warten möchte, dass eine disziplinarische Führungskraft etwas koordiniert, kann selbst tätig werden und wird in manchen Kontexten sogar ausdrücklich dazu eingeladen. Gerade dann, wenn logisches Denken, Strukturierungsfähigkeit oder proaktive Organisation gefragt sind, können neurodivergente Personen hier sehr wirksam werden, ohne auf Statussymbole oder informelle Netzwerke angewiesen zu sein.

Andererseits fehlen oft die Grenzen dieser Verantwortung. Was genau darf ich entscheiden? Was gehört noch in mein Aufgabengebiet? Wie viel Abstimmung ist erforderlich und mit wem? Wenn diese Fragen unbeantwortet bleiben, führt Initiative leicht zu Missverständnissen. Eine Person übernimmt Verantwortung, um ein Projekt voranzubringen und wird dann als übergriffig, kontrollierend oder unkollegial wahrgenommen. Besonders dann, wenn informelle Statusstrukturen bestehen, können solche Spannungen schnell eskalieren.

Viele neurodivergente Menschen erleben zusätzlich das Problem, dass ihre Beiträge nicht als Führungsverhalten wahrgenommen werden – vor allem dann, wenn sie ohne rhetorische Ausschmückung, ohne implizite Machtdemonstration oder außerhalb der typischen Führungscodes stattfinden. Eine klar strukturierte Notion-Dokumentation oder eine präzise aufbereitete E-Mail zur Rollenklärung mag inhaltlich viel Wert schaffen, wird aber oft übersehen, wenn die Person im Meeting selbst eher zurückhaltend agiert.

Umgekehrt gibt es auch das gegenteilige Szenario: Eine Person übernimmt aktiv Koordination, bringt sich früh mit konkreten Vorschlägen ein und wirkt damit kompetent und präsent – stößt aber auf Irritation, weil andere diese Rolle gar nicht „offen" vergeben haben. Gerade in Teams, in denen implizite Rollenzuschreibungen eine große Rolle spielen, wird dann nicht über Kompetenz diskutiert, sondern über Auftreten. Für viele neurodivergente Menschen, die sich stärker an sachlicher Logik und Aufgabenbezug orientieren, ist das schwer nachvollziehbar.

Beispiel

Eine Mitarbeiterin mit ADHS übernimmt im ersten Monat nach Einstieg in ein Projektteam die Verantwortung dafür, dass Deadlines eingehalten werden. Sie stellt Aufgaben um, priorisiert neu, spricht Stakeholder direkt an und sorgt dafür, dass das Projekt schneller vorankommt als geplant. Trotzdem äußert das Team in der Retrospektive Unmut: Es habe sich übergangen gefühlt, man habe den Eindruck gehabt, „alles müsse nach ihrem Kopf gehen". Die eigentlichen Erfolge geraten in den Hintergrund, weil die Kommunikation und die Verteilung von Verantwortung nicht mitgetragen wurde.◀

Solche Situationen lassen sich nicht durch ein einseitiges Kommunikationscoaching lösen, sondern nur durch strukturelle Klarheit. Laterale Führung braucht klare Erwartungen, explizite Rollen und eine gemeinsame Verständigung darüber, wie Verantwortung verteilt ist – und wann welche Beteiligung erwartet oder erlaubt ist.

Ein weiterer Aspekt, der in Organisationen selten explizit behandelt wird, betrifft die Dauerhaftigkeit lateraler Führungsrollen. In vielen Teams gibt es Personen, die immer wieder koordinieren, andere unterstützen, Konflikte moderieren oder Entscheidungen vorbereiten – ohne dass das formal so benannt wird. Diese wiederkehrende Verantwortung ist kein Zufall. Sie basiert auf Kompetenz, Engagement und häufig auch auf Sozialisierung und der impliziten Erwartungshaltung anderer.

Für neurodivergente Menschen kann genau diese wiederkehrende Rollenzuschreibung problematisch sein. Einerseits wird ihnen häufig unterstellt, sie seien nicht führungsfähig, weil sie vielleicht zurückhaltender kommunizieren, weniger sichtbar agieren oder andere Prioritäten setzen. Andererseits übernehmen sie in der Praxis häufig genau diese Führungsfunktionen, ohne dass das formal anerkannt oder kompensiert wird. Die Diskrepanz zwischen tatsächlicher Verantwortung und organisationaler Anerkennung wird so zur strukturellen Benachteiligung.

Wenn sich über längere Zeit zeigt, dass bestimmte Personen regelmäßig Aufgaben der lateralen Führung übernehmen – sei es Projektsteuerung, Qualitätssicherung, Teamkoordination oder Wissensweitergabe – dann ist es sinnvoll, diese Rolle explizit zu machen. Nicht nur aus Gründen der Fairness, sondern auch aus Perspektive der Klarheit und Effizienz. Wer führt, sollte wissen, dass er oder sie führt, und dafür auch ausgestattet sein: mit Zeit, Einfluss, Sichtbarkeit und entsprechender Entlohnung.

Das bedeutet nicht, dass jede informelle Initiative sofort in eine Führungsrolle überführt werden muss. Aber es sollte möglich sein, über diese Entwicklungen zu sprechen – und sie nicht als „engagierte Zuarbeit" zu verkennen. Auch für die Teamdynamik ist das entscheidend: Wenn andere immer wieder beobachten, dass Verantwortung an bestimmten Personen hängenbleibt, ohne dass das adressiert wird, entsteht Frustration, Neid, manchmal auch Häme, und die Führungskraft delegiert unbeabsichtigt Verantwortung ohne Mandat.

Beispiel

In einem interdisziplinären Team übernimmt eine autistische Mitarbeiterin immer wieder die Aufgabe, Aufgaben zu koordinieren, Prozesse zu dokumentieren und für alle die übergreifende Struktur im Blick zu halten. Das Team verlässt sich zunehmend auf sie bei Rückfragen zu Zeitplänen, Zieldefinitionen oder Schnittstellen. Trotzdem wird sie im Rahmen von Gehaltsrunden nicht als „führungsnah" betrachtet, weil sie keine Budgetverantwortung hat. Im Performance Review wird ihr Organisationstalent zwar gelobt, aber es fehlt die Kategorisierung als Führungskompetenz. Die Folge: Die Leistung wird entwertet, und eine dauerhafte Verantwortungsverschiebung bleibt ohne Anerkennung.◄

Organisationen, die neuroinklusive Führung ermöglichen wollen, müssen deshalb auch ihre Kategorien überdenken: Führung zeigt sich nicht nur im Auftreten oder in Personalverantwortung, sondern auch in der Art, wie Koordination, Einfluss und Stabilität im Team erzeugt werden.

In Kürze: Laterale Führung

1. Laterale Verantwortung explizit benennen.

Wenn bestimmte Personen wiederholt koordinieren, entscheiden oder andere anleiten, sollte das nicht informell bleiben. Rollen brauchen Klarheit – für das Team, für die betroffene Person und für faire Weiterentwicklung.

Beispiel: Eine Kollegin übernimmt regelmäßig die Moderation von Meetings und klärt Verantwortlichkeiten im Projekt. Statt das als „natürliche Stärke" einzuordnen, sollte geprüft werden, ob hier strukturelle Führung vorliegt.

2. Jede Führungsleistung entlohnen.

Fachliche oder prozessuale Verantwortung ist wertschöpfend und gehört genauso in Laufbahnmodelle wie disziplinarische Führung.

Beispiel: Eine Person verantwortet die technische Ausrichtung des Produkts, ohne Führungskraft zu sein. Ihr Gehalt sollte das widerspiegeln.

3. Bias berücksichtigen.

Wer nicht laut oder statusbewusst auftritt, wird oft nicht als Führungsperson wahrgenommen – selbst wenn die Person längst effektiv führt.

Beispiel: Eine autistische Kollegin strukturiert Prozesse und hält Wissenstransfer aufrecht, wird aber in Leadership-Diskussionen nie genannt.

4. Schutzräume und Klarheit über Erwartungen.

Laterale Führung kann zu Konflikten führen, wenn Spielräume unklar sind. Klare Erwartungen, Feedbackformate und definierte Zuständigkeiten helfen, das Risiko von Missverständnissen zu reduzieren.

Beispiel: Wer ein neues Tool ins Team bringt, sollte wissen, ob damit Verantwortung für Schulungen, Prozesspflege oder Feedbackrunden übernommen werden soll oder ob das nicht erwünscht ist.

4.5 Framing und Bias

Wahrnehmung ist nie neutral. Auch in Organisationen wird nicht einfach beobachtet, was Menschen sagen oder tun, sondern eingeordnet. Ob etwas als konstruktiv, klar, wertvoll oder unangemessen empfunden wird, hängt wesentlich davon ab, in welchem gedanklichen Rahmen diese Beobachtung stattfindet. Genau hier setzt der Begriff des *Framings* an: Er beschreibt, dass jede Information in einem bestimmten Bezugsrahmen verstanden wird, abhängig von Sprache, Kontext, Erwartungen, Situation und Vorwissen.

Dieser Effekt wirkt oft im Hintergrund. Ein und derselbe Inhalt kann ganz unterschiedlich bewertet werden, je nachdem, wie er formuliert oder präsentiert wird. Wird ein Vorschlag als „innovativ" bezeichnet oder als „nicht erprobt"? Gilt eine Idee als „vorausschauend" oder als „übertrieben detailliert"? Die Grenzen sind oft schmal – und was als sachlich gilt, ist meist das Ergebnis gemeinsamer Bedeutungszuschreibungen. Im Arbeitsalltag führt das dazu, dass Verhalten selten losgelöst von seiner Wirkung bei uns selbst betrachtet wird.

Auch die Sprache selbst formt, wie Situationen verstanden werden. Schon durch die Wortwahl entsteht eine bestimmte Lesart: „Jemand bringt sich ein" oder „drängt sich in den Vordergrund",„stellt Rückfragen" oder „ist schwierig". Dabei geht es nicht nur um einzelne Begriffe, sondern um die Art, wie Normalität hergestellt wird: Was als üblich gilt, erscheint plausibler. Was abweicht, muss sich erklären.

In Teams mit hoher Dynamik, wenig formalen Regeln oder starker informeller Kommunikation ist dieser Effekt besonders häufig. Es entsteht eine eigene interne Logik, nach der Ideen bewertet, Verhalten eingeordnet und Rollen verteilt werden. Das kann produktiv sein, aber es bringt auch das Risiko mit, dass sich bestimmte Muster verfestigen.

Auch das Verhältnis zwischen Verhalten und Zuschreibung ist selten ausgewogen. Eine Person, die häufig nachfragt, wird entweder als kritisch oder engagiert eingeordnet – je nachdem, wie ihr Auftreten und ihre Position im Team vorher gerahmt wurden. Diese Mechanismen sind nicht grundsätzlich vermeidbar, aber sie sollten berücksichtigt werden. Wer Entscheidungen trifft, bewertet nicht nur Fakten, sondern mindestens unbewusst auch immer auch die Art, wie sie präsentiert werden.

Framing-Effekte wirken besonders stark dort, wo Verhalten von der erwarteten Norm abweicht. Für viele neurodivergente Menschen ist genau das Alltag. Ihre Kommunikationsweise, Körpersprache oder Art, sich in Gesprächen zu positionieren, unterscheidet sich schon statistisch häufig von den im Team als „normal" verstandenen Mustern. Dadurch führen diese Abweichungen oft zu anderen Bewertungen (vgl. Chapple et al., 2021; Sasson et al., 2017).

Beispiel

Wenn eine Person mit Autismus sich wenig expressiv zeigt, sich nicht an Small Talk beteiligt oder in Meetings sehr sachbezogen spricht, wird das gegebenenfalls zunächst als distanziert oder unfreundlich interpretiert. Dabei fehlt in der Regel nicht das Interesse an Zugehörigkeit, sondern lediglich die Fähigkeit oder Bereitschaft, sich an soziale Codes anzupassen, die nicht als relevant oder hilfreich erlebt werden. In einem anderen Framing könnte es heißen: „Diese Person kommuniziert effizient und klar." Damit wäre dieselbe Beobachtung durchaus sehr positiv interpretierbar.◀

Problematisch wird es vor allem dann, wenn Wirkung und Absicht dauerhaft gleichgesetzt werden. Eine direktere Sprache kann dann als fordernd bewertet werden, obwohl sie aus dem Bemühen um Klarheit resultiert. Ein ruhiger Gesprächsstil wird zu Desinteresse, obwohl er Konzentration ermöglicht. Besonders in frühen Interaktionen – etwa in Bewerbungsgesprächen, Feedbacksituationen oder neuen Teams – sind solche Verzerrungen folgenreich sowohl für die Person als auch die Organisation, die Chancen verpasst.

Auch innerhalb von Organisationen gibt es oft keine bewusste Auseinandersetzung mit der Frage, wie viel Deutung bereits im Beobachten steckt. Gerade neurodivergente Menschen berichten davon, dass sie nicht nur für ihre Ergebnisse, sondern vor allem für ihre Art, sich zu verhalten oder einzubringen, bewertet werden, selbst wenn dieses Verhalten ihre Arbeit nicht negativ beeinflusst.

Diese Erfahrung ist nicht individuell, sondern strukturell und bias-bedingt. Das zeigt das sogenannte *Double Empathy-Problem:* Kommunikationsprobleme zwischen neurodivergenten und neurotypischen Personen beruhen nicht auf einem Defizit einer (der neurodivergenten) Seite, sondern auf wechselseitigem Nicht-Verstehen (D. E. M. Milton, 2012). Wenn die Beurteilung aber nur aus einer Mehrheitsperspektive vorgenommen wird, entstehen Zuschreibungen, die die Vertiefung von Bias und Diskriminierung zur Folge haben.

In der Praxis bedeutet das: Verhalten, das nicht der Mehrheitserwartung entspricht, wird nicht neutral eingeordnet, sondern mit Bedeutung aufgeladen. Genau an dieser Stelle entsteht die strukturelle Barriere für neurodivergente Menschen.

Für Führung und Teamverantwortung bedeutet Framing vor allem eines: Wer andere bewertet muss sich der eigenen Bias und Annahmen bewusst werden. Die Einschätzung von Leistung, Auftreten oder „Teamplay“ erfolgt immer auf Basis persönlicher Wahrnehmung, die geprägt ist von gelernten Mustern und der Vorliebe unseres Gehirns für Ähnlichkeit zu uns selbst. Eine bewusste Auseinandersetzung damit sollte kein „nice-to-have“ sein, sondern Voraussetzung für Leadership (vgl. hierzu die *Merkmale erfolgreicher Führungskräfte*).

Besonders hilfreich im ersten Schritt ist es, die Trennung von Beobachtungen und Schlussfolgerungen zu üben: Was genau wurde gesehen oder gehört? Und welche Bewertung habe ich daraus abgeleitet?

Statt „Die Person war nicht teamfähig“ könnte die Beobachtung lauten: „Die Person hat in den ersten drei Meetings nur gesprochen, wenn sie direkt gefragt wurde.“ Ob das ein Problem ist oder ein Stilmittel, entscheidet sich erst im Kontext und der Reflektion mit der Person!

Führungskräfte sollten außerdem damit rechnen, dass sich ihre Einschätzungen durch soziale Dynamiken manipulieren lassen. Wer in einem Meeting Zustimmung von anderen Teammitgliedern erfährt, erscheint automatisch kompetenter, unabhängig vom Inhalt. Wer sich hingegen gegen den Gruppenkonsens stellt oder andere Argumentationspfade wählt, wird eher als konfrontativ oder schwierig wahrgenommen, weil die soziale Beziehung damit als bewusst gestört interpretiert wird.

Führungskräfte können dem aktiv entgegenwirken, indem sie ihre Entscheidungen transparent kommunizieren: Was zählt in einer bestimmten Situation? Was wurde als gute Idee mitgenommen, und warum? Wer ist regelmäßig im Raum, wenn neue Projekte besprochen oder Beförderungen diskutiert werden? Welche Personen fehlen?

Beispiel

Wenn eine Person im Jour fixe stets kritische Rückfragen stellt, kann das destruktiv wirken. Wenn aber klar ist, dass diese Person den Auftrag hat, Schwachstellen im Konzept frühzeitig sichtbar zu machen, verändert sich das Bild. Die Kommunikation wirkt dann nicht störend, sondern strukturstabilisierend und nutzt die individuellen Stärken der Person. Dieses Reframing ist keine bloße Umdeutung, sondern die bewusste Herstellung eines passenden Kontextes.◄

Führung bedeutet also auch, den Raum transparent zu öffnen für andere Kommunikationsstile, für irritierende Formulierungen, für Rückfragen, die vielleicht unerwartet kommen, aber wichtige Lücken schließen können. Letztlich kann Framing eben nicht gänzlich vermieden werden und sollte deshalb aktiv und zielorientiert selbst gesteuert werden. Wie auch mit Bias sollte sich bewusst damit auseinandergesetzt und auch offen darüber kommuniziert werden, wenn Framing bemerkt wird.

In Kürze: Framing und Bias

1. Bewertungen im Alltag sind Interpretationen

Verhalten wird nie objektiv bewertet, sondern immer aufbauen auf bestehenden Erwartungen, Normen und Deutungsmustern. Führungskräfte brauchen die Fähigkeit, genau diese Muster zu erkennen und zu hinterfragen.

Beispiel: Statt „Die Person wirkt nicht teamfähig" lieber fragen: „Was genau habe ich beobachtet? Und auf welcher Grundlage bewerte ich es negativ?"

2. Soziale Resonanz ist ein Kriterium von vielen

Führung sollte sich nicht von Gruppendynamiken leiten lassen, auch wenn die Akzeptanz und Partizipation des Teams ihren Stellenwert haben.

Beispiel: „Der Vorschlag hat viel Zustimmung bekommen – aber was genau war daran überzeugend? Und was wurde vielleicht gar nicht gehört?"

3. Nicht jedes ungewöhnliche Verhalten ist ein Problem
Beispiel: Eine Person wirkt im Gespräch manchmal sachlich-kühl. Das ist kein Desinteresse, sondern Teil ihres strukturierten Kommunikationsstils.

4.6 Motivation

Motivation ist einer der zentralen Faktoren für die Leistungsfähigkeit und Stabilität von Teams – und gleichzeitig einer der am wenigsten konkret gefassten Begriffe in der betrieblichen Praxis. Oft wird sie gleichgesetzt mit „Einsatzbereitschaft" oder „Drive", ohne zu klären, was sie fördert, wie sie erhalten bleibt oder wodurch sie verloren geht. Dabei ist Motivation kein stabiles Persönlichkeitsmerkmal, sondern ein situativ und systemisch beeinflusster Zustand: Sie entsteht im Zusammenspiel von innerer Haltung, wahrgenommenem Handlungsspielraum, sozialen Beziehungen und organisationalem Rahmen.

In der psychologischen Forschung haben sich verschiedene Modelle etabliert, um Motivation zu beschreiben. Besonders prägend ist die Selbstbestimmungstheorie, die zwischen intrinsischer Motivation (Antrieb durch Interesse oder Sinnhaftigkeit) und extrinsischer Motivation (Antrieb durch externe Faktoren wie Geld, Lob, Status oder soziale Zugehörigkeit) unterscheidet.

Die Theorie geht davon aus, dass Menschen dann besonders motiviert sind, wenn drei psychologische Grundbedürfnisse erfüllt sind:

1. Autonomie: das Gefühl, selbstwirksam und freiwillig handeln zu können.
2. Kompetenz: das Erleben von Wirksamkeit, Entwicklung und Erfolg.
3. Verbundenheit: das Gefühl, gesehen, anerkannt und verbunden zu sein.

Motivation entsteht dann, wenn diese Bedingungen in einer konkreten Arbeitssituation erfüllt sind und bricht entsprechend weg, wenn eine oder mehrere dieser Dimensionen strukturell verletzt werden. Das erklärt, warum formale Anreizsysteme – etwa Prämien oder Bonusziele – nur dann wirken, wenn sie in ein glaubwürdiges soziales Gesamtumfeld eingebettet sind (vgl. hierzu auch Kap. 2).

In komplexen Arbeitsfeldern, in denen Mitarbeitende häufig über tiefere Fachexpertise verfügen als ihre Führungskraft, fördert auch die Einbeziehung der Mitarbeitenden in Entscheidungen ihre Motivation und die Identifikation mit dem Unternehmen. Sie wirkt wie ein Verstärker: Wer an der Gestaltung beteiligt ist, übernimmt Verantwortung aus Überzeugung für die Idee, an der nun einmal selbst mitgewirkt wurde.

Für Führungskräfte bedeutet das: Motivation ist nicht delegierbar oder einforderbar. Sie entsteht, wenn Aufgaben, Rollen und Rahmenbedingungen sinnvoll aufeinander abgestimmt sind, wenn sich Zeit genommen wird, die Beziehung tatsächlich als zwischenmenschliche Beziehung zu pflegen und den Menschen nicht als bloße Ressource zu behandeln. Und sie bleibt dort stabil, wo Menschen erleben, dass ihr Beitrag einen Effekt auf das Ergebnis, Team, oder auf die Gestaltung des gemeinsamen Arbeitsumfelds hat.

In vielen Organisationen aber ist Motivation eng mit sichtbarem Verhalten verknüpft. Wer sich „aktiv" beteiligt, „flexibel" reagiert und Begeisterung „zeigt", wird als motiviert wahrgenommen. Dabei bleibt hier abermals ein großer Interpretationsspielraum für gezeigte Verhaltensweisen. Wer analytisch, schriftlich oder konzentriert arbeitet, aber nicht durch Präsenz auffällt, wirkt vielleicht eher als pflichtbewusst. Das verstärkt sich umso mehr, wenn der Kommunikations- oder Denkstil nicht dem teamtypischen Muster entsprechen.

Für neurodivergente Personen stellt das eine strukturelle Hürde dar, denn: Motivation ist häufig vorhanden, zeigt sich aber anders. Gleichzeitig erfahren sie Frustration durch Unklarheit, die konstant drohende soziale Bewertung oder ineffiziente Prozesse. Dadurch kann der Eindruck entstehen, sie seien weniger engagiert, obwohl sie vor allem durch Reibung an strukturellen Rahmenbedingungen demotiviert oder verunsichert sind.

Tatsächlich bringen neurodivergente Personen meist eine ausgeprägte intrinsische Motivation mit, die oft deutlich stabiler und tiefgehender ist, als es von außen ablesbar ist. Gleichzeitig wirken klassische Führungsinstrumente aber in ihrer Logik und Wirkung nicht für sie, denn sie zielen meist eher auf belohnungsorientierte, extrinsische Motivationssysteme ab, während zum Beispiel bei ADHS, Autismus oder OCD andere Motivationssysteme besser wirksam sind.

Da Neurodivergenz nicht nur ein Modewort ist, sondern eine tatsächliche neurologische Ausprägung beschreibt, sind auch die neurologischen Unterschiede selbst relevant: eine veränderte Dopaminregulation zum Beispiel sorgt direkt dafür, dass Motivation anders empfunden wird und entsteht. Der Aufwand, sich auf wenig stimulierende oder repetitive Aufgaben zu fokussieren, ist zum Beispiel höher, ohne dass dies von außen erkennbar ist. Bei autistischen Menschen wiederum ist Motivation häufig stark inhaltlich getrieben und bei einigen Menschen kann die autoritäre Anordnung (vs. einer sinnhaft empfundenen Aufgabe) sogar dazu führen, dass ein Zugriff auf exekutive Funktionen für diese Aufgabe nicht mehr möglich ist.

▶ **Definition** Exekutive Funktionen sind kognitive Prozesse, die es uns ermöglichen, zielgerichtet zu handeln, unser Verhalten zu steuern und flexibel auf Veränderungen zu reagieren.

Auch der Umgang mit Rückmeldung spielt eine Rolle. Viele neurodivergente Menschen haben Erfahrungen mit Missverständnissen oder nicht passenden Rückmeldeschleifen gemacht, z. B. vage formuliertes Lob, das als uneindeutig oder kontrollierend empfunden wird, oder Kritik, die ohne Kontext gegeben wird oder sogar übergriffig Intentionen unterstellt, die nicht vorhanden waren.

Schließlich zeigt sich auch auf struktureller Ebene ein Problem: Klassische Jobprofile schreiben bestimmte Motivationsergebnisse wie Zielstrebigkeit, Flexibilität oder „Drive" fest vor, ohne zu prüfen, ob diese im jeweiligen Kontext tatsächlich benötigt werden oder ob andere Formen von Antrieb – etwa analytische Ausdauer oder Werteorientierung – nicht ebenso geeignet wären. Auch wird selten reflektiert, wie genau sich Motivation eigentlich als Verhalten in genau dieser Position zeigen würde.

Die Schwierigkeit besteht also nicht in der Motivation selbst, sondern in der Passung zwischen individueller Motivationsstruktur, organisationalen Erwartungen und normativen Bewertungspraktiken. Führungskräfte profitieren deshalb von einem präziseren Verständnis darüber, was Motivation in welcher Konstellation und für wen fördert.

Wer neurodivergente Teammitglieder erfolgreich führen will, muss verstehen, wie unterschiedlich Motivation entstehen und verloren gehen kann. Klassische Führungsinstrumente wie Zielvereinbarungen, Boni oder emotionale Anerkennung funktionieren nicht bei allen gleich – vor allem nicht, wenn sie unverbunden bleiben mit Sinn, Struktur oder Selbstwirksamkeit.

Aufgaben sollten deshalb nicht nur verteilt, sondern mit Kontext eingeordnet werden: Was ist der Zweck? Wie hängt die Aufgabe mit dem Gesamtbild zusammen? Wo besteht Entscheidungsspielraum? Gerade neurodivergente Personen reagieren aufgrund lebenslanger negativer Erfahrungen gegebenenfalls besonders sensibel auf Unklarheit oder inkonsistente Abläufe.Und das nicht aus Trotz, sondern weil ihr Zugang zu Motivation häufig auf logischer, nicht rein sozialer oder hierarchischer Ebene verläuft. Reibung entsteht dann genau dort, wo die Bedeutung einer Aufgabe nicht nachvollziehbar ist oder die eigenen Fähigkeiten nicht wirksam werden können.

Autonomie gilt wie eingangs erwähnt ebenfalls als Motivationsfaktor. Im organisationalen Kontext muss sie natürlich mit Strukturen kombiniert werden, damit sie zielgerichtet abläuft. Wenn Entscheidungswege aber zum Beispiel diffus oder Rollen unklar sind, ist es fast unmöglich, logisch-intrinsisch (statt sozial-extrinsisch) motiviert zu bleiben. Klare Kommunikationswege, gut abgegrenzte Zuständigkeiten und vorausschauend gestaltete Übergaben helfen hingegen, damit Motivation nicht aufkommender Frustration zum Opfer fällt. Führungskräfte sollten dementsprechend die individuellen Denkstile im Team besser und entlang der ganz eigenen Motivatoren nutzen: Analytisches Arbeiten, Mustererkennung, systemisches Denken oder Detailgenauigkeit sind keine „Soft Skills", sondern konkrete Leistungsmerkmale, die durchaus auch selbstbelohnend wirken können, wenn sie eingesetzt werden dürfen. Diese gezielt zu nutzen erhöht nicht nur die Motivation der Einzelperson, sondern sogar die gegenseitige Wertschätzung innerhalb des Teams, wenn ein solches Reframing vorgelebt wird.

In Kürze: Motivation

1. Aufgaben sollten im Kontext von Wirkung und Sinn eingeordnet werden.
Neurodivergente Personen orientieren sich oft stärker an Logik, Struktur und Relevanz als an impliziten Erwartungen oder Gruppendynamik.
Beispiel: „Die Auswertung fließt direkt in die Entscheidung des Vorstands ein – das spart mehrere Abstimmungsschleifen."

2. Autonomie benötigt Strukturen.
Gestaltungsfreiheit kann nur dann motivierend wirken, wenn Zuständigkeiten, Fristen und Schnittstellen klar definiert sind.
Beispiel: „Die Präsentation kann flexibel vorbereitet werden – sie muss bis Dienstag um 12 Uhr im Ordner liegen."

3. Tageszeitliche Aktivitätsmuster berücksichtigen.
Konzentrationsfähigkeit ist nicht gleichmäßig verteilt; flexible Fokuszeiten ermöglichen produktive Phasen.
Beispiel: „Für konzentrierte Arbeit empfiehlt sich der Zeitraum zwischen 8 und 10 oder 14 bis 17 Uhr – dazwischen ist eher Raum für Meetings."

4. Stärkenorientierung nutzen.
Motivation entsteht dort, wo Fähigkeiten genutzt werden können.
Beispiel: Die Detailprüfung eines Reports ist besonders geeignet für analytische Genauigkeit.

5. Demotivation zuerst mit strukturellen Ursachen begründen.
Häufig liegt die Ursache in ineffizienten Abläufen oder widersprüchlichen Anforderungen.
Beispiel: „Das neue Tool scheint eher hinderlich zu sein – möglicherweise gibt es eine alternative Nutzung oder einen Workaround."

6. Transparenz über Zielveränderungen.
Informelle Uminterpretationen führen leicht zu Frustration, insbesondere bei hoher Bedürfnislage nach Orientierung.
Beispiel: „Die Priorität des Projekts hat sich verschoben, weil …"

4.7 Konflikte und Trennung

Konflikte gehören zum Arbeits- und Lebensalltag. Sie entstehen überall, wo Menschen mit unterschiedlichen Perspektiven, Bedürfnissen und Arbeitsstilen aufeinandertreffen – also überall, wo Zusammenarbeit stattfindet. Auch in neurodiversen Teams sind Konflikte nicht Ausdruck von persönlichem Versagen, sondern Indikatoren dafür, dass Unterschiede sichtbar werden. Richtig verstanden und moderiert bieten sie enorme Chancen für Klarheit, Wachstum und Innovation.

Führungskräfte – ob formal oder lateral – haben die Aufgabe, Konflikte frühzeitig zu erkennen. Dafür braucht es Sensibilität für Warnsignale, aber auch strukturell integrierte Reflexionsmöglichkeiten wie regelmäßige Check-ins, Feedbackschleifen oder geplante, informelle Austauschformate. Besonders wichtig ist: Konflikte dürfen nicht pathologisiert werden. Sie sind weder ein Zeichen von Unprofessionalität noch von persönlichem Versagen, sondern eine unvermeidbare Begleiterscheinung, sobald zwei oder mehr Menschen gemeinsam wirksam werden.

In neurodiversen Teams ist es im ersten Schritt immer hilfreich, Kommunikationsstile explizit zu machen. Was für die eine Person sachlich gemeint ist, wirkt für eine andere vielleicht schroff. Was höflich gedacht ist, kann unklar erscheinen. Einfache Mittel wie Metakommunikation („Ich bin gerade direkt, weil mir Klarheit wichtig ist") oder Vereinbarungen zur Feedbackkultur helfen, Missverständnisse früh zu entschärfen.

Eskalation als gemeinsame Verantwortung
Nicht jeder Konflikt lässt sich aber lösen. Dennoch sollte je nach Kontext auch ein Konflikt als Chance zur individuellen Weiterentwicklung betrachtet werden. Da wir uns aber in Organisationen bewegen und ein ganzes System durch einen Konflikt blockiert werden kann, sollte selbstverständlich auch ein entsprechendes Unterstützungsnetzwerk bestehen.

Ein sinnvoller Eskalationsweg kann zum Beispiel auf den folgenden drei Ebenen funktionieren:

1. **Selbstklärung und kollegialer Dialog:** Idealerweise gelingt es, Spannungen im direkten Gespräch zu adressieren. Das setzt allerdings voraus, dass sich beide Seiten in einem sicheren Rahmen bewegen, Kritik geübt werden darf, und Kommunikationsstile nicht vorschnell interpretiert werden. Gerade neurodivergente Personen stoßen hier an Grenzen, wenn ihre Ausdrucksweise als „konfrontativ" oder „unangemessen" gelesen wird, obwohl sie lediglich anders kommunizieren.
2. **Führungseinbindung:** Wenn sich Konflikte verfestigen, wenn Rollen unklar sind oder wiederholt Reibungen entstehen, sollte Führung aktiv unterstützen – nicht durch autoritäres Eingreifen, sondern durch moderierende Klärung: Wer braucht was? Welche Missverständnisse bestehen? Wo fehlt Struktur oder Sicherheit?
3. **Strukturelle Klärung:** In manchen Fällen braucht es eine professionelle Begleitung, sei es durch HR, externe Mediation oder Coaching. Dabei sollte die Zielsetzung nicht

vorrangig die Deeskalation um jeden Preis sein, sondern eine nachhaltige, faire Lösung, die die Rahmenbedingungen mit einbezieht. In letzter Konsequenz kann auch die Auflösung eines Arbeitsverhältnisses Teil dieser Klärung sein – jedoch nur, wenn alle anderen Optionen nachvollziehbar ausgeschöpft wurden.

Dabei gilt: Eine arbeitgeberseitige Kündigung oder Auflösung ist ein absolutes Notwerkzeug. Statistisch sind neurodivergente Menschen die Leidtragenden, wenn sie in Konflikte verwickelt sind, denn in der Regel werden sie nach normativen Maßstäben und neurotypischer Kommunikation bewertet und sind damit Bias ausgesetzt. Dessen sollten sich Menschen in Entscheidungspositionen bewusst sein und insbesondere in Konflikten kritisch reflektieren, inwiefern Bewertungen und Interpretationen stattfinden.

Beendigung der Zusammenarbeit

Kommt es aber zu einer Trennung, egal in welchem Kontext, sollte dieser Prozess mit ebenso viel Wertschätzung (oder mehr) ablaufen, wie es zuvor der Fall war. Allzu häufig wird der Austritt aus einer Organisation als bloße Formalität und To-do-Liste abgehandelt, statt die Trennung als den sozialen Prozess zu betrachten, der er ist. Während des Arbeitsverhältnisses waren die Ziele Integration, Belonging, Motivation … genau so muss die Trennung behandelt werden wie ein realer Abschied.

Das Offboarding also ist sowohl organisatorisch ein Aufwand, als aber auch ein für die Person meist schwieriger, schmerzhafter Prozess. Es ist der bewusste Abschluss einer gemeinsamen Lebensphase. Ein gelungenes Offboarding bietet die Chance, Bilanz zu ziehen, Lernen zu ermöglichen und Netzwerke zu erhalten.

Für neurodivergente Personen, die oft lebenslang geringere Chancen auf Zugehörigkeit hatten, stark mit ihren Aufgaben verbunden sind oder hohe Identifikation mit Inhalten haben, ist ein klar strukturierter, transparenter und respektvoller Abschied besonders wichtig.

Nachfolgend eine Auswahl der Elemente eines guten Offboardings, mit kleinen Gedankenanstößen zur umsichtigen Durchführung:

- **Reflexionsgespräch auf Augenhöhe:** Was war hilfreich? Was wurde vermisst? Was soll beibehalten werden – strukturell wie persönlich?
- **Klarheit im Team:** Wer geht, verdient nicht Schweigen, sondern Wertschätzung. Die Kommunikation sollte frühzeitig, transparent, faktenbasiert und spekulationsfrei erfolgen. Es sollte gemeinsam mit der Person besprochen werden, ob und wann sie ihren Weggang kommuniziert und wann die Organisation darüber formell informiert.
- **Sorgfältige Übergabe:** Nicht nur Aufgaben, sondern auch informelle Prozesse, emotionale Spannungen oder offene Themen sollten von der Person benannt werden dürfen.
- **Feedbackräume eröffnen:** Die Perspektive von aus dem Unternehmen scheidenden Mitarbeitenden ist oft besonders ehrlich und besonders wertvoll, wenn sie denn berücksichtigt wird. Das Feedbackgespräch sollte dabei in Absprache mit der ausscheidenden Person

terminiert werden. Für manche Menschen kann es hilfreich sein, wenn das Gespräch erst nach dem Ausstieg mit etwas Abstand stattfindet.

Das Offboarding ist immer auch ein Zeugnis der Unternehmenskultur. Es zeigt, wie ernst eine Organisation menschliche Beziehungen nimmt – gerade, wenn sie zu Ende gehen. Dabei mag das für die Person, die die Organisation verlässt, keine Relevanz mehr haben, aber die restlichen Teammitglieder (und in Zeiten von Bewertungsplattformen wie Glassdoor und Kununu auch potenziell zukünftige Mitarbeitende) sehen solche Prozesse durchaus. Je nach Person bricht auch der Kontakt zum Team nicht einfach ab, nur weil die organisationsseitigen Kommunikationskanäle nicht mehr bestehen.

4.8 Key Takeaways

Führung beginnt bei der eigenen Klarheit
Sag, was du brauchst. Mach transparent, wie du arbeitest, wie du Entscheidungen triffst, wo du unsicher bist. Gerade neurodivergente Teammitglieder profitieren von klaren Erwartungen und nachvollziehbaren Abläufen – und du selbst wirst handlungsfähiger.

Nicht jeder oder jede zeigt Führungsqualitäten auf dieselbe Weise
Achte nicht nur auf laute Stimmen oder präsentierte Visionen. Viele neurodivergente Menschen führen durch Struktur, Präzision, Verlässlichkeit oder analytische Klarheit – nicht durch Charisma. Diese Qualitäten werden (noch) nicht gebührend als Führungskompetenzen bewertet, aber enorm wirkungsvoll.

Feedback ist keine Einbahnstraße – und auch kein Gelegenheit zur Bewertung
Führungsverantwortung heißt nicht, besser zu wissen, sondern zu reflektieren. Frag nach, wie dein Stil ankommt, wie sich Menschen in deinem Team fühlen und was sie brauchen. Besonders neurodivergente Teammitglieder geben oft wertvolle Hinweise, vor allem wenn sie merken, dass ihre Perspektive wirklich zählt.

Verlässlichkeit ist wichtiger als ständige Verfügbarkeit
Du musst nicht immer da sein, aber du solltest berechenbar sein. Führungskräfte, die inkonsistent kommunizieren oder ständig Ad-hoc-Reaktionen einfordern, erzeugen Chaos. Verlässliche Strukturen helfen allen – nicht nur Menschen mit bspw. ADHS oder Autismus.

Führung ist ein Beziehungssystem, kein Status
Führung wirkt erst wirklich durch Vertrauen, nicht durch einen Titel. Nimm dir Zeit, Menschen ihren Bedürfnissen entsprechend kennenzulernen, auch abseits der reinen Leistungsbeziehung. Je sicherer sich Teammitglieder fühlen, desto eher bringen sie sich ein – besonders, wenn sie sich sonst häufig ausgeschlossen fühlen.

Grenzen und Zuständigkeiten geben Sicherheit – keine Distanz
Unklare Rollenverteilungen sind nicht „agil", sondern verwirrend. Gerade neurodivergente Menschen brauchen Klarheit über Zuständigkeiten, Entscheidungswege und Eskalationsmöglichkeiten. Das stärkt Autonomie und entlastet alle Beteiligten.

Teamleistung entsteht durch gegenseitige Kompensation, nicht durch Gleichförmigkeit
Fokus auf Stärken statt auf Defizite! Das gilt nicht nur individuell, sondern auch im Team. Unterschiedliche Denk- und Arbeitsweisen ergänzen sich, wenn Führung Rahmen dafür schafft. Diversität ist kein Ziel – sondern eine Konsequenz von Teilhabe als Menschenrecht, und ein Mittel für bessere Ergebnisse.

Literatur

Alwar, S. T. (o. J.). The role of psychological safety in predicting proactive behaviour.

Bakker, A. B., Petrou, P., Op Den Kamp, E. M., & Tims, M. (2020). Proactive vitality management, work engagement, and creativity: the role of goal orientation. *Applied Psychology, 69*(2), 351–378. https://doi.org/10.1111/apps.12173.

Bargiela, S., Steward, R., & Mandy, W. (2016). The experiences of late-diagnosed women with autism spectrum conditions: an investigation of the female autism phenotype. *Journal of Autism and Developmental Disorders, 46*(10), 3281–3294. https://doi.org/10.1007/s10803-016-2872-8.

Bauer, T. N., Perrot, S., Liden, R. C., & Erdogan, B. (2019). Understanding the consequences of newcomer proactive behaviors: The moderating contextual role of servant leadership. *Journal of Vocational Behavior, 112*, 356–368. https://doi.org/10.1016/j.jvb.2019.05.001

Beaty, J. C., Cleveland, J. N., & Murphy, K. R. (2001). The relation between personality and contextual performance in „strong" versus „weak" situations. *Human Performance, 14*(2), 125–148. https://doi.org/10.1207/S15327043HUP1402_01

Bicchieri, C. (2005). *The grammar of society: The Nature and Dynamics of Social Norms* (1. Aufl.). Cambridge University Press. https://doi.org/10.1017/CBO9780511616037.

Blevins, D. P., Stackhouse, M. R. D., & Dionne, S. D. (2022). Righting the balance: Understanding introverts (and extraverts) in the workplace. *International Journal of Management Reviews, 24*(1), 78–98. https://doi.org/10.1111/ijmr.12268..

Brett, J. D., Preece, D. A., Becerra, R., Whitehouse, A., & Maybery, M. T. (2024). Empathy and autism: Establishing the structure and different manifestations of empathy in autistic individuals using the perth empathy scale. *Journal of Autism and Developmental Disorders*. https://doi.org/10.1007/s10803-024-06491-3

Cage, E., & Troxell-Whitman, Z. (2019). Understanding the reasons, contexts and costs of camouflaging for autistic adults. *Journal of Autism and Developmental Disorders, 49*(5), 1899–1911. https://doi.org/10.1007/s10803-018-03878-x

Charabin, E., Climie, E. A., Miller, C., Jelinkova, K., & Wilkins, J. (2023). "I'm Doing Okay": Strengths and resilience of children with and without adhd. *Journal of Attention Disorders, 27*(9), 1009–1019. https://doi.org/10.1177/10870547231167512

Davis, J. I., Gross, J. J., & Ochsner, K. N. (2011). Psychological distance and emotional experience: What you see is what you get. *Emotion, 11*(2), 438–444. https://doi.org/10.1037/a0021783

Edmondson, A. (1999). Psychological safety and learning behavior in work teams. *Administrative Science Quarterly, 44*(2), 350–383. https://doi.org/10.2307/2666999

Ericsson, K. A., Krampe, R. T., & Tesch-Romer, C. (1993). The role of deliberate practice in the acquisition of expert performance.

Genkova, P., Semke, E., & Schreiber, H. (Hrsg.). (2022). Diversity nutzen und annehmen: Praxisimplikationen für das Diversity Management. Springer Fachmedien Wiesbaden. https://doi.org/10.1007/978-3-658-35326-1

Global Leadership Report, 2025Global leadership report: What Followers Want. (2025).

Goleman, D. (1995). Emotional intelligence*: Why it can matter more than IQ.*

Grant, A. M., Gino, F., & Hofmann, D. A. (2011). Reversing the extraverted leadership advantage: The role of employee proactivity. *Academy of Management Journal, 54*(3), 528–550. https://doi.org/10.5465/amj.2011.61968043

Griep, Y., Cruz, K. S., Haggard, D. L., & Haggard, K. S. (2025). The inclusive leadership paradox: When inclusion efforts lead to the exclusion of neurodivergent people. *Group & Organization Management*. https://doi.org/10.1177/10596011251330687

Guéguen, N., Jacob, C., & Martin, A. (2009). Mimicry in social interaction: Its effect on human judgment and behavior. European *Journal of Social Sciences, 8*.

Han, Y., & Sears, G. J. (2024). Does leader-member exchange ambivalence hinder employee well-being? Exploring relations with work engagement and emotional exhaustion. *Stress and Health, 40*(3), Article e3334. https://doi.org/10.1002/smi.3334

Howell, J. M., & Frost, P. J. (1989). A laboratory study of charismatic leadership. *Organizational Behavior and Human Decision Processes, 43*(2), 243–269. https://doi.org/10.1016/0749-5978(89)90052-6

Huggins, C. F., Donnan, G., Cameron, I. M., & Williams, J. H. (2021). Emotional self-awareness in autism: A meta-analysis of group differences and developmental effects. *Autism, 25*(2), 307–321. https://doi.org/10.1177/1362361320964306

Lazarov, A., Oren, E., Liberman, N., Gur, S., Hermesh, H., & Dar, R. (2022). Attenuated access to emotions in obsessive-compulsive disorder. *Behavior Therapy, 53*(1), 1–10. https://doi.org/10.1016/j.beth.2021.04.002

Li, W., Zinbarg, R. E., Boehm, S. G., & Paller, K. A. (2008). Neural and behavioral evidence for affective priming from unconsciously perceived emotional facial expressions and the influence of trait anxiety. *Journal of Cognitive Neuroscience,* 95–107.

Livingston, L. A., Shah, P., & Happé, F. (2019). Compensatory strategies below the behavioural surface in autism: A qualitative study. *The Lancet Psychiatry, 6*(9), 766–777. https://doi.org/10.1016/S2215-0366(19)30224-X

Robinson, E., Hull, L., & Petrides, K. V. (2020). Big Five model and trait emotional intelligence in camouflaging behaviours in autism. *Personality and Individual Differences, 152*, Article 109565. https://doi.org/10.1016/j.paid.2019.109565

Rosenstiel, L., Regnet, E., & Domsch, M. E. (Hrsg.). (2014). *Führung von Mitarbeitern: Handbuch für erfolgreiches Personalmanagement* (7. überarbeitete Aufl. 2014.). Schäffer-Poeschel.

Schaufeli, W. B., Leiter, M. P., & Maslach, C. (2009). Burnout: 35 years of research and practice. *Career Development International, 14*(3), 204–220. https://doi.org/10.1108/13620430910966406

Shalev, I., Warrier, V., Greenberg, D. M., Smith, P., Allison, C., Baron-Cohen, S., et al. (2022). Reexamining empathy in autism: Empathic disequilibrium as a novel predictor of autism diagnosis and autistic traits. *Autism Research, 15*(10), 1917–1928. https://doi.org/10.1002/aur.2794

Standiford, B. J., & Hsu, K. J. (2025). Autistic traits, alexithymia, and emotion recognition of human and anime faces. *Development and Psychopathology, 1–14.* https://doi.org/10.1017/S0954579425000100

Weber, C., Krieger, B., Häne, E., Yarker, J., & McDowall, A. (2024). Physical workplace adjustments to support neurodivergent workers: A systematic review. *Applied Psychology, 73*(3), 910–962. https://doi.org/10.1111/apps.12431

5 Innovation & Disruption

Wie kommt es zu Innovation?

Gäbe es eine eindeutige, reproduzierbare Rezeptur dafür, hätte Innovation vermutlich schon längst nicht mehr den Stellenwert, den sie heute einnimmt. Mit unseren technischen und technologischen Fortschritten verändern sich auch die Ansprüche an Geschäftsmodelle, wenn Unternehmen ihre Märkte erobern möchten.

Damit eine Innovation zum Geschäftserfolg wird, reicht es allerdings nicht aus, dass sie einfach nur neu ist. Der Erfolg einer Idee und ihr Weg zu einer wertvollen Innovation hängen von einem komplexen Zusammenspiel von Faktoren ab: Wen spricht die Idee an? Welche Ressourcen sind nötig, und wie werden diese von der Öffentlichkeit bewertet? Zu welchem Zeitpunkt wird die Idee vorgestellt, wer ist genau dann im Raum? Wie wird das Unternehmen oder Individuum, dem die Idee entsprungen ist, von der Öffentlichkeit eingeschätzt? Hinzu kommen Faktoren wie Social Responsibility, die allgemeine wirtschaftliche und soziopolitische Lage und auch sehr praxisnahe Faktoren wie passende Marketing Kanäle, ein angemessenes Pricing oder ein einflussreiches Netzwerk, das Algorithmen sozialer Medien zum Vorteil der Idee beeinflussen kann.

Auch der Begriff von „Disruption" wird zwar viel genutzt, selten aber tatsächlich in all seinen Implikationen für Organisationsprozesse verstanden. Wäre Disruption wirklich ein so erstrebenswerter Zustand für Organisationen und unsere Gesellschaft, würden neurodivergente Menschen nicht auf die Widerstände stoßen, die sie ihr Leben lang begleiten.

Schon die Frage nach dem Warum eines bestimmten Vorgehens wird im Arbeitskontext und besonders in stark hierarchischen Unternehmen als ein Misstrauensausdruck aufgenommen – eine Disruption auf dem Weg zur Umsetzung. Doch sind es genau solche Fragen und „Störungen", die ineffiziente Prozesse, unpräzise Geschäftsmodelle oder übersehene Risiken aufdecken können. Schließlich steht die Wiederholung von schon immer gleich durchgeführten Prozessen und Denkweisen ebenjener Innovation im Weg, die Unternehmen heute voranbringt.

V. Soubiran, *Neurodiversität in Unternehmen*,
https://doi.org/10.1007/978-3-662-72015-8_5

Organisationen müssen sich deshalb klar machen, was genau sowohl Innovation als auch Disruption für sie bedeutet, und wie die organisationalen Strukturen und Prozesse beides ermöglicht, insofern beides Ziele sind.

Kreativität mag nicht auf Knopfdruck funktionieren und Ideen mögen dann aufkommen, wenn der Moment unpassend ist, allerdings kann selbst dann eine unerwünschte Störung mit den passenden Prozessen oder Vereinbarungen vermieden werden. Während Terminen können Ideen auf „Ideen-Boards" beim Aufkommen notiert werden, ohne dass andere Personen unterbrochen werden. Einwände und Fragen zu neuen Vorhaben können antizipiert (oder besser noch: aktiv abgefragt) werden und explizit dafür eingerichtete Kommunikationskanäle sorgen dafür, dass Beteiligte nicht erst bis zu einem weiteren gemeinsamen Termin damit warten müssen. Wenn Innovation und/oder Disruption tatsächlich ernsthafte Ziele für eine Organisation sind, dann muss diesen Zielen auch die gebührende Priorität gegeben werden. In der Zusammenarbeit bedeutet das Zeit, Geduld, häufig auch Planung und Konfliktbereitschaft.

Neurodivergenz bringt in sich bereits Andersartigkeit mit. In diesem Kapitel sollen einige beispielhafte Einsatzmöglichkeiten beschrieben werden, ohne dass diese Beispiele als Garantie zu verstehen sind. Allein eine bestimmte Diagnose oder Neurodivergenz bedeutet nicht, dass alle Eigenschaften zweier Personen identisch sind. Nach wie vor gilt es, persönliche Stärken einzusetzen – und organisationsseitig danach Ausschau zu halten. Wie im oben erklärten Beispiel sind es häufig sogar genau die Eigenschaften, die in einem anderen Kontext als gegebenenfalls hinderlich oder störend wahrgenommen werden, die dann an anderen Stellen oder mit einer anderen Herangehensweise völlig neue Möglichkeiten eröffnen.

5.1 Informationsflut der digitalen Arbeit

In der Fülle an Informationen, die mit der Digitalisierung noch zugänglicher geworden ist als früher, wird das schnelle Unterscheiden zwischen relevanten und nicht relevanten Informationen zu einer immer wichtigeren Kompetenz. Wie auch bereits im Kapitel Informationsaufbereitung ausgeführt, bedeutet allein eine Masse an Informationen nicht automatisch eine bestimmte Qualität. Sowohl Knappheit als auch umfängliche Erfassung von Inhalten haben ihre Vor- und Nachteile, wenn es um Auffindbarkeit, Fehleranfälligkeit, Verarbeitung und Prestige geht.

Wer aber entscheidet, welche Information relevant ist und welche nicht? Auf den ersten Blick mag die Antwort auf diese Frage sehr klar wirken, allerdings wird Innovation mit dieser Haltung unwahrscheinlich.

Das Verknüpfen von zuvor unerkannt verbundenen Informationen schafft erst neue Kontexte, die wiederum neue Entdeckungen, Produkte oder Märkte ermöglichen. Das bedeutet, dass selbst scheinbar irrelevante Aspekte von einer Person mit anderer Perspektive durchaus als relevant wahrgenommen werden können – und diese Person damit recht hat, möglicherweise jedoch außerhalb bekannter Geschäftsmodelle. Die Verarbeitung von

Informationen funktioniert je nach bestehender Neurodivergenz anders: Während eine Person mit ADHS womöglich schneller das Big Picture zwischen verschiedenen ähnlichen Use Cases zusammenfassen kann, fällt einer anderen Person vielleicht eher ein bestimmtes Detail auf, das einen Use Case erfolgreicher gemacht hat.

Monotropismus und Polytropismus

Ein wesentlicher theoretischer Rahmen, der diese Unterschiede in der Informationsverarbeitung insbesondere bei autistischen Menschen erklärt, ist das Konzept des *Monotropismus*. Ursprünglich von Dinah Murray und Wenn Lawson[1] entwickelt, beschreibt Monotropismus die Tendenz, dass das Gehirn einiger neurodivergenten Personen bevorzugt auf fokussierte Weise – also monotrop – Informationen verarbeitet. Das Konzept ist sehr jung und daher steht offen, auf welche weiteren Arten von Neurodivergenz es zutrifft. Im Gegensatz zum Polytropismus, bei dem mehrere Themen gleichzeitig miteinander in Verbindung gebracht werden, konzentriert sich das monotropistische Gehirn intensiv auf wenige oder einzelne Aspekte und zeigt dabei erhöhte Detailtiefe und Präzision.

Das heißt einerseits, dass monotrop veranlagte Personen außergewöhnlich gründlich und detailgenau arbeiten können; andererseits entstehen Schwierigkeiten, wenn rasche Wechsel zwischen verschiedenen Informationsquellen und Themen erforderlich sind. Ein besseres Verständnis dieses Ansatzes ermöglicht Organisationen, gezielt Arbeitsumgebungen zu gestalten, die monotrop veranlagte Mitarbeitende optimal unterstützen, etwa durch eine reduzierte Ablenkung, klare Zielvorgaben und die Möglichkeit zu intensiver Konzentration auf einzelne Aufgabenbereiche.

Bottom-up und Top-down Processing

Einen weiteren Erklärungsansatz bietet das Konzept des Bottom-up und Top-down Processing, das aus der kognitiven Psychologie stammt. Beim Bottom-up Processing wird Information durch sensorische Eingänge verarbeitet und zu einem Gesamtbild zusammengesetzt, während beim Top-down Processing bestehendes Wissen und Erwartungen die Wahrnehmung und Verarbeitung neuer Informationen prägen. Studien zeigen, dass insbesondere bei hohem Stress und Unsicherheit Bottom-up-Prozesse überwiegen können, da sie unmittelbarer und automatischer erfolgen.

Demgegenüber greifen Top-down-Prozesse stärker bei komplexen Entscheidungen und Planungen, wenn Vorwissen und Erfahrungen maßgeblich sind. Eine bewusste Balance zwischen beiden Verarbeitungsarten ermöglicht es Mitarbeitenden, flexibel auf neue Herausforderungen zu reagieren und gleichzeitig fundierte Entscheidungen zu treffen.

Modernisierung und Evolution menschlicher Fähigkeiten

In den letzten Jahrhunderten hat sich nicht nur unsere Arbeitswelt verändert, sondern auch die Art, wie wir Informationen aufnehmen, verarbeiten und darauf reagieren. Was

[1] Weitere Informationen und ein Link zum Selbsttest der eigenen Verarbeitung über https://monotropism.org.

mit der Industrialisierung begann, hat sich über die Digitalisierung hin zu einer konstanten Reizpräsenz entwickelt: Informationen sind immer verfügbar, manchmal auch ungebeten, komplex verschachtelt oder uneindeutig. Das stellt nicht nur das individuelle Aufmerksamkeitsmanagement auf die Probe.

Das technologische Wachstum verschiebt damit auch die „Baseline", den Referenzrahmen dafür, was als „normale" kognitive Leistungsfähigkeit gilt. Hinzu kommen biologische und neurologische Einflussfaktoren, die unsere Kognition tatsächlich beeinflussen. Das können TikTok-Filter sein, die das Körperbild von jungen Menschen beeinflussen, aber auch die leider normalen Langzeitfolgen jeder einzelnen noch so „harmlosen" Infektion mit COVID-19 – verringerte Exekutivfunktion, Verlust von IQ-Punkten, erhöhtes Risiko für Schlaganfälle, Alzheimer, Angst und Depression – verändern unsere kognitiven Fähigkeiten und können auch zum Erwerb von Neurodivergenz führen.

Parallel verändert sich, wie Aufgaben in Organisationen strukturiert werden: Multitasking, ständige Kontextwechsel und das gleichzeitige Bearbeiten paralleler Projekte sind in vielen Rollen nicht mehr Ausnahme, sondern Grundvoraussetzung. Dabei wird oft übersehen, dass diese Anforderungen den menschlichen Verarbeitungsmechanismen keineswegs entgegenkommen und dass sie insbesondere für Menschen mit bestimmten neurokognitiven Profilen strukturelle Nachteile bedeuten können.

Die vielzitierte „sinkende Aufmerksamkeitsspanne" ist kein individuelles Versagen, sondern ein Ausdruck systemischer Überlastung und ein (für sich betrachtet) äußerst spannendes gesellschaftsweites Phänomen. Wer ständig auf Reize reagieren muss, kann unmöglich all die Reize priorisieren, jedes Szenario langfristig oder in die Tiefe durchdenken. All das sind aber Fähigkeiten, die in vielen Rollen dringend gebraucht werden, die in der Fülle an Anforderungen aber schnell überlastet werden. In der Folge entstehen paradoxe Anforderungen: Einerseits wird höchste Konzentration erwartet, andererseits permanent gestört. Es wird Innovation verlangt, aber kaum Zeit zur Verarbeitung oder Reflexion gewährt.

Gerade neurodivergente Personen erleben diese Dynamiken besonders intensiv – teils, weil ihre Verarbeitungssensibilität höher ist, teils, weil sie andere kognitive Pfade nutzen, um Komplexität zu durchdringen. Viele bringen ein außergewöhnlich starkes Detailbewusstsein, hohe Mustererkennung oder analytische Präzision mit, die sich aber nur entfalten können, wenn das Umfeld auch ausreichend Stabilität, Autonomie über ausgesetzte Reize und Sinnhaftigkeit der eigenen Aufgaben bietet. Wer etwa mit ADHS lebt, reagiert empfindlicher auf Reizdichte und Ablenkung. Wer autistisch ist, benötigt oft klare Strukturen und Vorhersehbarkeit, um dadurch die große Tiefe der eigenen Verarbeitungsfähigkeit zu nutzen. Wer unter Migräne leidet, braucht vielleicht die frühere Ankündigung von Deadlines, um Stress-Spitzen zu vermeiden.

Für Organisationen bedeutet das: Es reicht nicht, bei Überforderung auf individuelle Resilienz oder Zeitmanagement zu setzen. Neben all den Benefit-Angeboten von Mental-Health-Unterstützung, Therapiekontingenten pro Jahr oder Workation braucht es eine kritische Reflexion darüber, wie Arbeit in der gesamten Organisation strukturiert ist. Wo wird stillschweigend Dauerverfügbarkeit und hohe Reiztoleranz vorausgesetzt? Worüber und über welche Störungen wird gesagt, sie „lassen sich halt nicht vermeiden“? Welche Meetings sind tatsächlich in dieser Form notwendig? Wie kann Informationsfluss so gestaltet werden, dass er Orientierung schafft, statt Reizpegel und die Unterbrechungsrate zu erhöhen?

5.2 Laterales Denken

In den meisten Organisationen wird Problemlösung als lineare Aufgabe verstanden: ein Problem, ein Ziel, ein logischer Weg dazwischen. Diese Herangehensweise ist durchaus effizient, solange die Probleme einfach, stabil und bekannt sind. Doch genau das ist in vielen Kontexten nicht mehr der Fall. Produkte, Teams, Märkte und Technologien verändern sich parallel, wechselseitig und inzwischen auch unvorhersehbar.

Laterales Denken beschreibt einen kognitiven Zugang, bei dem Probleme nicht in bestehende Denkrahmen einsortiert, sondern über Kategorien hinweg – lateral – betrachtet werden. Was wäre, wenn das Gegenteil stimmt? Welche Annahme steckt hinter unserer Einschätzung? In welchem völlig anderen Gebiet gibt es ähnliche Dynamiken? Gibt es eine Perspektive, die bisher nicht berücksichtigt wurde? Dieser Denkstil ist nicht beliebig-chaotisch, sondern strukturiert unkonventionell: Er unterbricht immergleiche Routinen und fördert Innovation.

In sämtlichen, auch nicht-innovationsorientierten Organisationen aber kann laterales Denken wertvoll sein, um komplexe Probleme zu lösen. Teams wird erlaubt, über den Tellerrand hinauszublicken und neue Ansätze zu entwickeln. Allerdings sei dazu gesagt: das Äußern von lateralem Denken erfordert eine Unternehmenskultur, die Offenheit für unkonventionelle Ideen und das Zulassen von Fehlern fördert und nicht abstraft. Sicherlich gibt es in jeder Organisation Menschen, die eigentlich sehr routiniert solche reflektierte Denkprozesse einsetzen, sie aber vielleicht nicht äußern, weil ihre Ideen in der Vergangenheit abgetan, belächelt oder schlicht ignoriert wurden.

Gerade neurodivergente Menschen bringen solche Perspektivwechsel oft mit, nicht zuletzt, weil das eigene Erleben sich so grundsätzlich von dem System unterscheidet, auf das sich angepasst wird – und das nicht unbedingt schlüssig für die Personen selbst ist, aber zwecks Zugehörigkeit befolgt wird. Sei es, Grundannahmen infrage zu stellen, Widersprüche zu benennen oder Wissen und Zusammenhänge aus unerwarteten Kontexten zu verbinden: Was im Arbeitsalltag dann als hinderlich oder unbequem erscheint, ist im Kontext komplexer Problemlagen oft genau der Schlüssel zu neuen Lösungswegen. Wer aber immer nur auf schnelle Ergebnisse zielt oder unbewusst Konformität belohnt, verhindert die Wirksamkeit lateraler Beiträge.

Beispiel

In einem Teammeeting zur Prozessoptimierung schlägt ein neurodivergentes Teammitglied vor, nicht nur die Dauer einzelner Arbeitsschritte zu planen, sondern den gesamten Ablauf infrage zu stellen – inklusive der Ziele. Die Reaktion des Teams ist verhalten. Man sei „schon mitten in der Umsetzung", es fehle jetzt „nur noch etwas Feinschliff". Der Impuls wird nicht weiterverfolgt. Erst drei Monate später zeigt sich, dass der Prozess grundlegende Annahmen falsch gesetzt und mit den Zielen die Probleme nicht adressiert hatte – die ursprüngliche Idee hätte das früh sichtbar gemacht.◀

Laterales Denken ist auch ein indirektes Mittel, Bias und Falschannahmen aufzudecken. Es lebt davon, gegen die eigene Intuition zu denken, gedankliche Umwege zuzulassen und ungewohnte Verknüpfungen herzustellen. Doch damit genau das im Unternehmenskontext genutzt werden kann, braucht es vor allem Reflexion – und die Zeit dafür.

Wie laterales Denken funktioniert

Laterales Denken basiert nicht auf einer linearen Abfolge von Schritten, sondern auf einem bewussten Bruch mit Routinen. Es entsteht dort, wo Menschen gedanklich einen Umweg gehen, um etwas zu sehen, das beim ersten Durchdenken unseres energiesparenden Gehirns verborgen bleibt. Dabei geht es nicht um originelle Ideen um der Originalität willen, sondern um einen Perspektivwechsel, der neue Optionen ermöglicht und Risiken aufdeckt.

Im Unterschied zu vertikalem Denken, bei dem vorhandene Informationen systematisch analysiert und weitergedacht werden, sucht laterales Denken zunächst nach einer anderen Fragestellung. Statt zu fragen „Wie lösen wir dieses Problem?", lautet die Frage eher: „Ist das überhaupt das richtige Problem?" Oder: „Welche Annahmen müssen erfüllt sein, damit unser Weg überhaupt funktioniert?" Eine Frage wie „Was würde passieren, wenn wir das komplette Gegenteil von heute machen?" führt zwar nicht direkt zur Lösung – aber oft zu Erkenntnissen über Blockaden, Vorannahmen oder Denkfehler, die sonst nicht sichtbar geworden wären.

Dieses Denken irritiert manchmal – gerade weil es nicht entlang gängiger Kategorien verläuft – ist aber gerade deshalb oft ein wertvoller Beitrag zu Innovationsprozessen.

Organisationen, die in komplexen, sich schnell wandelnden Umfeldern agieren, können es sich schon per se nicht leisten, ausschließlich auf bewährte Lösungen zurückzugreifen. Laterales Denken ist damit der Nährboden für echte Innovation, also für Lösungen, die nicht nur inkrementell verbessern, sondern bestehende Muster grundsätzlich infrage stellen.

Besonders wichtig wird das in Phasen der Unsicherheit: Wenn Datenlage, Kundschaftsverhalten oder Marktverhältnisse keine klaren Antworten mehr liefern, braucht es Menschen, die neue Fragen stellen. Neurodivergente Denkstile sind dafür keine „Störung", sondern eine systemische Notwendigkeit.

In Kürze: Laterales Denken

1. Bei Irritation Raum schaffen

Laterales Denken braucht keine fertigen Antworten, sondern gute Fragen. Ermögliche, dass auch scheinbar sperrige oder unübliche Impulse ernst genommen werden – gerade wenn sie vom gewohnten Schema abweichen.

Beispiel: Statt eine Idee mit „Dafür ist es jetzt zu spät" abzuwürgen, lieber fragen: „Was würde sich ändern, wenn wir deine Perspektive einbeziehen?"

2. Soziale Konformität von inhaltlicher Relevanz trennen

Nicht jede Idee wird gleich formuliert oder präsentiert, aber ungewöhnliche Beiträge sind nicht deshalb per se unpassend. Trainiere dein Team darauf, den Gedanken hinter der Form zu erkennen.

Beispiel: Wenn jemand vorschlägt, einen Prozess „einfach komplett zu streichen", nutze den Moment zur Reflexion statt zur Abwehr – was wäre das Ziel hinter so einem Bruch?

3. Neurodivergente Denkstile aktiv einbeziehen

Viele neurodivergente Teammitglieder denken anders im Vergleich zu gängigen Denkmustern. Diese Perspektiven sind kein Risiko, sondern ein strategischer Vorteil in unsicheren oder komplexen Situationen.

Beispiel: In der Strategieentwicklung kann eine Person, die scheinbar „zu früh" grundlegende Annahmen hinterfragt, Schwachstellen sichtbar machen.

4. Irritation als Innovationschance verstehen

Laterales Denken produziert nicht sofort Ergebnisse, aber es legt Widersprüche offen und zeigt neue Wege. Das braucht erst mal kurz Zeit, aber zahlt sich langfristig aus.

Beispiel: Ein Vorschlag, der in der ersten Runde abgelehnt wurde, kann Monate später zur entscheidenden Kurskorrektur führen – wenn er dokumentiert und reflektiert wurde.

5.3 Immunität gegen Peer Pressure

In nahezu jedem sozialen Kontext spielt Gruppendruck – die sogenannte „Peer Pressure" – nach klassischem Verständnis eine signifikante Rolle in unseren Entscheidungen. Besonders neurotypische Menschen orientieren sich häufig stark an ihrem sozialen Umfeld, passen ihr Verhalten an Gruppenstandards an und neigen dazu, eigene Meinungen und Werte im Interesse der Gruppenkohärenz zurückzustellen. Doch während diese Anpassungsfähigkeit evolutionär vor Jahrtausenden sicherlich von Vorteil war, erschwert sie heute angesichts unserer neuen Bedarfe selbstständiges Denken, Innovation und individuelle Entwicklung. Bemerkenswert ist jedoch, dass neurodivergente Menschen häufig eine tendenzielle Immunität gegen diesen sozialen Druck aufweisen.

Die Ursachen für diese Immunität sind vielschichtig: Zum Einen besteht hier die oft ausgeprägte Authentizität, mit der neurodivergente Personen ohne die soziale Ausgrenzung eigentlich agieren würden. Forschungsergebnisse zeigen zum Beispiel, dass insbesondere autistische Menschen ein starkes Bedürfnis nach innerer Kongruenz verspüren, was dazu führt, dass sie inhärent weniger anfällig für ein Sich-Verstellen zugunsten sozialer Dynamiken sind. Sie neigen eher dazu, ihre Werte, Überzeugungen und Interessen offen und unverfälscht zu vertreten, auch wenn dies zu sozialen Spannungen oder Missverständnissen führen könnte. Diese Echtheit wird von den Personen selbst im Berufsalltag oft als Stärke empfunden, da sie Ehrlichkeit, Integrität und Zuverlässigkeit priorisiert.

Eine weitere Ursache für die reduzierte Anfälligkeit gegenüber Gruppenzwang ist das bereits diskutierte Konzept des Monotropismus. Personen mit einer monotropistischen Wahrnehmung fokussieren sich intensiv auf einzelne Themen oder Interessen, wodurch sie weniger empfänglich für ablenkende soziale Einflüsse sind. Wenn sie einmal von einer Sache überzeugt sind, investieren sie tiefgehend und umfassend in deren Verständnis und Ausarbeitung. Diese intensive Fokussierung bedeutet, dass äußere Erwartungen und soziale Normen, die von ihrem Interessenfokus abweichen, weniger stark wahrgenommen oder als weniger relevant empfunden werden, weil Fakten und Wissen im Vordergrund stehen.

Auch das bereits beschriebene Bottom-up Processing spielt eine Rolle bei der Immunität gegenüber Peer Pressure. Personen, die primär Bottom-up-Informationen verarbeiten, orientieren sich stärker an sensorischen Eindrücken und unmittelbaren Erfahrungen statt an extern vorgegebenen Normen oder Erwartungen. Die Wahrnehmung der Realität basiert für sie auf konkreten Details und eigenen Beobachtungen, weniger auf dem, was sozial erwünscht, vorgegeben oder erwartet wird. Dieses Verarbeitungsmuster führt dazu, dass sie Entscheidungen treffen, die stärker an ihren individuellen Erfahrungen und ihrem Wissen orientiert sind, und weniger an sozialen Konventionen oder Gruppenzwang.

Ein verwandtes Phänomen, das ebenfalls relevant ist, ist der sogenannte Authority Bias, die Tendenz, Aussagen und Anweisungen von Autoritätspersonen unkritisch zu folgen. Neurodivergente Personen, insbesondere autistische Menschen, zeigen häufig auch gegenüber diesem Bias eine geringere Anfälligkeit, was sie befähigt, unabhängiger und kritischer zu urteilen. Diese Eigenschaft ist besonders wertvoll in organisationalen Kontexten, in denen Hierarchien und Autoritäten sonst unhinterfragt bleiben und damit zu Fehlern führen.

Diese Immunität gegen Peer Pressure und Authority Bias bietet naheliegende Vorteile, insbesondere im Hinblick auf Innovation und kreative Prozesse in Organisationen. Neurodivergente Mitarbeitende neigen weniger dazu, sich bestehenden Hierarchien und etablierten Normen unhinterfragt anzupassen. Stattdessen bringen sie oft radikal neue Perspektiven und Lösungsansätze ein, weil sie weniger beeinflusst sind von dem, was in einer Organisation als „normal" gilt. Unternehmen, die dies erkennen und aktiv fördern, schaffen eine Kultur, in der Innovation gedeihen kann.

Gleichzeitig bringt diese Immunität auch Herausforderungen mit sich, da neurotypische Teammitglieder diese Authentizität und den scheinbaren Widerstand gegen soziale Erwartungen als Regelbrüche empfinden können. Hier ist es wichtig, innerhalb der Organisation kulturelle Kompetenz und Sensibilität zu entwickeln, um das Potenzial der Diversität voll auszuschöpfen und Eskalationen wie Mobbing oder Diskriminierung zu vermeiden. Sensibilisierungsschulungen und Aufklärung über Neurodivergenz können dabei helfen, Missverständnisse abzubauen und eine wertschätzende, inklusive Arbeitsumgebung zu schaffen.

Aus einer sozialpsychologischen Perspektive ist bekannt, dass neurotypische Personen sich häufig schwertun, mit der sozialen Direktheit neurodivergenter Menschen umzugehen. Studien zur Wahrnehmung und Interaktion zeigen, dass neurotypische Personen dazu tendieren, andere basierend auf nonverbalen Signalen, gruppenüblichen Verhaltensweisen und ungeschriebenen sozialen Regeln zu beurteilen. Autistische Menschen beispielsweise, die diese Signale weniger intuitiv aufnehmen, anders priorisieren oder selbst anders zeigen, wirken dadurch auf neurotypische Peers häufig schon nach Sekunden, als sei ihr Verhalten unpassend. Dies beeinflusst leider oft die Bereitschaft der Gruppe, mit ihnen zu interagieren, obwohl gerade diese andere Art der Wahrnehmung wertvolle neue Impulse und Reflexion für die eigene Zusammenarbeit liefern kann.

5.4 Task Switching für USPs

In der modernen Arbeitswelt sind Schnelligkeit und Flexibilität häufig grundlegende Anforderungen. Ein deshalb wesentliches Konzept ist das „Task Switching", also der Wechsel zwischen verschiedenen Aufgaben. Obwohl die Fähigkeit, zwischen verschiedenen Aufgaben flexibel hin und her zu wechseln, gern als Stärke bepriesen wird, zeigen Forschungen, dass Task Switching mit erheblichen kognitiven Kosten verbunden sein kann. Der Begriff „Switch Costs" beschreibt dabei den Zeitverlust und die verminderte Produktivität, die entstehen, wenn Menschen zwischen unterschiedlichen Aufgaben hin und her wechseln müssen. Dabei kann das Umschalten zwischen komplexen Aufgaben bis zu 40 % der produktiven Zeit kosten, da unser Gehirn jeweils mehrere Minuten Zeit benötigt, um sich neu zu fokussieren und in eine Aufgabe wieder oder neu einzutauchen.

Die kognitiven Prozesse hinter Task Switching umfassen sowohl exekutive Kontrollmechanismen als auch den Neuaufbau von Aufgabenkontexten. Menschen mit ADHS beispielsweise aber zeigen oft eine beeindruckende Fähigkeit zum Task Switching. Sie können durch ihre schnelle Auffassungsgabe und ihr Bedürfnis nach Stimulation effektiv zwischen unterschiedlichen Aufgaben wechseln und sich in dynamischen, schnelllebigen Umgebungen sehr wohl fühlen. Dies ermöglicht ihnen, besonders kreativ und reaktiv auf Veränderungen und Herausforderungen zu reagieren. Wichtig an der Stelle ist: Dies ist kein Multitasking. Der tatsächliche Fokus wird nicht auf parallele Aufgaben verteilt, sondern wechselt zwischen den Aufgaben.

Im Gegensatz dazu zeigen autistische Personen häufig Stärken in der tiefgehenden Konzentration und Fokussierung auf einzelne Aufgaben. Sie arbeiten oft gründlicher und detaillierter, bevorzugen dabei jedoch klar definierte und strukturierte Aufgabenstellungen. Diese Struktur schaffen sie sich je nach Bedarf auch selbst. Auch ihre Fähigkeit, Hintergrundinformationen über längere Zeiträume hinweg zu verarbeiten („Background Processing"), ist besonders ausgeprägt. So können autistische Menschen komplexe Probleme oft sehr gründlich und aus ungewöhnlichen Perspektiven betrachten, da ihr Gehirn Informationen intensiver verarbeitet.

Die Kombination dieser unterschiedlichen Denk- und Verarbeitungsweisen innerhalb eines Teams aus neurotypischen und neurodivergenten Personen kann also zu einzigartigen Wettbewerbsvorteilen führen: Während neurotypische Mitarbeitende häufig gut in der Balance sind, schnell zwischen Aufgaben zu wechseln und sie dann mit Tiefe anzugehen, können neurodivergente Mitarbeitende oft noch schnellere Wechsel oder tiefgründigere Analysen und innovative Lösungsansätze durch ihre spezifische Denkweise und Hintergrundverarbeitung leisten. Diese Mischung ermöglicht es Unternehmen, einerseits flexibel und dynamisch zu agieren und andererseits von der Tiefe und Innovation zu profitieren, die aus einer fokussierten, detaillierten und oft disruptiven Denkweise resultiert.

Um die Vorteile solcher diverser Teams aber nutzen zu können, müssen Unternehmen Arbeitsumgebungen schaffen, die sowohl intensive Konzentrationsphasen als auch die Möglichkeit für flexible Wechsel zwischen Aufgaben erlauben. Klare und transparente Kommunikationsstrukturen, die Reduzierung unnötiger Unterbrechungen und die Förderung einer inklusiven Arbeitskultur sind hierbei entscheidend. So entstehen innovative Arbeitsprozesse und zuvor nicht berücksichtigte Lösungen, die auf dem Markt echte Alleinstellungsmerkmale herstellen können.

5.5 Förderliche Hierarchiestrukturen und Handelsprinzipien

Hierarchien in Organisationen sind in den letzten Jahrzehnten zunehmend in den Fokus kritischer Reflexion gerückt. Klassische pyramidenförmige Top-down-Strukturen, bei denen Macht, Entscheidungskompetenz und Information ausschließlich in höheren Führungsebenen gebündelt werden, gelten in vielen dynamischen, wissensbasierten Kontexten als überholt. Die Forschung spricht schon seit den 1990er-Jahren von einem Paradigmenwechsel hin zu flacheren, anpassungsfähigeren Organisationsformen, die auf Eigenverantwortung, Selbstorganisation und kollaborative Entscheidungsfindung setzen.

Diese Veränderungen sind nicht nur eine Begleiterscheinung der wachsenden Komplexität der Arbeitswelt, sondern auch eine notwendige Antwort auf die gestiegenen Anforderungen an Innovationsfähigkeit.

Neurodivergente Menschen hinterfragen tendenziell häufiger bestehende Strukturen und Annahmen, weil sie nicht von denselben sozialen Belohnungs- und Konformitätsmechanismen beeinflusst werden wie neurotypische Menschen. Diese Unabhängigkeit macht sie besonders sensibel für ineffiziente, inkonsistente oder widersprüchliche Regeln und Prozesse, die nicht schlicht aufgrund sozialer Hierarchien hinegnommen werden. Gleichzeitig erleben sie in konventionellen, statusbasierten Organisationsformen häufig massive Barrieren: Ihre Direktheit wird als respektlos gewertet, ihre Regelkritik als störend empfunden, ihre Denkweise als zu unkonventionell oder gar inkompetent abgetan.

Dabei tragen genau diese Eigenschaften – Regelkritik, Klarheit, tiefes Spezialwissen – überhaupt erst zur Entwicklung von Innovation bei, und auch vor allem dann, wenn die strukturellen Bedingungen stimmen. Ein Umfeld, das klare, funktionale (!) Regeln etabliert, aber dazwischen maximale Freiheit bietet und das Infragestellen der Regeln erlaubt, ist besonders innovationsfreundlich für neurodivergente Mitarbeitende.

Sozialwissenschaftlich betrachtet liegt eine der größten Herausforderungen in impliziten Hierarchien: also jenen Machtsystemen, die nicht formal ausgeschrieben, aber in der Praxis wirksam sind. Diese impliziten Strukturen sind für neurodivergente Personen aufgrund der bestehenden Biases gegen sie besonders schwer zugänglich. Wenn Organisationen möchten, dass das volle kreative Potenzial aller Mitarbeitenden zur Geltung kommt, müssen diese inoffiziellen Machtprozesse zumindest deutlich gemacht und reflektiert werden.

Zentrale Prinzipien für eine inklusive und innovationsfördernde Hierarchiekultur lauten daher:

- **Regeln nur, wenn sie funktional sind:** Regeln müssen klar begründet und hinterfragbar sein. Neurodivergente Menschen prüfen Regelwerke häufig auf innere Logik. Wenn Regeln ausschließlich zur Kontrolle dienen oder widersprüchlich angewendet werden, werden sie häufig abgelehnt bzw. ignoriert – zu Recht und oft zum Vorteil der Organisation.

- **Transparenz vor Taktik:** „Um Ecken gehen", indirekte Kommunikation oder strategisches Zurückhalten von Informationen schaffen Unsicherheit und behindern den Zugang neurodivergenter Menschen zur Teilhabe. Eine offene, adressatengerechte Kommunikation ist Voraussetzung für Vertrauen und Innovationsfreude.
- **Kritik als strukturelle Ressource:** Organisationen müssen einen Kulturwandel vollziehen, der Kritik nicht als persönlichen Angriff, sondern als Instrument kollektiver Weiterentwicklung von Verhaltensweisen begreift. Ein Framework von psychologischer Sicherheit und der Förderung von rationaler (statt emotionaler) Irritation ist hier hilfreich.
- **Partizipation ermöglichen:** Entscheidungsprozesse sollten so gestaltet sein, dass sie auch von Personen nachvollzogen und beeinflusst werden können, die keine informelle Machtposition innehaben. Das umfasst transparente Entscheidungswege, Feedbackprozesse und die Förderung von nicht-dominanten Meinungen.

Beispiel

In einem Innovationsprojekt schlägt eine autistische Kollegin vor, ein etabliertes Reporting Tool durch eine weniger bekannte, aber deutlich effizientere Open-Source-Alternative zu ersetzen. In klassischen Strukturen wird dieser Vorschlag möglicherweise mit einem Verweis auf bestehende Verträge, Sicherheitsbedenken oder mangelnde Bekanntheit abgewehrt – ohne tiefergehende Prüfung. In einer innovationsorientierten, regelkritischen Kultur hingegen wird der Vorschlag systematisch evaluiert. Dabei könnte nicht nur die Lösung selbst, sondern auch der disruptive Denkansatz der Kollegin langfristig zu besseren Produkten, Prozessen oder sogar Geschäftsmodellen führen, auch wenn er einmalig Zeitaufwand bedeutet.◀

Die Rolle der Führungskräfte verändert sich in solchen Systemen ebenso fundamental von autoritären Entscheidenden hin zu moderierenden Möglichmachenden. Führung in innovationsfördernden Systemen bedeutet weiterhin nicht, alles selbst zu wissen oder entscheiden zu müssen – sondern Möglichkeiten zu schaffen, in denen Unterschiedlichkeit nicht nur toleriert, sondern produktiv genutzt wird.

Organisationen, die zukunftsfähig sein wollen, müssen also nicht nur digitale, sondern auch kulturell-strukturelle Transformationen durchlaufen. Sie müssen soziale Macht durch kognitive Relevanz ersetzen. Sie müssen verstehen, dass Hierarchien nicht verschwinden müssen, sondern funktional und zugänglich sein sollten. Und sie müssen bereit sein, neurodivergente Perspektiven nicht nur zu dulden oder zu unterstützen, sondern aktiv in ihre Entscheidungsprozesse einzubinden, eben weil ihr Denken anders strukturiert ist. Und genau das braucht es für echte Disruption.

5.6 Key Takeaways

Erwarte nicht, dass gute Ideen immer gut präsentiert sind

Besonders bei neurodivergenten Teammitgliedern kann eine Idee nach bisherigem Verständnis ungeschliffen, komplex oder untypisch formuliert wirken. Frag nach dem Gedanken dahinter, statt vorschnell zu bewerten. Innovation beginnt oft genau da, wo eine neue Information irritiert.

Hinterfrage Routinen, auch wenn sie funktionieren

Nur weil etwas funktioniert, heißt das nicht, dass es optimal ist. Menschen, die nicht in bestehende Denkmuster passen, erkennen oft früher, wo Prozesse haken oder überkomplex sind. Nutze diese Perspektiven, bevor andere merken, dass etwas ineffizient ist.

Plane bewusst Räume für Widerspruch ein

Wenn alle zustimmen, ist das kein Zeichen für ein gutes Team – sondern oft für Anpassungsdruck. Sorge dafür, dass kritische Stimmen nicht nur erlaubt, sondern erwünscht sind. Und gib explizit Rückhalt, wenn jemand frühzeitig sachliche Zweifel oder Kritik äußert.

Gestalte Innovationsprozesse so, dass unterschiedliche Denkstile wirklich einfließen können

Nicht alle denken in Brainstorming-Runden am besten. Biete asynchrone, schriftliche oder visuelle Alternativen an. Lass Zeit zum Nachdenken und gib klar an, wann und bis wann Beiträge gewünscht sind – so kommen mehr relevante Ideen auf den Tisch.

Bewerte Vorschläge nicht danach, ob sie gut klingen, sondern ob sie gut durchdacht sind

Eloquenz ist kein Innovationskriterium. Prüfe Ideen darauf, ob sie ein echtes Problem adressieren oder eine neue Perspektive eröffnen. Lass dich nicht von glatter Rhetorik überzeugen, sondern von Fakten.

Baue Schutzräume für disruptives Denken

Menschen bringen dann disruptive Ideen ein, wenn sie wissen, dass sie dafür nicht abgestraft werden. Mach klar: Wer Problemstellen identifiziert, ist nicht problematisch, sondern hilfreich oder mutig. Und dieser Mut ist entscheidend für echte Innovation.

Literatur

Bakker, A. B., Petrou, P., Op Den Kamp, E. M., & Tims, M. (2020). Proactive vitality management, work engagement, and creativity: the role of goal orientation. *Applied psychology, 69*(2), 351–378. https://doi.org/10.1111/apps.12173.

Bargiela, S., Steward, R., & Mandy, W. (2016). The experiences of late-diagnosed women with autism spectrum conditions: An investigation of the female autism phenotype. *Journal of Autism and Developmental Disorders, 46*(10)), 3281–3294. https://doi.org/10.1007/s10803-016-2872-8.

Bicchieri, C. (2005). *The grammar of society: The nature and dynamics of social norms* (1. aufl.). Cambridge University Press. https://doi.org/10.1017/CBO9780511616037.

Blevins, D. P., Stackhouse, M. R. D., & Dionne, S. D. (2022). Righting the balance: Understanding introverts (and extraverts) in the workplace. *International Journal of Management Reviews, 24*(1), 78–98. https://doi.org/10.1111/ijmr.12268.

Cao, X., & Chen, J. (2024). The association between emotional intelligence and prosocial behaviors in children and adolescents: a systematic review and meta-analysis. *Journal of Youth and Adolescence*. https://doi.org/10.1007/s10964-024-02062-y.

Crompton, C. J., Foster, S. J., Wilks, C. E. H., Dodd, M., Efthimiou, T. N., Ropar, D., et al. (2025). Information transfer within and between autistic and non-autistic people. *Nature Human Behaviour*. https://doi.org/10.1038/s41562-025-02163-z.

Doyle, N. (2020). Neurodiversity at work: A biopsychosocial model and the impact on working adults. *British Medical Bulletin, 135*(1)), 108–125. https://doi.org/10.1093/bmb/ldaa021.

Edmondson, A. (1999). Psychological safety and learning behavior in work teams. *Administrative Science Quarterly, 44*(2)), 350–383. https://doi.org/10.2307/2666999.

Ericsson, K. A., Krampe, R. T., & Tesch-Romer, C. (1993). *The role of deliberate practice in the acquisition of expert performance.*

Fink, E., Friedman, S., Olthof, T., Van Der Meijden, S., Goossens, F., & Begeer, S. (2024). Exploring the interpersonal goals of autistic and neurotypical adolescents who bully others. *Journal of Autism and Developmental Disorders*. https://doi.org/10.1007/s10803-024-06683-x.

Goleman, D. (1995). Emotional intelligence: Why it can matter more than IQ.

Grant, A. M., Gino, F., & Hofmann, D. A. (2011). Reversing the extraverted leadership advantage: The role of employee proactivity. *Academy of Management Journal, 54*(3), 528–550. https://doi.org/10.5465/amj.2011.61968043

Gudjonsdottir, F. J., Halldorsson, F., Ragnarsdottir, B., Njardvik, U., & Hannesdottir, D. K. (2024). Peer problems and prosocial behavior among icelandic children and adolescents with adhd and/or autism: gender and age differences. *journal of autism and developmental disorders*. https://doi.org/10.1007/s10803-024-06682-y.

Guéguen, N., Jacob, C., & Martin, A. (2009). Mimicry in Social Interaction: Its effect on human judgment and behavior. *European Journal of Social Sciences, 8*.

Heasman, B., & Gillespie, A. (2018). Perspective-taking is two-sided: Misunderstandings between people with Asperger's syndrome and their family members. *Autism, 22*(6)), 740–750. https://doi.org/10.1177/1362361317708287.

Legault, M., Catala, A., & Poirier, P. (2024). Breaking the stigma around autism: Moving away from neuronormativity using epistemic justice and 4E cognition. *Synthese, 204*(3)), 84. https://doi.org/10.1007/s11229-024-04730-9.

Maan, A. T., Abid, G., Butt, T. H., Ashfaq, F., & Ahmed, S. (2020). Perceived organizational support and job satisfaction: A moderated mediation model of proactive personality and psychological empowerment. *Future Business Journal, 6*(1), 21. https://doi.org/10.1186/s43093-020-00027-8.

Spitzmuller, M., Sin, H.-P., Howe, M., & Fatimah, S. (2015). Investigating the uniqueness and usefulness of proactive personality in organizational research: A Meta-Analytic Review. *Human Performance, 28*(4)), 351–379. https://doi.org/10.1080/08959285.2015.

Selbstmanagement 6

Wenn wir einmal mit maximalem Optimismus annehmen, das gesamte System rund um unser Arbeiten ist von einem Tag auf den nächsten endlich neuroinklusiv gestaltet … Bias wurden reflektiert, Prozesse angepasst, Teams und Führungskräfte haben ein neues Verständnis von Zusammenarbeit entwickelt und Unternehmen erreichen zuvor ungeahnte neue Erfolge, erkennen dadurch schließlich immer mehr, wie wertvoll neurodivergente Perspektiven sind. Wunderbar! Das System bietet nun den Nährboden, auf dem neurodivergente Menschen wirklich erfolgreich sind, sowohl für gemeinschaftliche, als auch persönliche Erfüllung.

Und doch… obwohl bisherige Systeme der Hinderungsgrund für Blockaden und Ausgrenzung waren, sind sie nicht der einzige Punkt, an dem wir auch in Zukunft weiterarbeiten müssen.

Dieses Kapitel richtet sich direkt an euch, für die das Buch als Ganzes überhaupt erst verfasst wurde. Alle von uns, die wir aufgewachsen sind mit dem Druck, uns besser anzupassen, einzubringen, anders zu kommunizieren, unser Verhalten zu verstecken oder abzustellen, auch wenn es niemandem schadet – anders zu fühlen, zu denken und zu sein. Die Inhalte dieses Kapitels sollen dabei unterstützen, all die erlernte Kompensation ausgewählt und getreu der eigenen Ressourcen und Bedürfnisse einzusetzen, andererseits aber auch für eigene Bedürfnisse einzustehen und die sehr realen Risiken in einer Gesellschaft einzuschätzen, die (bisher) auf neurotypisches Funktionieren ausgerichtet ist.

Aber auch für euch alle, die ihr dieses Buch in Händen haltet und euch selbst nicht als neurodivergent versteht: Lest gern trotzdem weiter. Dieses Kapitel ist in anderer Tonalität verfasst und richtet sich sprachlich direkt an Menschen, die sich selbst als neurodivergent identifizieren. Aber auch neurotypische oder bisher unbewusst neurodivergente Personen können in diesem Kapitel den Kern der bisherigen Argumentation mitverfolgen

V. Soubiran, *Neurodiversität in Unternehmen*,
https://doi.org/10.1007/978-3-662-72015-8_6

und vielleicht sogar bisher noch bestehende Bias bemerken. Oder aber ihr nutzt diese Chance für einen Blick in die sehr persönlichen, durchaus auch emotionalen Aspekte von neurodivergenten Realitäten.

Warum Selbstmanagement?

Als Menschen ziehen wir klare, einfache Lösungen vor, denn unsere Gehirne ziehen energieschonende Wege vor. Unsere Urteile fällen wir einfacher, wenn es ein klares „Richtig" und „Falsch" gibt, und wir beurteilen Gruppen mit weniger Zweifel, wenn wir sie einfach in „gut" und „schlecht" unterscheiden können. Wir möchten lieber eine Seite verantwortlich sehen, als selbst Mitverantwortung zu tragen. So trifft das auch auf die Vergangenheit unzähliger neurodivergenter Menschen zu.

Als Menschen, die wir anders sind, waren wir falsch. Auch der Blick in „Behandlungsmethoden" der Geschichte zeigt, dass Ethik und Moral immer wieder nur bestimmten Personengruppen entgegengebracht wurden, die von Machtdynamiken profitierten oder eben in der normativen Mehrheit waren.

Mit dem Aufkommen des Neurodiversitätsbegriffs in den frühen 1990er-Jahren durch selbst autistische, aktivistisch arbeitende Menschen wurde dann aber endlich ein neues Framing für Neurodiversität geschaffen, das gegen die bisher entmenschlichende Praxis in Psychiatrie und Medizin rebellierte. Auch wenn behinderte Menschen bis heute (zur Entstehung des Buchs, 2025) oft immer noch keinen Mindestlohn erhalten und Neurodivergenz in bestimmten Kreisen weiterhin als pathologische Abweichung statt natürliche Diversität gesehen wird, sind wir im Vergleich zu 1990 doch weit gekommen.

Mehr und mehr wird die Realität deutlich und auch anerkannt. Es liegt nicht schlicht und einfach an neurodivergenten Menschen, dass wir die Nachteile erfahren, die uns unser Leben lang begleiten. Vielmehr wird die unbequeme Wahrheit deutlicher: Die Systeme, die Machtstrukturen aufrechterhalten, sorgen auch für die weitere Benachteiligung der weniger machtvollen Gruppen, zu denen neurodivergente Menschen schon rein statistisch gehören. Gerade, wenn wir von Minderheiten sprechen, hat das System den größeren Anteil der Schuld daran, dass schädliche Machtdynamiken aufrechterhalten werden – und die größere Verantwortung, das zu ändern.

Wenn nun aber endlich das System optimiert wird, darf das keine Umkehr von Bestreben und Empfangen bedeuten, das heißt: welche „Seite" sich anstrengen und kämpfen muss, und wer „Recht hat" und allein deshalb nicht mitwirken müsse.

Auch wenn es unbequem und auch tatsächlich ungerecht ist: Als neurodivergente Personen können wir uns nicht darauf berufen, dass wir durch die Geschichte der Menschheit hinweg systematisch ausgegrenzt wurden (oder noch werden) und darauf warten, dass die anderen uns in diesem belastenden Kampf für Gleichberechtigung und Respekt ablösen. Wir wenden bereits selbst so viel Energie auf, sogar zum Schaden unserer eigenen psychischen und physischen Gesundheit – und trotzdem bleibt es gleichzeitig unsere Verantwortung, dass wir unsere eigenen Anteile weitersteuern und -tragen.

Im Kontext dieses Buchs heißt das: Wenn eine Organisation Neuroinklusion implementiert hat, wird das zum aktuellen Zeitpunkt vermutlich nicht perfekt sein. Die Lücken, die bestehen, sind Zeugnis der jahrhundertelangen systematischen Ausgrenzung von neurodivergenten Perspektiven und dürfen gleichzeitig nicht zum kategorischen Urteil über verfehltes Zuwenden werden. Gleichzeitig aber, nein: Es ist nicht die Aufgabe einer neurodivergenten Person, jetzt Brücken zu bauen, den Prozess zu optimieren, Verantwortung für die Lücke in der Organisation zu übernehmen, eine Employee Resource Group zu gründen oder zu leiten. Diese Aufgaben mag eine neurodivergente Person übernehmen, wenn sie das wünscht, aber es ist nicht automatisch ihre Aufgabe, nur weil sie Teil der Gruppe ist, die nun endlich Gleichberechtigung erfahren soll.

Nun kommt das Aber: Wir arbeiten in Organisationen in aller Regel neurodivers. Das heißt: Es wird immer neurotypische und neurodivergente Menschen geben, die im gleichen Team miteinander arbeiten. Solange sich aber eine Seite darauf beschränkt, nur ihre Perspektive zu berücksichtigen, wird es keine konstruktive Zusammenarbeit geben. In der Geschichte war das die neurotypische Perspektive, die jede Abweichung von sozialen Codes und Normen als falsch oder „Fauxpas" bewertete – nun geht es um gegenseitigen Respekt, keine Umkehr des „Besser" und „Schlechter".

Ganz genau so, wie ein Gespräch zwischen Menschen mit unterschiedlichen Sprachkenntnissen nicht funktionieren wird, wenn zwar keine der beiden Seiten die andere Sprache perfekt beherrscht, aber gleichzeitig eine der Parteien sich weigert, die faktisch bestehende Lücke zumindest ansatzweise zu schließen. Es wird deshalb in diesem Werk auch niemals die Rede von „Superkräften" oder „Kryptonit" sein, denn allein dieses Framing impliziert doch nur wieder eine „Übermenschlichkeit", entrückt neurodivergente Menschen also von der Position, grundlegend und so, wie sie sind, ein normaler Teil menschlicher, biologischer Vielfalt zu sein.

Auch wenn nun also auf das imaginäre Konto des gemeinsamen Verständnisses bisher fast ausschließlich neurodivergente Menschen wieder und wieder Einzahlungen vorgenommen haben, dürfen diese nun nicht ausgesetzt werden, nur weil andere nun (endlich) ebenfalls darauf einzahlen. Dieses Framing kann deshalb so wertvoll sein, weil es eine Gleichzeitigkeit erlaubt: Dass wir allein aufgrund unterschiedlicher Gehirnstrukturen so viel mehr für ansatzweise gleiche Chancen aufwenden müssen, uns bestimmte Dinge mehr Energie nehmen als anderen und dass andere Menschen uns anders bewerten, ist real und schmerzhaft. Gleichzeitig werden wir keine gemeinsamen Wege finden, wenn wir diese Risiken und Erfahrungen als Anlass nehmen, eine Umkehr der schädlichen Dynamiken zu erwarten oder sogar zu wünschen.

Wir werden immer selbst weiter auf uns achten und unsere Bedürfnisse kennen und kommunizieren müssen, und von Gedanken eines „Besser" oder „Schlechter" bestimmter Neurologien oder Gruppierungen distanziere auch ich mich als neurodivergente Autorin mit Marginalisierungs- und Diskriminierungserfahrungen deutlich.

Selbstmanagement klingt in diesem Kontext als Begriff nun also erst mal pragmatisch. Nach Routinen, die funktionieren sollen, dem Einhalten von Regeln, der Übernahme von

Verantwortung für das eigene Handeln. All diese Dinge sind Bestandteil des täglichen Lebens für alle Menschen, neurotypisch oder neurodivergent.

Stressoren für unsere Ressourcen

In unserer zunehmend digitalisierten, globalisierten Gesellschaft steigen die Ansprüche und Geschwindigkeiten im täglichen Leben, bei innerhalb so kurzer Zeit gleich gebliebenen körperlichen und kognitiven Möglichkeiten unserer Spezies.

Hinzu kommen politische, soziokulturelle und wirtschaftliche Dynamiken, Krisen und Veränderungen. Diese Kombination prädestiniert uns als Menschen bereits auf gesellschaftsweiter Ebene für Überlastung bis hin zu Burnout (vgl. Schaufeli et al., 2009).

Auf Organisationsebene kommen dann weitere Risikofaktoren hinzu: Unzureichende oder gerade so ausreichende Ressourcen – sei es zeitlich, personell oder auch finanziell – erhöhen zwingend den Druck auf jedes einzelne Individuum in der Organisation. Jede Belastung, die von intern oder extern zusätzlich aufkommt, erhöht diesen Druck weiter.

Hinzu kommt die Architektur der Organisation strukturell, prozessual und kulturell. Sowohl ein zu viel als auch ein zu wenig an explizierter Hierarchie machen die gesamte Organisation instabil und/oder dysfunktional. Das Gleiche gilt für Prozesse und Verantwortlichkeiten. Dabei geht es nicht darum, in wie vielen Worten diese Elemente beschrieben sind, sondern ob sie allen Beteiligten bewusst sind, oder aber sogar dementiert werden, obwohl sie tatsächlich bestehen. Ein Paradebeispiel dafür sind die „flachen Hierarchien", in denen es dann vielleicht Teamleads gibt, die aber letztlich doch keine definierten Entscheidungsräume haben und am Ende dennoch alles über den Schreibtisch der Geschäftsführung muss, während weiter kommuniziert wird, alle hätten das gleiche Mitspracherecht. Nicht die Existenz der sehr steilen, flaschenhals-artigen Hierarchie selbst sorgt hier für zusätzlichen Stress, sondern die Verneinung ihrer Existenz entgegen der Beobachtung aller Beteiligten.

Grundsätzlich sorgt jeder Widerspruch und jede Inkongruenz für Stress im System und die Menschen darin – wenn sie nicht explizit und konstruktiv gehandhabt werden. Das Gleiche gilt für Werte, denen sich eine Organisation möglicherweise verschreibt, sie dann aber nicht in ihrer Fülle oder aber nur mit bestimmten Vorbehalten und Ausnahmen lebt. Mitarbeitende sehen jede Diskrepanz und tragen diese im schlimmsten Fall mit sich nach Hause oder ins Wochenende, im stillen Ringen darum, ob und wie sie ein Problem ansprechen sollen, „zu empfindlich" seien oder ob sie nicht eigentlich allein „einfach klarkommen" sollten.

In unserer Lebensrealität als Menschen in einer neurobiologischen Minderheit aber gehört dazu mehr, und oft auch ein stärkerer Einfluss der verschiedenen Aspekte: sei es das Einteilen der eigenen Energie, die Entscheidung zwischen Anpassung und Authentizität, die Mehrarbeit für das Reparieren von persönlichen Konflikten und Verletzungen, die durch anhaltende Stigmatisierung sowohl in unseren Beziehungen als auch uns selbst auftreten. Wir sollen uns so präsentieren, wie es eine neurotypische Person tun würde. Mimik und Gestik müssen lebendig sein, aber nicht zu lebendig. Wiederholte Bewegungen, sei es für Stimming oder Tics, sollen unterlassen werden. Wir sollen bestimmte Gefühle zu bestimmten Anlässen haben, unabhängig von unserer Kapazität für diese Gefühle und ob wir nicht auch ohne diese Gefühle das gewünschte oder auch schlicht respektvolles Verhalten zeigen. Authentizität wird gefordert – und abgestraft, wenn sie nicht dem Bild neurotypischer Authentizität entspricht. Rupturen in Beziehungen werden nur dann repariert, wenn ihre Ursache (oder Lösung) nach normativen Standards akzeptabel ist.

Betrachten wir all diese Faktoren gemeinsam, wird klar: Wir brauchen auch in angepassten Systemen weiterhin eigene Lösungen, um uns selbst vor Abläufen zu schützen, die uns andernfalls Schaden zufügen.

Es ist kein Zufall, dass so viele Erwachsene fast gleichzeitig jetzt erst Diagnosen erhalten, die ihre Neurodivergenzen aus medizinischer Sicht bestätigen.

Einerseits findet eine Fokusverschiebung in der Forschung statt und die zuvor hingenommenen Bias in der Forschung werden infrage gestellt. Neurodivergenz wird mehr als Unterschied verstanden, mit all ihren Ausprägungen, die sich aus Kultur, Sozialisierung, erlerntem Verhalten, Erfahrungen, Privilegien, Lerntypus und sämtlichen anderen Aspekten zusammensetzen, die auch jeden anderen Menschen im Laufe des Lebens formen. Während noch vor 50 Jahren nur kleine, weiße Jungen mit sehr nach außen gerichteten Bewältigungsstrategien überhaupt für Diagnosen berücksichtigt wurden, wird aktuell der Horizont von medizinisch arbeitendem Personal erweitert, sodass auch sogenannte „internalisierte" Dynamiken berücksichtigt werden. Bei ADHS beispielsweise kann das statt dem klischeehaften „Zappeln" auch sein, dass eine Person konstant über verschiedene Dinge nachdenkt, sich die „Hyperaktivität" also eher nach innen richtet. Im psychiatrischen Setting werden weiblich gelesene Personen deshalb häufig erst mit Depressionen, Angststörungen oder Persönlichkeitsstörungen diagnostiziert, die ihrerseits alle das Resultat aus der eigentlich zugrunde liegenden und nicht berücksichtigten Neurodivergenz sind. Sie fallen dann als „therapieresistent" aus der zeitgemäßen Unterstützung, denn selbst mit Medikation und/oder Gesprächs- und Verhaltenstherapie verschwindet der Leidensdruck nie völlig – andere Antworten werden aber nicht gefunden und so wächst der eigene Eindruck, etwas müsse tief liegend falsch mit ihnen sein, wenn selbst die vielen Therapieansätze nicht helfen. Bestenfalls lernen sie neue Bewältigungsstrategien, wie sie mit den negativen Gefühlen umgehen können. „Sie selbst sein" können sie trotzdem nie und es verbleibt eine tief sitzende innere Scham, allein weil ihre Neurodivergenz nicht als solche benannt wird und sie so nicht lernen dürfen, ihre eigenen völlig nachvollziehbaren, von medizinischem Personal aber als „pathologisch" abgestempelten Gefühle und Bedürfnisse zu akzeptieren.

Der Standpunkt, dass sogenannte „Selbstdiagnosen" ihre Gültigkeit haben, ist genau deshalb so wichtig. Es geht dabei nicht darum, nicht-approbierten Privatpersonen das Fundament an medizinischem Fachwissen oder die Lizenz zur Ausstellung von Diagnosen zusprechen oder aber medizinisch ausgebildeten Personen Selbiges absprechen zu wollen, sondern allein darum, dass die allermeisten Menschen sich erst mit einem Label oder einer Diagnose das Ernstnehmen und Versorgen ihres eigenen Erlebens erlauben. Erst, wenn sie sich trauen, sich als beispielsweise autistisch oder dyslexisch selbst zu verstehen, erlauben sie sich die vielen Unterstützungswege, die sie ganz allein und ohne weitere Anträge oder ähnliches nutzen können. Sei es, lieber Audiobücher statt eines Papierbuchs zu lesen oder zum Beispiel bestimmte Kleidung nicht mehr zu tragen, die sie regelmäßig aufgrund der sensorischen Einflüsse in konstante, unterschwellige Wut hinein stimuliert. Diese Selbstdiagnose wird dabei nicht, wie gern schnippisch von Gatekeeper*innen behauptet wird, nach dem Anschauen von zwei oder drei TikTok- oder Instagram-Videos vorgenommen, sondern folgt in aller Regel auf monate- und jahrelange psychologische Arbeit, die Lektüre von Studien, dem wiederholten Durchgehen von Diagnosekriterien und Abgleichen mit eigenen Erfahrungen, Gesprächen, meist auch vorhergehender Therapieerfahrung und einer oft lebenslangen Suche nach Erklärungen für das eigene Erleben. Sie sind das Ergebnis lebenslangen Leidensdrucks und einer konsequenten Unterdrückung des eigenen Fühlens und Erlebens.

Hinzu kommt, dass all die behelfsmäßigen Bewältigungsstrategien nicht unbegrenzt lange funktionieren und ihre Opfer einfordern. Mit all den negativen Erfahrungen, die eine neurodivergente Person täglich sowohl auf bewusster als auch unbewusster Ebene macht, sind die eigenen Ressourcen bereits dadurch schneller aufgebraucht. Hinzu kommen Unterschiede in der Reizverarbeitung, die weiter Energie verbrauchen. Die Ansprüche an die Person in einer pathologisierenden Gesellschaft übersteigen deshalb nicht nur beruflich, sondern auch privat fast konstant die Ressourcen, was das Risiko für einen Burnout maßgeblich erhöht.

In der autistischen Community zum Beispiel hat sich der Begriff des „Autistic Burnout" etabliert, der mehr und mehr auch von diagnostizierendem Fachpersonal angewandt und besonders häufig bei Personen beobachtet wird, die gerade um die 30 bis 40 Jahre alt sind – der Zeitpunkt, wenn die bewährten Strategien nicht mehr dauerhaft funktionieren. Sei es aufgrund von Kindern, die nun zusätzliche Ressourcen einfordern, mehr Verantwortung im Beruf, einem Berufswechsel, dem Verlust eines Partners oder schlicht die Erschöpfung der jahrelang überinvestierten Ressourcen bei gleichzeitig altersbedingt sinkender Reserve… und all das bei dauerhaftem Filtern des eigenen Auftretens und Fühlens, um nicht als „anders" aufzufallen. Dabei ist Letzteres bereits nur der „Bestfall", bei dem keine Depression, komplexe posttraumatische Belastungsstörung oder andere überdeckende Begleitphänomene zusätzliche Belastungen mit sich bringen.

Aber nehmen wir einmal an, es wäre uns wenigstens beruflich erlaubt, individuell authentische Strategien einzusetzen. Vielleicht sogar Methoden wie „Eat the frog" und „Pomodoro" als die neurotypisch ausgerichteten und nur individuell funktionierenden Lösungen abzutun, die sie sind. Nehmen wir an, wir könnten unsere Arbeitsweise so leben, wie sie für uns selbst funktioniert und solange das Ergebnis zum vereinbarten Zeitpunkt und im vereinbarten Umfang da ist. Stellen wir uns vor, uns würde geglaubt, wenn wir unsere Kommunikation erklären, und nur die Aspekte berücksichtigt, die wir ehrlich als relevant formuliert haben. In einem solchen Szenario haben wir die Freiheit, unsere Arbeit für uns sprechen zu lassen, fernab von den sozialen und hierarchischen Strukturen rundherum.

Ich beziehe mich in diesem Kapitel bewusst auf die Art, wie sich allein im Arbeitskontext je nach eigenen Vorlieben und Möglichkeiten verhalten werden kann. Alle Vorschläge sind stets genau das: Optionen, die angenommen oder abgelehnt werden können und die auch von Organisationsseite nicht eingefordert werden sollten.

Gerade, wenn Maßnahmen zum Selbstmanagement auch in die private Sphäre reichen (Beispiel: Work-Life-Balance), steht es Organisationen nicht zu, hier Forderungen an ihre Mitarbeitenden zu stellen, die über gesetzliche Regelungen hinausgehen. Ebenso erfordert auch ein verändertes oder vertieftes Selbstmanagement mindestens anfangs das Aufbringen von eigenen Ressourcen, sodass jede Person selbst entscheiden sollte, inwiefern Veränderungen im eigenen Auftreten und Arbeitsalltag langfristig Erleichterung oder zusätzliche Belastung bedeuten. Was ich nicht empfehlen würde, ist das Ablehnen von neuen Bewältigungsstrategien allein aufgrund kurzzeitiger Kraftaufwände: Jede Veränderung kostet Kraft, aber die langfristigen bisherigen Strategien sind gegebenenfalls nie durchdacht oder bewusst entwickelt worden und bringen sogar zusätzliche Risiken mit sich. So besteht zum Beispiel ein erhöhtes Risiko für Angststörungen und Depressionen, wenn Masking ausgeprägt eingesetzt wird.

Die Inhalte sind daher tatsächlich als Unterstützung und Sparring gedacht, nicht als Anleitung.

6.1 Offenlegung von Neurodivergenz

Das Wichtigste möchte ich direkt zum Anfang mitgeben: Die eigene Neurodivergenz muss anderen gegenüber nicht offengelegt werden. Das gilt im Privaten und beruflich, auch wenn sich dieses Kapitel vornehmlich auf die beruflichen Aspekte bezieht. Eine Diagnose muss nicht grundsätzlich offengelegt werden. Auch ein Grad der Behinderung muss nicht kategorisch offengelegt werden, es sei denn, die lokale Rechtssprechung legt das ausdrücklich für den bestimmten Fall fest. Auch eine Klausel im Arbeitsvertrag kann die übergeordnete Gesetzeslage nicht überschreiben oder ungültig machen, selbst wenn der Vertrag so unterschrieben wird.

Es kann aber hilfreich sein, dem Arbeitgeber bestimmte Informationen proaktiv zur Verfügung zu stellen. Die Entscheidung dafür oder dagegen ist in jedem Fall eine sehr persönliche Angelegenheit und die Vor- und Nachteile sollten zumindest alle einmal durchdacht worden sein. Eigene Diagnosen oder die eigene Neurodivergenz dem Team, Vorgesetzten oder förmlich dem Arbeitgeber mitzuteilen, kann definitiv entlasten. Gleichzeitig aber kann diese Information nur einmal offenbart und dann nicht wieder aus den Köpfen der Menschen entfernt werden – und möglicherweise negative Konsequenzen können dann nicht mehr aufgehalten werden, auch wenn sie natürlich nicht immer oder automatisch eintreten.

6.1.1 Vorteile einer Offenlegung

Im richtigen Umfeld und mit ausreichend eigenen Ressourcen kann es tatsächlich eine große Bereicherung für alle sein, wenn die eigene Neurodivergenz anderen mitgeteilt wird. Dabei gibt es viele verschiedene Möglichkeiten, Erwartungen anderer Menschen mit dieser Offenlegung zu managen und dadurch vielleicht zukünftigen Konflikten oder Missverständnissen vorzubeugen. Die genannten Vorteile sollten allerdings nicht im Vakuum betrachtet werden, sondern mit eventuellen Risiken bzw. Nachteilen und den eigenen Zielen abgewogen werden.

Organisationsweit

Die eigene Offenlegung kann dazu beitragen, dass die Organisation als Ganzes wächst und diversitätssensibler wird. Natürlich hängt es stark von der jeweiligen Organisation ab, inwiefern Diversität und Inklusion echte (!) Ziele sind, auf die ernsthafte Ressourcen verwendet werden – wenn dies aber tatsächlich verfolgt wird, können sich durch eine Offenlegung dieser Art weitere Netzwerke und Initiativen bilden.

Menschen können innerhalb der Organisation zusammenkommen und gemeinsame Best Practices erarbeiten und durch ihre Expertise zur Verbesserung von Prozessen innerhalb der Organisation beitragen. Das heißt nicht, dass es an den eigentlich selbst betroffenen Personen sein sollte, Veränderungen anzustoßen. Vielmehr sind solche Gruppen (z. B. Employee Resource Groups) eine wertvolle Ressource, deren Wissen dann von Personalverantwortlichen und Management genutzt werden darf.

Für die Organisation kann das eine Chance sein, die psychologische Sicherheit für alle Mitarbeitenden zu erhöhen, als Arbeitgeber attraktiver zu werden und Mitarbeitende langfristig oder länger zu binden.

Teamintern

Die Kommunikation über beispielsweise eine bestimmte Diagnose kann dem Gegenüber helfen, anhand der Diagnose direkt gewisse Vorahnungen zu haben, was zum Beispiel in der Kommunikation hilfreich sein kann.

Je nach Kontext kann diese Transparenz auch helfen, gemeinsam mit anderen neue Lösungen für eventuell bestehende Probleme zu finden. Eine typische Situation könnte sein, dass es keine klaren Kommunikationsprozesse im Team gibt, Anfragen auf allen möglichen und auch weniger passenden Wegen eingehen, ihre Dringlichkeit nicht klar wird und so Ziele nicht erreicht werden oder Missverständnisse eintreten. Das kann sein, weil die Kommunikation selbst zu wenig Kontext und Verbindlichkeit enthält, weil Aufträge von verschiedenen Personen in unterschiedlichen Hierarchieverhältnissen eingehen (z. B. die eigene direkte Führungskraft und eine Führungskraft einer anderen Abteilung), weil der Kanal nicht passend gewählt wurde oder auch weil schlicht zu viele Dinge eingehen und eine Priorisierung nicht gelingt. Durch die Kommunikation der eigenen Bedürfnisse unter dem Mantel von Neurodivergenz, mit oder ohne konkrete Diagnose, gelingt es anderen meist besser, einen angepassten Umgang zu berücksichtigen.

Je nach eigenen Beweggründen kann ein offener Umgang auch deshalb ein Ziel sein, weil eine Vorbildfunktion erfüllt werden soll. Der Gedanke hierbei ist, dass einzelne Personen sich nicht mehr gezwungenermaßen verstecken oder verstellen müssen, wenn Neurodivergenz und der offene Umgang damit normalisiert wird.

Persönlich

Die bedeutendsten möglichen Vorteile finden aber auf persönlicher Ebene statt. Natürlich ist es gesellschaftsweit hilfreich, Stigmata zu verringern und damit auch anderen Menschen zu helfen; allerdings geht es hier eben um eine persönliche Entscheidung, deren Konsequenzen nur ich allein als Einzelperson trage. Das Wissen, dass anderen Menschen dann vielleicht geholfen ist, mag ehrenhaft sein, aber schützt mich selbst nicht vor Arbeitslosigkeit oder Mittellosigkeit.

Dementsprechend sollten die persönlichen Aspekte richtungsweisend in der Entscheidungsfindung sein und nicht für jede Person in jeder Situation wird es die richtige Entscheidung oder überhaupt möglich sein, Risiken in dieser Hinsicht einzugehen.

Auf persönlicher Ebene bietet die Offenlegung der eigenen Neurodivergenz die Chance, sich nicht mehr anders verhalten zu müssen, als es eigene Bedürfnisse vorgeben. Bei vielen Menschen stellt sich nach jahrelangem Verstecken der eigenen intuitiven Verhaltensweisen auch ein Gefühl ein, man verstecke konstant etwas, was früher oder später auffliegen würde. Diese Angst wird häufig auch zu einem Gefühl des Falschseins, das vor anderen versteckt bleiben muss. Im Arbeitskontext bedeutet das, dass täglich mentale Ressourcen auf das Verstecken des eigenen Seins aufgebracht werden. Die verbleibenden Ressourcen reichen dann vielleicht aus, die tägliche Arbeit zufriedenstellend zu verrichten, aber lassen vielleicht nichts für die eigene Freizeitgestaltung oder das Privatleben übrig. Wenn diese Ressourcen nach und nach (abhängig vom eigenen Sicherheitsgefühl) frei werden, weil zum Beispiel nach anderen Kommunikationswegen oder Pausen gefragt werden kann, bleibt nicht nur mehr Energie übrig, sondern es sinkt auch das Burnout-Risiko. Wenn wir selbstbestimmt arbeiten können und das Gefühl haben, dass unser Wirken nachhaltig die von uns beabsichtigten Veränderungen erzeugt, steigt unsere Motivation und unser Wohlbefinden verbessert sich wahrscheinlich auch.

Auch der Aufbau von echten, nährenden Beziehungen innerhalb des Teams wird dann erst wirklich möglich. Wenn konstant der grundlegende Teil dessen, was uns ausmacht, versteckt bleiben muss, ist es sehr nachvollziehbar, wenn wir uns mit anderen Menschen kaum verbunden fühlen. Wenn aber unsere Bedürfnisse ihren Platz bekommen, Menschen unseren Worten glauben und uns verstehen, uns Wohlwollen entgegengebracht wird und wir uns aus einem Schutzverhalten in authentischeres Auftreten bewegen dürfen, besteht erst die Möglichkeit, eine authentische Beziehung zu anderen aufzubauen. Diese so entstehende psychologische Sicherheit hängt natürlich auch stark davon ab, welche Kompetenzen die anderen im Team haben, aber entstehende Konflikte sollten dann wenigstens nicht mehr pauschal aufgrund der eigenen Neurodivergenz bestehen, sondern allein weil es sich um zwei voneinander unabhängige Menschen handelt, die – neurodivergent oder nicht – nun mal unterschiedlich voneinander sind und damit hin und wieder in Konflikte geraten werden.

Ist diese Basis erst mal geschaffen, das heißt, können wir sowohl authentisch auftreten als auch authentische Arbeits- oder soziale Beziehungen mit anderen eingehen, ergibt sich ein weiterer Vorteil: Psychologische Sicherheit ist eng mit höherer Zufriedenheit bei der Arbeit und auch besseren Arbeitsergebnissen verbunden. Dabei entsteht dieser Vorteil von ganz alleine und erfordert kein bewusstes Steigern der eigenen Anstrengungen. Für den Arbeitgeber ist das natürlich erfreulich, aber auch für uns als beispielsweise Person im Angestelltenverhältnis ist das förderlich.

Aus Statistiken aus dem Vereinigten Königreich ging vor einigen Jahren noch hervor, dass neurodivergente Menschen mit einer äußersten Mehrheit keine Anstellung haben. Da diese Statistik von festen Diagnosen ausgeht, ist es unmöglich zu sagen, ob und wie viele bis dato undiagnostizierte Menschen hier sowohl mit und auch ohne Anstellung als Dunkelziffer zu ergänzen wären.

Auch aus Forschung und Praxis aber zeigt sich, dass neurodivergente Menschen häufigere Jobwechsel erleben und häufiger Konflikten ausgesetzt sind – nicht, weil sie anderen schaden oder sich tatsächlich falsch verhalten, sondern weil es zum großen Teil an der sozialen Kompetenz bei neurotypischen Menschen fehlt und sie neurodivergente Menschen dann selbst bei neutralem Verhalten negativ bewerten.

Ist eine Organisation ausreichend aufgeklärt, informiert und dem Ziel von Inklusion verschrieben, kann eine Offenlegung auf persönlicher Ebene deshalb auch helfen, dass diese Nachteile nicht mehr erlebt werden müssen und stattdessen die eigenen Stärken einer Organisation so weiterhelfen dürfen, dass ständige Jobwechsel und Konflikte entfallen. Die darauf wachsende finanzielle Sicherheit wiederum kann große Auswirkungen auf die grundsätzliche Lebens- und Arbeitszufriedenheit haben.

Zuletzt ist die Offenbarung der eigenen Neurodivergenz auch ein maximales Bekenntnis und Eintreten für den eigenen Wert, selbst Stigmata entgegen. Das Verständnis der eigenen Denkweise und Empfindungen als Zeichen der eigenen Individualität schafft die Stärkung der eigenen Identität und Selbstbestimmtheit – entgegen der Zuschreibung von einer anderen Wertigkeit von anderen, die ihre Urteile gegebenenfalls eher auf Defiziten und normativer Denkweise begründen.

6.1.2 Nachteile einer Offenlegung

Trotz all der Vorteile, die sich aus der Offenlegung im richtigen Umfeld ergeben, gibt es leider auch sehr reale Nachteile und Risiken, die in jedem Einzelfall berücksichtigt werden müssen. Wenn bei der Entscheidung über die Offenlegung eine eigene Einschätzung der Lage nicht vollständig möglich ist, würde ich immer dazu raten, mit einer Offenlegung zu warten – eben weil sie nicht umkehrbar ist. Auch in einer Therapie, Beratung oder einem Coaching kann es gelingen, eine Antwort für sich selbst zu finden. Nach wie vor liegt die Entscheidung aber allein bei jeder Person selbst.

Organisationsweit

Die negativen Konsequenzen einer Offenlegung sind auf organisationsweiter Ebene relativ schwierig abschätzbar und stark von der jeweiligen Organisation abhängig.

Insbesondere ist eine Einschätzung so schwierig, weil die negativen Folgen sich häufig aufgrund von bestehenden Bias und Stigma auf so unterschwelliger Ebene abspielen, dass die psychologischen Auswirkungen zwar groß sind, die genauen Mechanismen dahinter aber nur schwer nachverfolgbar sind. So kann es sein, dass aufgrund der Offenlegung bzw. dem öffentlichen, stolzen Umgang damit die Organisation als Ganzes bei beispielsweise Stake- oder Shareholdern nicht mehr ernstgenommen wird oder die Ergebnisse aus der Organisation schlechter bewertet werden. Es ist zwar fraglich, wie zeitgemäß solche Gruppierungen agieren, wenn sie eine Organisation aufgrund ihrer Zukunftsorientierung abwerten, aber die Konsequenzen mit realen finanziellen Nachteilen bleiben leider dennoch bestehen. Ebenso kann es sein, dass sich Menschen anders entscheiden, die vielleicht an einer Bewerbung interessiert waren, weil die Organisation dann „seltsam" auf sie wirkt. Diese Szenarien aber sind beide in erster Linie dann relevant, wenn über die Neurodivergenz öffentlich berichtet wird. Das passiert nicht automatisch und nicht ohne das explizite Einverständnis.

Intern bestehen auf organisationsweiter Ebene vor allem Risiken zu vermehrter Stigma- oder Bias-Verfestigung. Das heißt: Weil eine Person ihre Neurodivergenz offengelegt hat, aber vielleicht zufällig auch ganz bestimmte Konflikte hatte, mit denen u. a. organisationsseitig nicht konstruktiv umgegangen wurde, kann organisationsweit das Verhalten der einzelnen Person auf Neurodivergenz oder die spezifische Diagnose übertragen werden. Zukünftige Bewerberinnen und Bewerber beispielsweise werden dann gegebenenfalls Opfer dieser Stigmata oder Bias und für den weiteren Bewerbungsprozess nicht berücksichtigt, selbst wenn sie nicht automatisch die gleichen Konflikte mit sich bringen würden.

Teamintern

Die größten potenziellen Nachteile werden wohl innerhalb des eigenen Teams auftreten, die Liste ist hier leider recht lang und unterstreicht, warum die Entscheidung für oder gegen die Offenlegung eine persönliche sein muss. Inwiefern die genannten Punkte ernsthaft Risiken im Einzelfall darstellen, kann jede Person für sich am besten einschätzen.

Da leider noch eine Vielzahl an Stigmata und Fehlannahmen über Neurodivergenz und spezifische Diagnosen besteht, fällt die Reaktion auf eine Offenlegung nicht immer oder selten so aus, wie sich das vielleicht gewünscht wird. Das Spektrum reicht von indifferentem Hinnehmen und fehlendem Verständnis über folgend zahlreiche Fragen und eine übermäßig veränderte Behandlung, bis hin zu dem regelrechten Widersprechen, weil das Gegenüber die eigenen bestehenden Annahmen sonst nicht bestätigt sehen würde. Es kann deshalb sein, dass die Arbeitsbeziehung zumindest vorübergehend negativ belastet wird und nur mit größerem Aufwand und gegebenenfalls externer Unterstützung wiederhergestellt werden kann. Im Bestfall lernt die Organisation als Ganzes aus solchen Fällen und etabliert ein besseres Diversitäts- und Inklusionsmanagement; im schlimmsten Fall kommt es zu keiner Beilegung und häufig bedeutet das dann für die neurodivergente Person den freiwilligen oder erzwungenen Austritt aus dem Unternehmen. Besonders schwierig ist die mangelnde Aufklärung in der Organisation, weil auch nicht alle Führungskräfte gut mit solchen Dingen umgehen können. Häufig aber sind es genau Führungskräfte oder Personalverantwortliche, denen diese Information als Erstes zugetragen wird.

Ein weiterer Nachteil kann sein, dass der Unterschied zwischen „Gleichheit" und „Chancengleichheit" nicht verstanden wird. So kann es zum Beispiel hilfreich und für die Performance einer Person förderlich sein, viel zu Hause zu arbeiten und damit Stressoren im Arbeitsumfeld zu vermeiden. Andere Teammitglieder aber könnten diese Inklusionsmaßnahme als Privileg empfinden und entweder selbst auf eine „Gleichbehandlung" bestehen, was dann für Konflikte sorgt, oder aber die Person dann insbesondere stark einbinden und überfordern, wenn sie dann vor Ort ist. Generell lässt sich also sagen: Das Risiko besteht, dass einzelne Personen im Team auf eine Offenlegung eher konfrontativ und destruktiv reagieren.

6.1.3 Vorgehen bei oder statt der Offenlegung

Eine „echte" Offenlegung würde bedeuten, der Führungskraft, dem Team oder den Personalverantwortlichen mitzuteilen, dass man neurodivergent ist bzw. welche Diagnose man hat. Wenn die Risiken einer Offenlegung aber zu ernsthaft sind im eigenen Fall oder auch schlicht diese Information nicht geteilt werden möchte, gibt es noch andere Möglichkeiten, sich dennoch für eine bessere Arbeitsumgebung einzusetzen.

Bedürfnisorientierte Kommunikation

Die vermutlich sicherste Methode ist eine rein bedürfnisorientierte Kommunikation. Das heißt: Es wird nicht erklärt, dass man selbst neurodivergent ist, oder eine bestimmte Diagnose erwähnt, sondern die Kommunikation beschränkt sich auf das proaktive Äußern eigener Bedürfnisse, die du für den Umgang im beruflichen Kontext hast. Diese Methode hilft auch, wenn keine medizinische Diagnose gestellt wurde.

Das kann zum Beispiel sein, bereits vor einem Bewerbungsgespräch anzufragen, welche Fragen im Gespräch gestellt werden, oder auch die Bitte um das Mitschreiben der Fragen im Chat des Videoanrufs während des Gesprächs. Oder vielleicht gibt es bestimmte Tics, die du hast – auch darüber kannst du dein Gegenüber informieren und einordnen, welchen Umgang du von der anderen Person brauchst, um im Austausch fokussiert bleiben zu können. Vielleicht klimmt auch der eigene Puls jedes Mal in die Höhe, wenn eine Person im Team nur mit einem „Können wir nachher kurz sprechen?" im Chat anfragt, und ein besserer Umgang wäre eine Nachricht mit einem Vorschlag für eine Uhrzeit, einer Info zur Dringlichkeit und zum groben Inhalt des Gesprächs, und ob ansonsten auch ein Termin an einem anderen Tag möglich wäre. In den Organisationen, die den Wert von psychologischer Sicherheit für sich bereits erkannt haben, werden solche Anfragen in der Regel gerne erfüllt.

Mögliche Formulierungen könnten hier zum Beispiel sein:

- „Mir hilft es für die Einordnung deiner Anfrage, wenn du mir bei einer Anfrage für einen Termin gleich sagst, worum es grob geht, bis wann der Termin spätestens stattfinden sollte und wie lange er ungefähr dauern wird.“
- „Ich bin zwar eure Führungskraft, aber das heißt ja nicht, dass ich tun und lassen kann, was ich möchte. Ich merke, dass ich euch in letzter Zeit öfter einmal sehr kurzfristig noch über Aufgaben informiert habe, und überlege jetzt, das zukünftig lieber wöchentlich über ein Kanban-Board zu lösen. Welcher Wochentag wäre euch für Updates am liebsten?“
- „Wenn wir in Terminen von der Agenda abweichen, fällt es mir schwer, die Aufmerksamkeit wirklich auf das Wesentliche zu halten und ich merke, dass mir nach dem Termin Dinge unklar sind. Wäre es möglich, dass wir eine Agenda pro Termin haben, und eher noch einen Agendapunkt für‚Sonstiges’ nutzen, als solche Dinge zwischendurch einzuschieben?“

Üben der Offenlegung

Wenn es in der Organisation Personen gibt, denen du bereits vertraust, kannst du auch überlegen, dich erst gegenüber einer anderen Person zu öffnen, die vielleicht auch gar nicht zwingend direkt im unmittelbaren Team mit dir zusammenarbeitet. Alternativ kannst du die Situation mit anderen Personen üben, die nicht in deiner Organisation arbeiten – zum Beispiel im Freundes- oder Familienkreis, wenn diese Kreise für dich sichere Räume sind. Auch andere neurodivergente Menschen können dich unterstützen, die Situation selbst erst ein mal zu üben, damit du deine Entscheidung vielleicht mit etwas weniger Aufregung oder Nervosität neu überprüfen kannst, weil du die Situation dann schon ein paar Mal durchgespielt hast.

Schaffen von Notlösungen

Wenn es für dich ein Bedürfnis ist, deine Diagnose trotz eventueller Nachteile in der Organisation mitzuteilen, oder wenn du dir nicht ganz sicher bist, wie die Organisation darauf reagieren wird, dann ist es hilfreich, dir ein Sicherheitsnetz zu bauen. Dazu gehört zum Beispiel, dass du bereits vor der Offenlegung regelmäßig aktiv nach Feedback von beispielsweise deiner Führungskraft oder Personalverantwortlichen fragst, das schriftlich für dich selbst festhältst und zusätzlich zum Beispiel per E-Mail an die feedbackgebende Person spiegelst, damit es klar nachweisbar ist. So kannst du für dich und für die Organisation überprüfbar machen, falls sich Feedback an dich plötzlich nach deiner Offenlegung verändert.

Eine weitere Möglichkeit ist es, dich vor einer Offenlegung bereits regelmäßig bei anderen Unternehmen zu bewerben und in den Gesprächen nicht zu versuchen, deinem Gegenüber zu gefallen, sondern voll für dich einzustehen. Dahinter muss keine Absicht stehen, das Unternehmen tatsächlich zu wechseln, aber so wird die Bewerbungssituation an sich für dich vielleicht weniger stressbehaftet. Wichtig ist hier zu berücksichtigen, dass es natürlich häufig auch zu Absagen kommt, selbst wenn du nichts falsch machst und du nur tatsächlich nicht ganz auf die Stelle passt – wenn du denkst, dass dich das für den Ernstfall zu sehr entmutigen würde, würde ich von dieser Variante abraten.

In Kürze: Offenlegung

1. Offenlegung sollte auf einem klaren Ziel beruhen, nicht auf Rechtfertigungsdruck.

Eine neurodivergente Diagnose zu benennen, kann hilfreich sein – aber nur, wenn die Offenlegung gezielt genutzt wird, um Missverständnisse zu vermeiden oder geeignete Bedingungen zu schaffen.

Beispiel: Statt „Ich sollte sagen, dass ich ADHS habe, sonst denken Sie, ich bin unprofessionell" besser: „Ich teile meine Diagnose, weil ich will, dass mein Kommunikationsstil nicht ständig fehlinterpretiert wird – und ich Hinweise geben kann, was mir hilft."

2. Der Begriff der Neurodivergenz muss nicht im Mittelpunkt stehen.

Viele Barrieren lassen sich durch bedürfnisorientierte Kommunikation adressieren – unabhängig davon, ob ein Label verwendet wird.

Beispiel: Statt „Ich bin autistisch" besser: „Schriftliche Arbeitsanweisungen helfen mir sehr – dann kann ich in Ruhe drüber nachdenken. Ich wirke manchmal direkt, das ist nie unhöflich gemeint."

3. Offenlegung sollte als Gesprächsangebot formuliert werden, nicht als Verteidigungsstrategie.

Wer sichtbar wird, braucht Sicherheit – und gleichzeitig Offenheit im Gegenüber.

Beispiel: „Es gibt ein paar Eigenarten, die für manche ungewohnt sind. Wenn etwas irritiert oder unklar ist, kann das gern angesprochen werden."

4. Eine bewusste Vorbereitung auf mögliche Reaktionen schützt vor unerwünschten Dynamiken.

Offenlegung kann belastende Nachfragen auslösen – oder zum Stillstand in der Beziehung führen.

Beispiel: „Fragen zur Arbeitsweise sind willkommen – medizinische oder private Details gehören für mich nicht in den Jobkontext."

6.2 Unterstützende Tools und Ressourcen

Viele neurodivergente Menschen entwickeln im Laufe ihres Lebens kreative, oft aufwendige Strategien, um mit Alltag, Arbeit und Kommunikation besser umgehen zu können. Einige dieser Strategien entstehen aus der Not heraus, andere sind über Jahre gewachsen, manche wirken nur unter bestimmten Bedingungen. Was dabei oft zu kurz kommt: eine systematische, selbstbestimmte Auswahl von Werkzeugen, die wirklich entlasten.

In diesem Abschnitt geht es nicht um die eine perfekte App oder die universelle Lösung, sondern um eine Einladung, den eigenen metaphorischen Werkzeugkasten zu sortieren und ihn mit Mitteln zu füllen, die den eigenen Denkstil, das eigene Energieprofil und die individuellen Bedürfnisse unterstützen. Das kann digital, analog oder auch ganz körperlich sein.

Einige dieser Tools helfen dabei, Informationen zu strukturieren, andere erleichtern das Erinnern, Planen oder Priorisieren. Manche wirken auf der Metaebene: Sie helfen nicht direkt bei einer konkreten Aufgabe, sondern erhöhen die Wahrscheinlichkeit, überhaupt mit ihr zu beginnen. Andere wiederum bieten emotionale Stabilität, zum Beispiel durch visuelle Anker, verlässliche Routinen oder Rückversicherung bei Unsicherheit.

Gerade im Arbeitskontext ist es hilfreich, nicht auf Empfehlungen für „funktionierende Systeme“ zu warten, sondern den eigenen Zugang zu reflektieren: Welche Tools passen zur eigenen Arbeitsweise? Welche Tools setzen eher unter Druck? Und welche Tools brauchen vielleicht noch eine Anpassung, sei es in der Bedienung, im Setting oder im Umfang?

Wichtig ist: Nicht jedes Tool muss funktionieren. Nicht jedes Tool muss dauerhaft im Einsatz sein. Und nicht jedes Tool braucht eine Erklärung oder auch die Erwähnung nach außen.

Ressourcenmanagement betrifft aber nicht nur Zeit, Aufgaben oder Abläufe, sondern auch den Umgang mit den eigenen kognitiven, emotionalen und körperlichen Kapazitäten. Oft ist es im Berufsalltag ja nicht die einzelne Aufgabe, die fachlich zu sehr herausfordert, sondern die Vielzahl an gleichzeitigen Reizen, unausgesprochenen Erwartungen und sozialen Anpassungsleistungen. Belastung entsteht dann nicht durch Überforderung im klassischen Sinn, sondern durch andauernde Selbstregulation.

Besonders sichtbar wird das beim Thema Masking, also dem bewussten oder automatisierten Versuch, sich neurotypischen Kommunikations- und Verhaltensnormen anzupassen. Solche Strategien können kurzfristig hilfreich sein, kosten langfristig aber enorme Energie bis hin zur eigenen Gesundheit.

Wer dauerhaft gegen das eigene kognitive oder soziale Profil arbeitet, verliert im schlimmsten Fall sogar den Zugang zu den eigenen Ressourcen. Diese Erschöpfung macht sich dann oft erst auf anderem Weg und eher diffus bemerkbar: körperliche Anspannung, Reizüberflutung, Kopfschmerzen, Gereiztheit, erhöhte Bildschirmzeit oder sozialer Rückzug sind dann vielleicht auch Symptome, die vor einer nahenden (oder schon laufenden) Erschöpfungsphase warnen. Eine der wirksamsten Strategien besteht deshalb darin, diese Signale bei sich selbst kennenzulernen und sie dann auch ernst zu nehmen. Auch dann, wenn sie sich zunächst nicht eindeutig einordnen lassen, helfen Wenn-Dann-Listen möglicherweise, um mögliche Auslöser zu identifizieren.

Aus eigener Erfahrung kann es außerdem äußerst hilfreich sein, nicht nur mit klassischen Zeitplänen oder To-do-Listen zu arbeiten, sondern auch mit eigenen Systemchecks rund um andere Ressourcen als nur Zeit und "Done" oder "To Do": Welche Situationen strengen mich besonders an? Welche Tätigkeiten geben mir Energie zurück? Wie verändert sich meine Frustrationstoleranz im Lauf des Tages – und was hilft, sie wieder zu stabilisieren? Wann habe ich zuletzt gegessen, getrunken, mich gestreckt?

Dieses Monitoring kann bei gleichzeitiger Alexithymie – also der Schwierigkeit, innere Zustände präzise zu benennen oder emotional einzuordnen – noch etwas komplexer sein. In solchen Fällen kann es sinnvoll sein, mit körperlichen Indikatoren oder visuellen Skalen („Wie erholt fühle ich mich heute?" – 1 von 5 Punkten, 2 von 5 Punkten, etc.) zu arbeiten, statt sich durch fehlende eigene Einschätzungen in Frustration zu verlieren. Tatsächlich kann es auch hilfreich sein, sich für bestimmte Dinge (Essen, Trinken, Pausen für Strecken oder den Gang zur Toilette) Timer zu stellen und dann anzutesten, ob das entsprechende Bedürfnis gerade besteht.

Ressourcenmanagement bedeutet in diesem Zusammenhang also nicht, immer ausgeglichen oder leistungsfähig zu sein. Im Gegenteil: Es soll darum gehen, für sich selbst Sorge zu tragen, sowohl in Produktivität als auch Erholung, und eigene Muster und Bedürfnisse kennenzulernen und zu verantworten. Einige Ideen für verschiedene Bereiche finden sich hier:

Zeitstrukturierung und Fokus

- **Visuelle Timer mit Färbung der verbleibenden Zeit:** Erleichtern die Einschätzung von Zeitspannen, ohne auf abstrakte Zahlen angewiesen zu sein.
- **Zeitblöcke im Kalender:** Festgelegte Arbeits- und Pausenzeiten schaffen Rhythmus und reduzieren Entscheidungsdruck.
- **Pomodoro-Technik:** Kurze Arbeitsintervalle mit regelmäßigen Pausen fördern Konzentration und verhindern Überlastung. Tipp: In der Praxis haben sich für Menschen mit ADHS angepasste Zeitblöcke von 2,5 bis 3 h und anschließender längerer Pause bewährt, während denen die ersten 30 Minuten noch hin und wieder Ablenkungen stattfinden dürfen.
- **Analoge Uhren oder Sanduhren:** Bieten eine physische Zeitwahrnehmung, besonders hilfreich bei digitaler Überforderung.

Reizregulation und Umgebungsgestaltung

- **Noise-Cancelling-Kopfhörer:** Reduzieren störende Geräusche und helfen, sich in lauten Umgebungen zu fokussieren.
- **Lichtquellen mit einstellbarer Helligkeit:** Anpassbares Licht kann Überreizung verhindern und die Stimmung und Konzentration positiv beeinflussen.
- **Pflanzen, Fidget Toys oder beruhigende Bilder:** Gestalten den Arbeitsplatz angenehmer und fördern ggf. ein „heimeliges" Gefühl.
- **Duftkerzen oder ätherische Öle:** Können beruhigend wirken und helfen, zwischen Arbeits- und Entspannungsphasen zu unterscheiden.

Informationsmanagement und Aufgabenorganisation

- **Digitale Notiz-Apps (z. B. Notion, Evernote):** Ermöglichen das Sammeln und Strukturieren von Informationen an einem Ort.
- **Papierbasierte To-do-Listen:** Bieten eine haptische Möglichkeit, Aufgaben zu erfassen und abzuhaken.
- **Farbcodierung von Aufgaben:** Visuelle Unterscheidung hilft ggf., Prioritäten zu setzen und den Überblick zu behalten.
- **Checklisten oder Automatisierungen für wiederkehrende Abläufe:** Reduzieren kognitive Last und sichern die Qualität von Routinetätigkeiten.

Kommunikation und soziale Interaktion

- **Vorabinformationen zu Meetings:** Ermöglichen eine bessere Vorbereitung und reduzieren Stress durch Unvorhersehbarkeit.
- **Klare und direkte Sprache:** Vermeidet Missverständnisse und erleichtert die Kommunikation.
- **Visuelle Kommunikationshilfen:** Symbole oder Karten können helfen, Bedürfnisse nonverbal auszudrücken, z. B. Ampelsystem, Schild an der Bürotür....
- **Regelmäßige terminierte, kurze Feedbackgespräche:** Bieten Raum für Austausch und Anpassung ohne großen Zeitaufwand.

Selbstfürsorge und Energiehaushalt

- **Erinnerungen an Pausen:** Digitale oder analoge Signale unterstützen dabei, regelmäßige Erholungsphasen einzuhalten.
- **Bewegungseinheiten in den Alltag integrieren:** Kurze Spaziergänge oder Dehnübungen helfen z. B. auch beim Übergang von Arbeit zu Entspannung oder andersherum.
- **Achtsamkeitsübungen oder Meditation:** Können helfen, Stress abzubauen und die Selbstwahrnehmung zu stärken. Insbesondere Meditation sollte sich gut anfühlen – wenn es zu Angst, Panik oder ähnlichen Gefühlen kommt, sollte diese Methode nicht genutzt werden.

- **Flexible Arbeitszeiten:** Ermöglichen es, produktive Phasen individuell zu nutzen und Erschöpfung vorzubeugen.
- Hinweis: Je nach individueller Diagnose oder Belastungssituation lohnt sich auch der Blick auf Unterstützung durch das betriebliche Eingliederungsmanagement (BEM), Gespräche mit dem Betriebsarzt oder externe Anlaufstellen wie Integrationsfachdienste.

In Kürze: Unterstützende Tools und Ressourcen

1. Reizreduktion darf funktional und auffällig sein.
Es muss keine medizinische Begründung geben, um sich Reizen zu entziehen oder sie zu gestalten.
Beispiel: Noise-Cancelling-Kopfhörer im Büro, auch wenn niemand anderes sie nutzt.

2. Zeitstruktur kann individuell angepasst werden.
Orientierung entsteht nicht nur durch Uhrzeiten, sondern durch sichtbare, fühlbare oder ritualisierte Abläufe.
Beispiel: Eine Sanduhr, die die erste halbe Stunde Fokus visualisiert – statt abstrakter Zeitvorgaben.

3. Eigene Energie ist ein genauso valider Faktor wie ein Zeitplan.
Die Einschätzung, wann etwas machbar ist, darf auf innerem Zustand beruhen – nicht nur auf Kalenderfreiräumen.
Beispiel: Ein Termin wird verschoben, weil mentale Klarheit fehlt, nicht weil objektiv „zu viel los“ ist.

4. Körperliche Marker können helfen, Zustände besser einzuordnen.
Nicht immer braucht es Worte, um Überforderung zu erkennen oder zu kommunizieren.
Beispiel: Ein kurzer Systemcheck nach festen Fragen („Habe ich gegessen? Reagiert mein Körper auf Reizüberflutung?“).

5. Entspannung ist auch dann legitim, wenn der Tag „noch nicht lang war“.
Es braucht keine äußere Erschöpfung, um sich Rückzug zu erlauben.

Beispiel: Nach einem sozialen Gespräch eine Pause einlegen, auch wenn die nächste Aufgabe nur eine Mail wäre.

6. Tools müssen nicht permanent genutzt werden.

Auch temporäre Strategien sind valide – sie dürfen kommen und gehen.

Beispiel: Eine Fokus-Playlist nur für Phasen mit geringer Impulskontrolle.

7. Technik ist kein Muss.

Auch Zettel, Gegenstände, Routinen oder Positionen im Raum können als Tools wirken.

Beispiel: Der Stuhl wird näher ans Fenster gerückt, um am Nachmittag ruhiger zu arbeiten.

8. Visuelle oder haptische Reize können Orientierung schaffen!

Struktur entsteht auch durch Farben, Symbole oder wiederkehrende Formen.

Beispiel: Aufgaben werden nach Art der Belastung farblich markiert – nicht nur nach Thema oder Deadline.

9. Nicht jedes Tool muss sofort funktionieren.

Einige brauchen Übung oder Anpassung, andere passen nie – das ist Teil des Prozesses.

Beispiel: Eine App wird wieder gelöscht, nachdem sie sich in der Praxis als unbrauchbar herausgestellt hat

10. Der eigene Werkzeugkasten muss für niemanden außer dir funktionieren.

Systeme dürfen widersprüchlich aussehen, solange sie sich stimmig anfühlen.

Beispiel: Aufgaben werden gleichzeitig digital geplant und auf Papier strukturiert – weil beides unterschiedliche Dinge sichtbar macht.

6.3 Häufige Fragen und Fallen

Selbstmanagement ist kein Zustand oder fixes Ziel, sondern ein Prozess. Viele neurodivergente Menschen machen in diesem Prozess ähnliche Erfahrungen, gerade weil innere Strategien und äußere systemseitige Erwartungen nicht zueinander passen. In diesem Abschnitt werden einige der häufigsten inneren Fragen aufgegriffen,um sie zu entlasten und vielleicht eine mögliche neue Perspektive zu geben.

„Muss ich immer 100 % geben?"
Die kurze Antwort: nein. Aber die längere ist vielleicht hilfreicher. Wir haben oft früh gelernt, uns besonders anzustrengen – um ernst genommen zu werden, um dazuzugehören, um Fehler zu vermeiden... Daraus verfestigt sich über dic Jahre ein innerer Druck, immer präsent, produktiv und souverän wirken zu wollen. Dabei ist das gar nicht notwendig und langfristig auch menschlich unmöglich. Es ist vielleicht hilfreicher, sich regelmäßig zu fragen: Was ist heute wirklich wichtig? Was kann morgen noch erledigt werden? Und was lässt sich mit weniger Energie genauso gut erreichen?

„Bin ich zu sensibel oder sind andere zu unsensibel?"
Diese Frage ist verständlich, wenn viele Situationen sich intensiver anfühlen als das bei anderen zu sein scheint. Vielleicht stören Geräusche schneller, vielleicht wirken bestimmte Blicke von anderen lange nach, vielleicht ist ein misslungenes Gespräch noch abends präsent. Das hat nichts mit Überempfindlichkeit zu tun, sondern mit feinerer Wahrnehmung und oft auch jahrelangen, sozial-traumatischen Erfahrungen. Sensibilität erlaubt uns, frühzeitig Spannungen wahrzunehmen, Zusammenhänge zu erkennen, auf Nuancen zu reagieren, und wird vielleicht auch irgendwann zum Überlebensmechanismus, um Konflikte zu vermeiden. Das zwischenmenschliche Problem liegt aber selten nur in der eigenen Verantwortung, sondern darin, dass deine Neurodivergenz bisher in vielen Umfeldern noch falsch bewertet wird.

„Warum trifft mich Kritik so hart?"
Gerade wenn frühere Rückmeldungen oft diffus, abwertend oder persönlich waren, reagierst du bzw. dein Nervensystem vielleicht besonders empfindlich. Auch das Phänomen der sog. RSD („Rejection Sensitivity Dysphoria") kann mit verantwortlich für sogar physischen Schmerz nach Kritik sein. Der Körper erinnert sich an frühere schmerzhafte Momente, auch wenn die aktuelle Situation vielleicht weniger gravierend wirkt. Hilfreich ist es, sich nach Kritik erst einmal Zeit zu nehmen: Was genau wurde gesagt? Ging es wirklich um ein konkretes Verhalten oder macht die Person hier eine Zuschreibung? Gab es Raum für Rückfragen? Statt sofort zu reagieren oder sich zu rechtfertigen, kann es hilfreich sein, die Information schriftlich festzuhalten, eine Nacht drüber zu schlafen und dann bewusst zu entscheiden, was davon für dich relevant ist. Und wenn etwas wirklich schmerzhaft war: Das darf zurückgemeldet werden.

„Ist das, was mir hilft, nicht eigentlich‚cheaten'?“
Der Gedanke kommt häufig auf besonders dann, wenn eigene Strategien sich von den üblichen unterscheiden oder auch besonders, wenn Medikamente genutzt werden. Aber die Wahrheit ist: Jeder Mensch nutzt Tools. Manche schreiben Post-its, andere führen Gespräche beim Spazierengehen, wieder andere haben Assistenzsysteme. Was zählt, ist nicht, wie sichtbar oder unsichtbar diese Tools für dich oder andere sind, sondern ob sie unterstützen. Das ist in etwa so, als würden wir infrage stellen, ob eine Person nicht eigentlich „trickst“, weil sie eine Brille benötigt und dementsprechend auch nutzt.

„Warum brauche ich so lange für Dinge, die anderen leichtfallen?“
Wenn Aufgaben sich ziehen oder der Einstieg schwerfällt, entsteht vielleicht das Gefühl von Scham oder Frust. Auch hier hilft zu wissen: Abläufe, Umgebungen und auch Aufgabenlogiken sind in der Regel noch nicht für neurodivergente Menschen gemacht. Oft geht es auch gar nicht um die Aufgabe selbst, sondern um alles drumherum: die Reize im Raum, das mentale Vorbereiten, die Sorge, etwas zu übersehen... Manchmal hilft beim Einstieg zum Beispiel, die Aufgabe in kleinere Schritte zu zerlegen, sie laut mit jemandem durchzusprechen („Rubber Ducking“) oder bewusst erstmal nur mit einem minimalen Aufwand und zeitlichen Invest zu starten.

„Darf ich Pausen machen, obwohl ich noch nicht alles geschafft habe?“
Ja – unbedingt. Der Gedanke, Pausen erst nach getaner Arbeit zu „verdienen“, ist tief verankert, aber ungesund. Gerade bei neurodivergenten Menschen sind Energie und Fokus anders abrufbar und anders wiederhergestellt. Oft sind wir es auch gewohnt, wirklich bis an das Limit unserer Gesundheit noch Leistung zu erbringen – das brennt aus, erhöht die Chance für Fehler und endet so gut wie immer in einer oft wochenlangen, unterschwelligen Erschöpfung. Besser ist es, Pausen als festen und präventiven (!) Planungsbestandteil zu behandeln. Das kann ein fester Reminder sein, eine konkrete Handlung (z. B. ein Glas Wasser holen) oder eine Mini-Routine, die den Übergang in die Pause markiert. Die Aufgabe wartet – aber der Körper kann nicht ewig leisten.

„Wenn ich so viel Rücksicht brauche – bin ich dann überhaupt belastbar genug?“
Diese Sorge ist nachvollziehbar – besonders in Umfeldern, in denen Belastbarkeit mit „funktionieren unter allen Umständen“ gleichgesetzt wird. Wer aber seine Grenzen kennt, kommuniziert und in Balance hält, arbeitet oft nachhaltiger, klarer und präziser. Tendenziell leisten wir schneller und mehr als andere Menschen, wenn wir vertieft in eine Aufgabe sind (dazu gibt es bei ADHS sogar Studien). Und auch, wenn das nicht der Fall wäre: Inklusion ist ein Menschenrecht.

6.4 Key Takeaways

Vergleiche dich nicht mit neurotypischen Idealbildern von Produktivität
Viele Methoden und Tipps zum Selbstmanagement sind für neurotypische Menschen geschrieben und funktionieren bei neurodivergenten Menschen oft nicht oder anders. Finde heraus, was genau für dich funktioniert und erlaube dir, dabei auch unkonventionelle Methoden zu wählen.

Plane mit deiner Realität, nicht mit deiner Wunsch- oder Soll-Version
Wenn du weißt, dass dir Struktur schwerfällt oder du Energie nur phasenweise hast, dann bau das in deine Planung ein. Plane Puffer ein. Nutze Tools, die dich entlasten. Und nimm Rücksicht auf deinen Rhythmus, nicht auf äußere Erwartungen oder normative Vorstellungen.

Statt Motivation: Fokus auf Verlässlichkeit durch Systeme
Warte nicht auf die „richtige Stimmung", sondern baue Abläufe, die dich auch an schwierigen Tagen unterstützen. Erinnerungen, Checklisten, visuelle Boards oder soziale Verbindlichkeit helfen dir, ins Tun zu kommen.

Erkenne früh, was dich überfordert
Reizüberflutung, Kontextwechsel oder soziale Erwartungen sind für viele neurodivergente Menschen besondere Stressfaktoren. Je früher du merkst, dass deine Ressourcen aufgebraucht werden, desto eher kannst du gegensteuern, zum Beispiel mit Pausen, vorbesprochenen Schutzmechanismen oder klarer Kommunikation.

Sprich offen über deine Arbeitsweise, wenn du dich sicher fühlst
Wenn andere wissen, wie du arbeitest, können sie dich besser unterstützen. Das entlastet dich und klärt Erwartungen. Aber: Du bist niemandem eine Offenlegung schuldig. Entscheide selbst, wann und wie du kommunizierst, was du brauchst.

Wenn du etwas nicht schaffst, passe die Rahmenbedingungen an
Wenn etwas nicht klappt, ist das kein Zeichen von Unfähigkeit, sondern ein Signal, dass du dein System oder deinen Kontext neu denken darfst. Selbstmanagement ist ein Prozess – kein starres Ziel.

Literatur

Bargiela, S., Steward, R., & Mandy, W. (2016). The experiences of late-diagnosed women with autism spectrum conditions: an investigation of the female autism phenotype. *Journal of Autism and Developmental Disorders, 46*(10), 3281–3294. https://doi.org/10.1007/s10803-016-2872-8.

Cage, E., & Troxell-Whitman, Z. (2019). Understanding the reasons, contexts and costs of camouflaging for autistic adults. *Journal of Autism and Developmental Disorders, 49*(5), 1899–1911. https://doi.org/10.1007/s10803-018-03878-x.

Gates, J. A., McNair, M. L., Richards, J. K., & Lerner, M. D. (2023). Social knowledge & performance in autism: a critical review & recommendations. *Clinical Child and Family Psychology Review, 26*(3), 665–689. https://doi.org/10.1007/s10567-023-00449-0.

Guéguen, N., Jacob, C., & Martin, A. (2009). Mimicry in social interaction: Its effect on human judgment and behavior. *European Journal of Social Sciences, 8.*

Hull, L., Petrides, K. V., & Mandy, W. (2020). The female autism phenotype and camouflaging: A narrative review. *Journal of Autism and Developmental Disorders, 7*(4), 306–317. https://doi.org/10.1007/s40489-020-00197-9.

Livingston, L. A., Shah, P., & Happé, F. (2019). Compensatory strategies below the behavioural surface in autism: A qualitative study. *The Lancet Psychiatry, 6*(9), 766–777. https://doi.org/10.1016/S2215-0366(19)30224-X.

Robinson, E., Hull, L., & Petrides, K. V. (2020). Big five model and trait emotional intelligence in camouflaging behaviours in autism. *Personality and Individual Differences, 152*, Article 109565. https://doi.org/10.1016/j.paid.2019.109565.

Schaufeli, W. B., Leiter, M. P., & Maslach, C. (2009). Burnout: 35 years of research and practice. *Career Development International, 14*(3), 204–220. https://doi.org/10.1108/13620430910966406.

Weber, C., Krieger, B., Häne, E., Yarker, J., & McDowall, A. (2024). Physical workplace adjustments to support neurodivergent workers: A systematic review. *Applied Psychology, 73*(3), 910–962. https://doi.org/10.1111/apps.12431.

7 Kompass für Neuroinklusion

Wer mit neurodivergenten Menschen zusammenarbeitet – im Team, als Führungskraft oder im Recruiting – begegnet nicht nur Menschen, sondern auch jahrzehntealten Annahmen über diese Menschen. Stereotypen über neurodivergente Personen halten sich hartnäckig, denn sie sind tief in jahrelanger medizinischer Pathologisierung, normbasierten Machtverhältnissen und fehlender Perspektivenvielfalt verankert.

Woher kommen diese Stereotypen?

Die meisten Stereotypen über Neurodivergenz basieren auf einem defizitorientierten Verständnis, das sich historisch aus der Psychiatrie, klinischen Diagnosesystemen und normierenden Bildungssystemen speist. Begriffe wie „Störung", „Abweichung" oder „fehlende soziale Kompetenz" stammen aus einem Kontext, in dem Verhalten nur dann als gesund galt, wenn es möglichst konform war.

Dieses Denken hält sich bis heute. Es erklärt, warum Menschen mit Autismus oft als „gefühllos" oder „unfähig zur Empathie" gelten, obwohl Studien zeigen, dass sie häufig über hohe affektive Empathie verfügen, insbesondere für Leid oder Ungerechtigkeit. Oder warum Menschen mit ADHS als „unkonzentriert und chaotisch" gelten, obwohl sie in hochinteressierten Zuständen mit dem „Hyperfokus" eine unvergleichliche Tiefe und Ausdauer erreichen.

„Ich glaube, wir haben gar keine neurodivergenten Mitarbeitenden – die würden sich doch bestimmt melden."

Diese Annahme verkennt gleich mehrere systemische Realitäten: Erstens, dass viele neurodivergente Menschen gar keine formale Diagnose haben – oft, weil die Zugänge zu Diagnostik

V. Soubiran, *Neurodiversität in Unternehmen*,
https://doi.org/10.1007/978-3-662-72015-8_7

durch Geld, Sprache, Geschlecht, Hautfarbe oder psychische Vorbelastung strukturell versperrt sind. Zweitens, dass selbst bei bestehender Diagnose viele Menschen sehr gute Gründe haben, diese nicht offenzulegen: Angst vor Abwertung, vor Ausschluss, vor Zuschreibung von Schwäche. Drittens, dass der soziale Raum in vielen Organisationen noch nicht sicher genug ist, um überhaupt über Diversität zu sprechen, auch wenn die Bemühung dazu da ist und viel Arbeit investiert wird.

Die Abwesenheit von Offenlegungen ist also kein Zeichen für die Abwesenheit von Neurodivergenz – sondern oft ein Signal dafür, wie wenig Vertrauen besteht. Die Frage sollte deshalb nicht lauten: „Warum meldet sich niemand?" Sondern: „Welche Haltungen, Prozesse und Machtverhältnisse sorgen dafür, dass Menschen sich hier nicht sicher fühlen?"

„Diagnosen sind doch objektiv – man bekommt ja nur keine, wenn man es auch wirklich nicht hat."

Diese Vorstellung verkennt die Realität systemischer Ausschlüsse. Der Zugang zu einer fundierten neurodivergenz-bezogenen Diagnose ist in vielen Ländern (auch Deutschland) abhängig von sozialen, finanziellen und kulturellen Faktoren.

Besonders betroffen sind:

- AFAB-Personen (Assigned Female at Birth), deren Symptome oft internalisierter, stiller oder sozial kompensierter auftreten – und dadurch als „unauffällig" gelten,
- Menschen mit nicht-weißer Hautfarbe, die häufiger mit veralteten Stereotypen konfrontiert und seltener als neurodivergent erkannt werden,
- Menschen mit Migrationsgeschichte, deren Ausdrucksweisen oder Belastungslagen fehldiagnostiziert werden oder die aufgrund sprachlicher Hürden keinen Zugang zu fachlich versierter Diagnostik erhalten,
- Menschen mit psychiatrischer Vorgeschichte, bei denen neue Symptome vorschnell bestehenden Diagnosen zugeordnet werden (sog. medical gaslighting),
- Menschen in Armut oder prekären Lebensverhältnissen, für die Diagnostik nicht zugänglich, nicht finanzierbar oder schlicht nicht prioritär ist.

Außerdem ist die Diagnostik historisch defizitorientiert: Sie sucht nach Pathologie, nicht nach Passung. Die Frage lautet meist: „Was funktioniert nicht?" – statt: „Wie verarbeitet diese Person Reize, Emotionen, Sprache?" Das führt dazu, dass viele neurodivergente Menschen entweder gar keine Diagnose erhalten – oder eine, die folgend zu großen Schamgefühlen und einem defizitären Selbstverständnis führen können.

Eine inklusive Betrachtung von Neurodivergenz beginnt deshalb nicht bei der Einzelfallbewertung, sondern bei der Analyse der Voraussetzungen, unter denen Wahrnehmung, Klassifikation und Anerkennung überhaupt stattfinden.

„Man muss halt alle gleich behandeln."

Gleichbehandlung klingt fair. Ist sie aber nur dann, wenn alle mit denselben Voraussetzungen starten – sozial, emotional, kognitiv, finanziell, sprachlich... In real existierenden

Organisationen ist das nie der Fall. Gleichbehandlung führt dann dazu, dass Unterschiede ignoriert und bestehende Ungleichheiten fortgeführt werden.

Neuroinklusion braucht nicht Gleichbehandlung, sondern gerechte Behandlung: also Differenzierung nach Bedarf, ohne moralische Abwertung. Das kann heißen, dass jemand schriftliche Informationen braucht, während andere lieber reden. Oder dass Pausen anders getaktet werden. Oder dass jemand mehr Zeit zur Vorbereitung bekommt. Fairness entsteht nicht durch Einheitlichkeit, sondern durch bewusste Auseinandersetzung mit Unterschiedlichkeit. Und durch den Mut, strukturell ungleiche Startbedingungen als gemeinsame Aufgabe zu sehen, nicht als individuelles Defizit oder Gleichung.

„Man kann doch nicht für jede Gruppe extra Regelungen schaffen – wo kommen wir denn da hin?“

Inklusion heißt nicht, für jede Person eine neue Regel aufzustellen. Es heißt, die bestehenden Regeln so zu gestalten, dass sie mehr Menschen gerecht werden. Viele neuroinklusive Maßnahmen – wie schriftliche Kommunikation, flexible Pausen oder klare Zuständigkeiten – sind für alle hilfreich. Was neurodivergente Menschen brauchen, ist meist keine „Sonderlösung“, sondern eine präzisere Ausrichtung auf das Explizitmachen von Realität statt einem Handeln, das auf Annahmen und Vorurteilen basiert.

Das Prinzip dahinter ist: *Nothing about us without us.*

„Nothing about us without us.“

Entscheidungen, die das Leben einer bestimmten Gruppe betreffen, dürfen nicht über ihre Selbstbestimmung hinweg getroffen werden. Inklusion ist kein Dienstleistungsprojekt, sondern ein partizipativer Prozess.

Das bedeutet konkret: Wer über Strukturen, Prozesse oder Kommunikationswege entscheidet, muss neurodivergente Stimmen aktiv einbeziehen – nicht als nachträgliche Rückversicherung, sondern als gleichberechtigte Perspektiven von Beginn an. Das betrifft nicht nur medizinische Klassifikationen oder Arbeitsgestaltung, sondern auch Diskurse über Wirksamkeit, Zugehörigkeit und Normalität.

„Ich weiß gar nicht, was ich da sagen darf – ich will niemanden verletzen.“

Diese Verunsicherung ist verständlich, aber sie darf nicht zur Entschuldigung für Untätigkeit werden. Inklusion braucht Kommunikation, auch unbeholfene. Was neurodivergente Menschen am meisten erleben, ist nicht bloße fehlende Political Correctness, sondern Schweigen, Annahmen, Verurteilung... Selbstverständlich sollte die Aufklärungsarbeit nicht ausschließlich durch Betroffene stattfinden und jede Person sollte selbst für ihre eigene Aufklärung sorgen.

Grundsätzlich aber gilt die Haltung: Neugier, Respekt und die Bereitschaft, die Antworten auch ernst zu nehmen. Es geht nicht darum, sofort die richtigen Worte zu finden, sondern darum, überhaupt in den Dialog zu gehen. Und Kritik anzunehmen, wenn Sprache unbeabsichtigt doch ausgrenzt.

„Neurodivergenz ist doch einfach nur ein anderes Betriebssystem – wir müssen nur die Stärken sehen."

Dieses Bild klingt freundlich gemeint, verstärkt aber unterbewusst schädliche Bilder. Der Vergleich spielt herunter, wie stark die gesellschaftlichen und organisatorischen Rahmenbedingungen dafür sorgen, dass bestimmte Denk- und Verhaltensweisen systematisch benachteiligt werden.

Wenn menschliche Vielfalt wie ein Computersystem behandelt wird, wird außerdem wieder ein schon lang existierendes Stigma bedient, das seinen Ursprung in der Sicht auf autistische Menschen findet: sie hätten keine Empathie, verspüren keine Wärme, hätten kein Interesse an anderen Menschen und seien generell einfach nur technisch unterwegs. Das stimmt nicht, und der Vergleich mit einem Betriebssystem lässt die tief emotionalen und schmerzhaften Erfahrungen verschwinden, die diesem Stigma zugrunde liegen.

„Früher gab es das alles gar nicht – heute bekommen einfach alle ihre Diagnose."

Diese Annahme basiert auf der Illusion einer objektiven Vergangenheit. Tatsächlich gab es Neurodivergenz schon immer – nur wurde sie früher nicht erkannt, falsch benannt oder mit Gewalt behandelt. Frauen wurden als „hysterisch" institutionalisiert, autistische Menschen als „verzogen" oder „unsozial" bestraft, ADHS als Erziehungsfehler kategorisiert. Die Zunahme von Diagnosen heute ist kein Zeichen für Modetrends, sondern für besseren Zugang, mehr Wissen und den Fortschritt, andere Perspektiven zu unterstützen.

Außerdem zeigt sich: Viele, die heute eine Diagnose erhalten, haben bereits Jahrzehnte lang Symptome und Einschränkungen erlebt. Zu sagen, „früher gab es das nicht", bedeutet schlicht: Früher wurde es nicht erkannt.

„Wenn Studien zu ADHS oder Autismus etwas zeigen, kann man das doch einfach auf jede Neurodivergenz übertragen."

Viele wissenschaftliche Studien betrachten neurodivergente Kategorien isoliert, etwa nur Autismus oder nur ADHS. Was dabei bisher oft nicht berücksichtigt wurde: Diagnosen überschneiden sich häufig oder treten gemeinsam auf. Bis vor wenigen Jahren war es nach Diagnosekriterien gar nicht zulässig, ADHS und Autismus beide zu diagnostizieren, obwohl sie in der Realität häufig gemeinsam auftreten. Entsprechend fehlen in älteren Studien wichtige Daten und Differenzierungen. Dazu kommt auch: Ergebnisse, die zum Beispiel „für autistische Menschen" allgemein gelten sollen, beschreiben oft nur einen bestimmten Teil der autistischen Bevölkerung – meist weiße, männlich gelesene, nicht komorbid diagnostizierte Personen.

Eine differenzierte Interpretation wissenschaftlicher Erkenntnisse muss deshalb die methodischen Lücken mitdenken: Wer wurde überhaupt untersucht? Wer hatte Zugang zu Diagnostik? Und wer wurde ausgeschlossen? Was wurde vielleicht außer Acht gelassen?

Glossar[1]

ADHS (Aufmerksamkeitsdefizit-/Hyperaktivitätsstörung) Eine neurobiologische Variation. Medizinisch betrachtet erkennbar an Symptomen wie Impulsivität, Reizoffenheit, innerer Unruhe oder Konzentrationsproblemen – aber auch Fähigkeiten wie Hyperfokus, Ideenvielfalt oder schnelles Reagieren. ADHS ist weder eine „Kinderkrankheit" noch ein Ausdruck mangelnden Willens. Vielmehr handelt es sich um eine veränderte neuronale Reizverarbeitung, insbesondere im dopaminergen System. Sie wirkt sich auf Aufmerksamkeit, Motivation, Impulskontrolle, Arbeitsgedächtnis und Selbststeuerung aus.

Alexithymie Die Schwierigkeit, eigene Gefühle präzise wahrzunehmen, zu benennen und mitzuteilen. Alexithymie kann mit Autismus, ADHS oder traumabezogenen Erfahrungen einhergehen. Sie ist auch im beruflichen Kontext relevant, wenn emotionale Überforderung nicht rechtzeitig erkannt oder kommuniziert werden kann.

Apraxie/Dyspraxie Neurologische Varianten, die sich auf Koordination, Feinmotorik, Sprachsteuerung oder Handlungsplanung auswirken. Sie erschweren gezielte Bewegungsabläufe oder das Umsetzen gedanklicher Pläne in körperliche Handlungen. Im Arbeitskontext kann das z. B. das Schreiben, Sprechen oder die Durchführung komplexer Routinen beeinflussen.

AuDHD/AuDHS Kombinierte Ausprägung von Autismus und ADHS – ein Profil, das lange nicht offiziell anerkannt war. Die Doppeldiagnose bringt häufig widersprüchliche Anforderungen an Reizverarbeitung, Strukturbedürfnis und Bewegungsdrang mit sich. Menschen mit AuDHD benötigen meist besonders sorgfältige Umgebungsanpassungen und klare Kommunikationsstrukturen

Autismus (Autismus-Spektrum-Störung) Neurobiologische Entwicklungsvariante, die Wahrnehmung, Kommunikation, Reizverarbeitung und soziale Interaktion beeinflusst.

[1] Dieses Glossar richtet sich an Führungskräfte, HR-Professionals, Entscheider*innen und Teammitglieder, die neurodiverse Arbeitskulturen aktiv gestalten oder verstehen möchten. Es erklärt zentrale Begriffe, die im Kontext moderner inklusiver Arbeitswelten wichtig sind – besonders dann, wenn man sich nicht schon seit Jahrzehnten mit Psychologie, Disability Studies oder Neurodivergenz beschäftigt.

V. Soubiran, *Neurodiversität in Unternehmen*, https://doi.org/10.1007/978-3-662-72015-8

Autistische Menschen sind sehr unterschiedlich – gemeinsam ist ihnen oft ein monotropistischer Aufmerksamkeitsfokus, sensorische Besonderheiten und hohe Genauigkeit für Logik, Gerechtigkeit und Muster. Im Alltag zeigen sich oft Schwierigkeiten mit unausgesprochenen Erwartungen, Small Talk oder situativer Ambiguität.

Baader-Meinhof-Phänomen (Frequenzillusion) Bias/Kognitive Verzerrung. Wenn ein Thema erstmals bewusst wahrgenommen wird (z. B. „Menschen mit ADHS"), erscheint es anschließend plötzlich allgegenwärtig. Der Effekt entsteht durch selektive Aufmerksamkeit, nicht durch tatsächliche Häufung.

Bottom-up-Verarbeitung Informationsverarbeitung, die vom Detail zur Gesamtstruktur arbeitet. Häufig bei neurodivergenten Menschen, insbesondere bei Autismus. Kann zu hoher Präzision führen – aber auch zur Überforderung, wenn keine klare Struktur vorliegt.

Camouflaging (Masking siehe *Masking*)

Cultural Fit „Cultural Fit" meint oft unbewusst: „Diese Person ist wie wir." Das birgt Exklusionsrisiken. Inklusiver wäre eine Wertekongruenz, die Unterschiedlichkeit erlaubt: Passen Werte, Haltung und Zielorientierung – auch wenn Arbeitsstil oder Kommunikation sich unterscheiden?

Double Empathy Problem Ein Konzept, das besagt: Verständigungsschwierigkeiten zwischen autistischen und nicht-autistischen Menschen beruhen nicht auf einem Defizit bei autistischen Menschen, sondern auf einem wechselseitigen Missverstehen aufgrund unterschiedlicher Erfahrungswelten und Kommunikationsnormen.

Dyskalkulie/Dyslexie Neurologisch bedingte Varianten der Informationsverarbeitung, die sich auf Zahlenverständnis oder Schriftsprache auswirken. Menschen mit diesen Profilen benötigen ggf. angepasste Formate zur Wissensaufnahme und -darstellung.

Emotionale Intelligenz Gemäß Daniel Goleman bestehend aus vier Säulen mit je unterschiedlichen Kompetenzen, zum Beispiel der Fähigkeit zur Selbstwahrnehmung, emotionalen Regulation und zum Umgang mit eigenen Emotionen. Bei neurodivergenten Personen kann die Ausprägung stark variieren – hohe emotionale Intelligenz zeigt sich hier oft weniger im Ausdruck, sondern in der Reflexion oder im systemischen Denken.

Empathie (affektiv, kognitiv) Affektive Empathie: Mitfühlen mit Emotionen anderer. Kognitive Empathie: Verstehen, wie andere denken oder fühlen. Autistische Menschen zeigen häufig hohe affektive, aber weniger intuitive kognitive Empathie – was häufig fehlinterpretiert wird.

Executive Functioning (Exekutiv-Funktionen) Kognitive Fähigkeiten zur Selbststeuerung – etwa Planen, Priorisieren, Aufgabenwechsel oder Impulskontrolle. Bei beispielsweise ADHS und Autismus oft eingeschränkt aufgrund der zusätzlichen Anforderungen wie sozialer Anpassung, Masking oder unpassender Systeme, was sich zum Beispiel in Prokrastination, „Vergesslichkeit" oder Reizüberflutung zeigt.

Expectancy Effect Bias/kognitive Verzerrung. Wenn das gewünschte Ziel eines Szenarios bekannt ist, kann sowohl das Verhalten von den Personen auf dem Prüfstand als auch das der beobachtenden oder betreuenden Personen das Ergebnis beeinflussen und den Verlauf auf das gewünschte Ergebnis hin verändern.

Framing/Framing-Effekt Bias/kognitive Verzerrung. Selbst wenn zwei Optionen faktisch gleich sind, werden sie je nach der Art der Einleitung (bzw. dem Framing) unterschiedlich bewertet. Wird eine Option eher im Zusammenhang mit Gewinn und Erfolg präsentiert, wird sie positiver wahrgenommen, als wenn sie als Verlust dargestellt wird – selbst wenn das Ergebnis exakt das gleiche ist und die gleichen Ressourcen gewonnen oder verloren werden. Beispiel: „Sie war sehr emotional" vs. „Sie war leidenschaftlich engagiert".

Fundamentaler Attributionsfehler Bias/kognitive Verzerrung. Die Tendenz, zuerst persönliche Absichten oder den Charakter statt äußere Einflüsse als Begründung für das Verhalten von Personen anzunehmen.

Group Attribution Error Bias/kognitive Verzerrung. Es wird angenommen, dass eine einzelne Person aus einer bestimmten Gruppe repräsentativ für die gesamte Gruppe ist, oder aber die Ziele der gesamten Gruppe gleichzeitig die jeder einzelnen Person repräsentieren. Eine Person wird also auf ihre Zugehörigkeit zu einer Gruppe reduziert und nicht mehr vollständig als Individuum gesehen.

Halo Effect Bias/kognitive Verzerrung. Im Gegensatz zur Negativity Bias beschreibt der Halo-Effekt die Tendenz, unser zuvor positives Bild von einer Person beizubehalten, selbst wenn sie etwas Negatives tut. Ist der bisherige Eindruck von der Person gut gewesen, wird nun selbst unmoralisches Verhalten entschuldigt.

Hyperfokus Zustand intensiver Konzentration, meist auf ein stark interessengeleitetes Thema. Bei ADHS und Autismus häufig. Kann zu hoher Produktivität führen – aber auch zur Vernachlässigung anderer Aufgaben oder Bedürfnisse.

Illusion of Validity Bias/kognitive Verzerrung. Wenn die vorliegenden Informationen ein scheinbar schlüssiges Bild ergeben, wird die Richtigkeit der eigenen Interpretation überschätzt und selbst gegenteilige Aspekte werden ignoriert. Es erscheint wichtiger, dass die eigene Annahme zu den Ergebnissen passt, als zu überprüfen, ob die Ergebnisse wirklich richtig und gültig (statt nur zufällig oder durch fehlerhafte Datenerhebung entstanden) sind.

Illusion of Transparency Bias/kognitive Verzerrung. Die kognitive Fehlannahme, dass andere Menschen unsere Gefühle oder Absichten automatisch erkennen – oder dass wir ihre klar erkennen können. Besonders relevant im Bewerbungskontext oder bei Feedbacksituationen.

Intersektionalität Theorie und Praxisansatz, der anerkennt, dass Menschen gleichzeitig von mehreren Diskriminierungsdimensionen betroffen sein können (z. B. Neurodivergenz, Gender, Herkunft, Behinderung). Neuroinklusion muss diese Überschneidungen mitdenken, zum Beispiel wenn es um die Diagnosevergabe oder den Zugang zu Ressourcen geht.

Kognitive Dissonanz Zustand innerer Spannung, der bei Konfrontation mit Verhalten, Informationen oder Meinungen entsteht, die mit den eigenen Überzeugungen nicht übereinstimmen, sodass wir unseren Standpunkt überdenken müssten bzw. falsch liegen könnten. Unser Gehirn vermeidet diesen Zustand in der Regel.

Legasthenie Eine neurologische Variante, bei der das Lesen und/oder Schreiben trotz normaler Intelligenz deutlich erschwert ist. Das Gehirn verarbeitet Buchstaben, Klänge und Sprache anders. Hilfreich im Management dieser Neurodivergenz sind angepasste Lesegeschwindigkeiten, Schriftarten, alternative Prüfungsformate und technische Hilfsmittel wie Vorlesesoftware.

Marginalisierung Der Prozess, durch den bestimmte Gruppen systematisch an den Rand gesellschaftlicher Teilhabe gedrängt werden. Im Kontext von Neurodivergenz bedeutet das oft: fehlende Repräsentation, stereotype Zuschreibungen, eingeschränkte Zugangschancen und strukturelle Ausschlüsse im Bildungssystem, am Arbeitsplatz oder in der Gesundheitsversorgung.

Masking Das bewusste oder unbewusste Verbergen neurodivergenter Merkmale, um sozial dazuzugehören. Dazu gehören zum Beispiel das Antrainieren neurotypischer Mimik, das Vermeiden von Stimming oder das Übernehmen unnatürlicher Small-Talk-Skripte. Masking kann kurzfristig helfen, Konflikte zu vermeiden, führt aber langfristig oft zu Erschöpfung, Identitätskonflikten oder Burnout.

Microaggressions/Mikroaggressionen Scheinbar beiläufige Bemerkungen oder Handlungen, die verletzend wirken können, insbesondere auf marginalisierte Gruppen. Beispiele: „Du schaust mich gar nicht an, das ist unhöflich" oder „Dafür bist du aber ganz schön organisiert". Solche Aussagen können gut gemeint sein, reproduzieren aber implizit Normabweichung und Hierarchie.

Monotropismus Ein kognitiver Verarbeitungsstil, bei dem Reize oder Informationen nicht gleichmäßig verteilt, sondern stark fokussiert verarbeitet werden. Dieses Konzept wurde insbesondere im Zusammenhang mit Autismus beschrieben. Monotropismus fördert Tiefe, Genauigkeit und Spezialinteresse, kann aber bei Kontextwechseln oder Reizüberflutung zu Überforderung führen.

Naive Realism/Naiver Realismus Bias/kognitive Verzerrung. Die Annahme, dass die eigene Wahrnehmung der Welt und Geschehnisse objektiv wahr oder richtig ist. Wenn andere Menschen etwas anders wahrnehmen oder bewerten, dann wird das damit abgetan, dass diese Personen nicht das ganze Bild kennen, nicht klar denken oder voreingenommen sein müssen.

Negativity Bias Bias/kognitive Verzerrung. Wir merken uns Fehler und negative Einzelheiten mehr als positive Erfahrungen. Das kann sinnvoll sein, um Risiken in zukünftigen ähnlichen Situationen zu vermeiden, führt aber außerdem dazu, dass negative Charaktereigenschaften stärker und als relevanter bewertet werden als positive Eigenschaften.

Neurodivergenz Ein Begriff für neurologische Konstellationen, die von der gesellschaftlich als „typisch" geltenden neuronalen Funktionsweise abweichen. Dazu gehören zum

Beispiel Autismus, ADHS, Dyspraxie, Long COVID, Tourette, OCD, Dyskalkulie oder chronische Schmerzverarbeitung. Der Begriff stammt aus der Neurodiversitätsbewegung und ist kein medizinisches Label, sondern beschreibt eine soziale Perspektive auf neurologische Vielfalt. Auch bisher als psychische Krankheiten beschriebene Phänomene wie Depressionen, Trauma, Persönlichkeitsstörungen und ähnliche Syndrome können je nach Selbstidentifikation zu Neurodivergenz gehören.

Neurodiversität Die natürliche Vielfalt neurologischer Konstitutionen innerhalb der menschlichen Spezies – analog zur Biodiversität. Auch in einer Gruppe von nur neurotypischen Menschen ist von Neurodiversität die Rede, da auch bei gleicher neurologischer Konstellation jede Person ihr eigenes, einzigartiges Gehirn hat.

Neuronormativ Die implizite Annahme, dass neurotypische Denk-, Kommunikations- und Verhaltensweisen der Standard sind. Neuronormativität zeigt sich in Sprache („auffällig“, „normal“), Strukturen (starre Meetingformate, 9-to-5-Arbeitsalltag) oder Bewertungssystemen (Schulsystem, Benotungssysteme).

Neurotypisch Bezeichnung für Menschen, deren neurologische Verarbeitung und Sozialverhalten gesellschaftlich als „typisch“ gelten. Der Begriff wird meist in Abgrenzung zu neurodivergenten Profilen verwendet. Wichtig: „Neurotypisch“ ist keine Diagnose, sondern ein relationaler Begriff innerhalb gesellschaftlicher Normen.

Overconfidence Effect Bias/kognitive Verzerrung. Die Richtigkeit eigener Beurteilungen wird stark überschätzt. Dies bezieht sich sowohl auf die Bewertung der eigenen Fähigkeiten und Performance, in Bezug auf sich selbst und im Vergleich zu anderen, als auch den festen Glauben daran, dass die eigene Einschätzung bzw. Erfassung einer Situation richtig ist.

Pathologisierung Die Tendenz, menschliche Unterschiede – insbesondere solche, die nicht der sozialen oder medizinischen Norm entsprechen – als krankhaft zu deuten. Im Kontext von Neurodivergenz bedeutet das oft, dass neurologische Varianten wie Autismus oder ADHS in medizinischen und gesellschaftlichen Diskursen primär über Defizite beschrieben werden. Die Neurodiversitätsbewegung setzt dem eine Haltung entgegen, die Unterschiede nicht nur akzeptiert, sondern aktiv als Teil menschlicher Vielfalt anerkennt.

People Pleasing Ein tief verankertes Verhalten, das aus dem Bedürfnis entsteht, soziale Ablehnung zu vermeiden – oft durch übermäßige Anpassung oder das Zurückstellen eigener Bedürfnisse. Für viele neurodivergente Menschen ist dieses Verhalten kein Persönlichkeitsmerkmal, sondern eine Schutzreaktion: Wer über Jahre hinweg negative Rückmeldungen auf Anderssein erlebt, entwickelt Strategien, um Konflikten vorzubeugen. People Pleasing kann langfristig jedoch die eigene Selbstwahrnehmung und Selbstbestimmung beeinträchtigen.

Psychologische Sicherheit Situationen, in denen sich Personen sicher fühlen, ihre Meinung zu äußern, Fehler einzugestehen oder Kritik zu üben – ohne Angst vor negativen Konsequenzen. Für neurodivergente Menschen ist psychologische Sicherheit besonders wichtig, da sie häufiger mit Missverständnissen, Abwertung oder Isolation konfrontiert sind. Psychologische Sicherheit entsteht nicht durch allgemeine Freundlichkeit, sondern durch explizite Erlaubnis, Diversität zu zeigen, und konsequente Rückendeckung durch Führung.

Rejection Sensitivity Dysphoria (RSD) Eine ausgeprägte Empfindlichkeit gegenüber tatsächlicher oder vermeintlicher Ablehnung, oft begleitet von intensiven emotionalen und körperlichen Reaktionen. Besonders häufig bei ADHS. RSD ist keine Überempfindlichkeit im umgangssprachlichen Sinn, sondern eine neurologisch geprägte Form emotionaler Regulation, die bei unerwartetem Feedback, ausbleibender Rückmeldung oder kritischen Situationen zu starkem inneren Stress führen kann. Verständnis, Klarheit und sichere Rückmeldestrukturen können hier entlasten.

Self-Advocacy Die Fähigkeit und das Recht, für die eigenen Bedürfnisse, Rechte und Arbeitsbedingungen einzustehen – ohne abhängig zu sein von der Fürsprache anderer. Besonders für neurodivergente Personen ist Self-Advocacy eine wichtige Ressource, um in Organisationen selbstbestimmt zu handeln. Voraussetzung dafür ist nicht nur Mut, sondern ein Umfeld, das offen ist für abweichende Perspektiven und bereit, nicht-normgerechtes Verhalten nicht als Störung zu interpretieren.

Similarity Bias Bias/kognitive Verzerrung. Bereits Bekanntes und Vertrautes wird dem Unbekannten vorgezogen und resultiert darin, dass Menschen sich unbewusst eher zu anderen Personen hingezogen oder sicher mit ihnen fühlen, wenn sie ihnen selbst ähnlich sind.

Spezialinteresse/Special Interest/SpIN Ein intensives, oft langjähriges Interesse an einem spezifischen Thema, das stark fokussiert und mit großer Tiefe verfolgt wird. Häufig bei Autismus, aber auch bei anderen neurodivergenten Profilen. Spezialinteressen ermöglichen oft außergewöhnliche Expertise, intrinsische Motivation und kreative Transferleistungen.

Stereotyping/Stereotyp Stereotypen sind Zuschreibungen von Eigenschaften oder Gruppenzugehörigkeiten basierend auf anderen Merkmalen bzw. Gruppenzugehörigkeit einer Person.

Stimming (selbststimulierendes Verhalten) Bewegungen oder Geräusche, die der Selbstregulation und Reizverarbeitung dienen. Beispiele: Wippen, Summen, mit den Fingern spielen. Stimming ist insbesondere bei Autismus und ADHS verbreitet. Es hilft, Stress abzubauen, sich zu konzentrieren oder Überreizung zu kompensieren und sollte nicht als „Störung“ gewertet werden.

System Justification Theory Bias/kognitive Verzerrung. Sind Menschen selbst Teil eines Systems, verteidigen sie das System und wie es funktioniert. Genau genommen handelt es sich hier um das Ergebnis von mehreren Bias, allerdings ist die Betrachtung als Gesamtkomplex an dieser Stelle hilfreicher.

Tics/Tic-Störung/Tourette-Syndrom Verbunden mit unwillkürlichen, meist plötzlich einsetzenden Bewegungen oder Lautäußerungen, die sich wiederholen und in Intensität/Häufigkeit variieren können. Sie können motorisch oder auch verbal auftreten. Sie können isoliert bei bspw. dem Tourette-Syndrom auftreten oder als Teil anderer neurodivergenter Profile, z. B. in Kombination mit ADHS oder OCD. Tics sind keine bewussten Verhaltensweisen, sondern Ausdruck neurologischer Prozesse.

Tone Indicator / Tonalitätsindikatoren Symbole oder Kürzel, die in schriftlicher Online-Kommunikation verwendet werden, um den Tonfall oder die Absicht einer Aussage kenntlich zu machen – z. B. /j für „Joke", /srs für „serious" und /gen für „genuine". Hilfreich, um in textbasierter Kommunikation schnell Kontext herzustellen.

Trait EI (Trait Emotional Intelligence) Siehe *Emotionale Intelligenz.*

Trigger / Triggerwarnung Ein Trigger ist ein Reiz oder eine Situation, der oder die starke emotionale oder körperliche Reaktionen auslösen kann – oft in Verbindung mit traumatischen Erfahrungen. Triggerwarnungen sind Hinweise auf mögliche Belastungsinhalte, die es ermöglichen, sich vorzubereiten, Inhalte zu umgehen oder sich gezielt zu schützen. Besonders wichtig für Menschen mit traumatischen Erfahrungen, aber auch für viele neurodivergente Personen.

Unconscious Bias Bias-Kategorie. Unbewusste Denkmuster oder Vorannahmen, die unsere Entscheidungen beeinflussen. Besonders wirksam in Bewerbungsverfahren oder Leistungsbeurteilungen.